文化地理学译丛

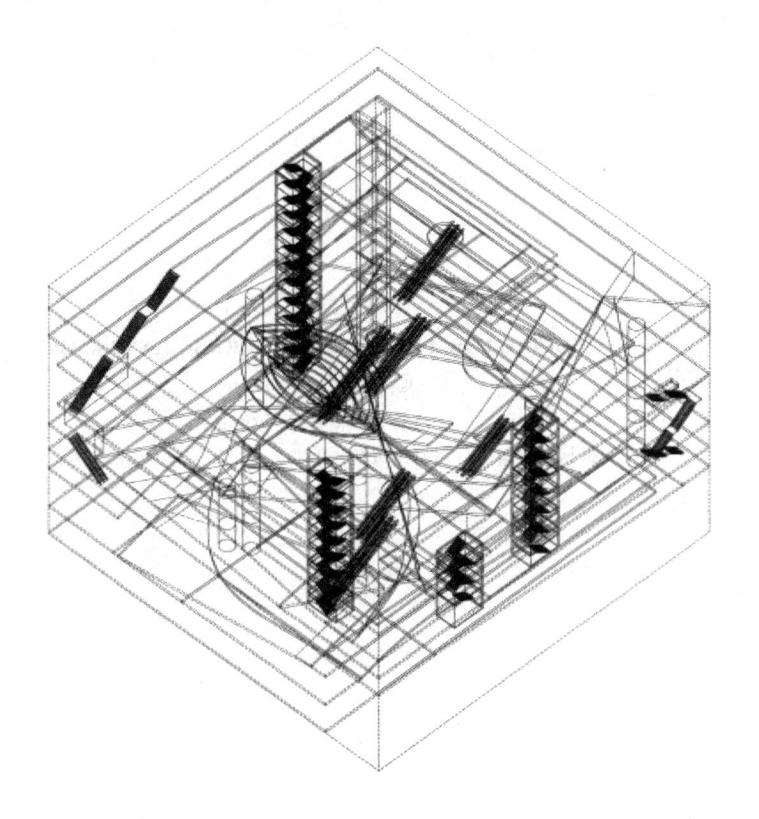

社会形态与符号景观

〔英〕丹尼斯·E. 科斯格罗夫 著

李 俊 译

商务印书馆
The Commercial Press

Denis E. Cosgrove

SOCIAL FORMATION AND SYMBOLIC LANDSCAPE

© 1984 D. E. Cosgrove

All Rights Reserved

根据克鲁姆·赫尔姆出版社（伦敦 & 悉尼）1984 年精装本译出

目　录

绘板目录

图目录

致谢

导论 ·· 1

1. 景观理念 ·· 14
2. 景观与社会形态：理论思考 ······························ 47
3. 文艺复兴时期的意大利景观：城市、国家和社会形态
   ·· 81
4. 威尼斯、威尼托与16世纪景观 ··························· 121
5. 四季与田园牧歌：英国和美国景观之基础 ············· 168
6. 美国景观 ·· 191
7. 英国：设想、帕拉第奥主义及家长式景观 ············· 224
8. 令人敬畏的自然：景观与工业资本主义 ················ 265
9. 景观理念与现代世界 ·· 301

参考文献 ·· 323

索引 ·· 335

绘 板 目 录

1. 《城市和乡村的优秀政府》（安布罗焦·洛伦泽蒂）… 105
2. 《基督赐予圣彼得天国之匙》（彼得·佩鲁吉诺）…… 109
3. 《诸神的盛宴》（乔瓦尼·贝利尼）……………… 147
4. 《天使向牧羊人报喜》（雅格布·巴萨诺）………… 151
5. 《维琴察法理宫凉廊（大教堂）》（安德烈亚·帕拉第奥）
   ………………………………………………… 154
6. 《维琴察卢戈的戈迪别墅》（安德烈亚·帕拉第奥）… 162
7. 《阴郁的一天》（老彼得·勃鲁盖尔）…………… 176
8. 《哈勒姆西北的苍茫大地》（雅各布·凡·雷斯达尔）
   ………………………………………………… 182
9. 《阿斯卡尼俄斯射杀西尔维亚雄鹿的景致》（克洛德·洛兰）
   ………………………………………………… 188
10. 《山中风暴》（艾伯特·比尔兹塔德）…………… 222
11. 《昨日故居：东洛锡安南眺景色》（佚名）……… 231
12. 《牛津郡罗夏姆庄园齐整的草坪》……………… 240
13. 《下议院墙体设计图》（威廉·肯特）…………… 247
14. 《佩特沃斯公园：远处的提灵顿教堂》（约瑟夫·马洛德·威廉·透纳）………………………………… 285
15. 《曲率碎片》（约翰·罗斯金）…………………… 292
16. 《列车窗景》（埃里克·拉维利斯）……………… 314

图 目 录

图 A 根据赫里福德大教堂"世界地图"绘制而成的中世纪世界地图简图 ……………………………………………… 7
图 4.1 16世纪威尼斯在意大利大陆的版图 ……………… 125
图 4.2 圣马可广场的结构符号 …………………………… 136
图 4.3 16世纪维琴察街道规划图，标示出安德烈亚·帕拉第奥设计的建筑位置 ……………………………… 157
图 6.1 由朗方设计的华盛顿特区街道规划雕版（1792）
　　　　……………………………………………………… 215
图 7.1 牛津郡罗夏姆园林规划图（约翰·布里奇曼和威廉·肯特）……………………………………………… 237
图 7.2 约翰·纳什的摄政公园计划和圣詹姆斯的仪式路线
　　　　……………………………………………………… 259
图 9.1 埃比尼泽·霍华德的花园城市景观平面图 ……… 303

致　　谢

对于书中绘板及图片的使用许可，谨向以下单位及个人表示诚挚谢意：威尼斯欧·博姆公司（绘板1、2，Ditta O. Böhm, Venice）；华盛顿国家美术馆（绘板3、4，National Gallery of Art, Washington）；维也纳艺术史博物馆（绘板7，Kunsthistorisches Museum, Vienna）；阿姆斯特丹国家博物馆协会（绘板8，Rijksmuseum-Stichting, Amsterdam）；牛津阿什莫林博物馆（绘板9，Ashmolean Museum, Oxford）；波士顿美术博物馆（绘板10，Museum of Fine Arts, Boston）；爱丁堡苏格兰国家肖像画廊（绘板11，Scottish National Portrait Gallery, Edinburgh）；英国皇家建筑师协会（绘板13，Royal Institute of British Architects）；伦敦泰特美术馆（绘板14，The Tate Gallery, London）；阿伯丁艺术画廊和博物馆（绘板16，Aberdeen Art Gallery and Museum）；伦敦学术出版有限公司（图4.2，Academic Press Inc., London）；美国商务部海岸和土地测量局（图6.1，Department of Commerce, Coasts and Geodetic Survey）；法伯公司（图9.1，Messrs Faber and Faber Ltd）。其他照片均由作者提供，图由塔费尔（A. Tarver）在作者草图上制成。

我们为何要在这小小的栅栏之内维持秩序、形式和相应的比例，表现我们严谨的治理呢？而我们以大海为墙的花园——我们整个国土，正杂草丛生。她最美丽的鲜花已窒息而死，她的果树无人修剪，那些还健康的枝叶上也爬满了毛虫。

——《理查二世》第三幕，第四场

导　论

　　本书介绍了自文艺复兴以来，在西方，作为一种文化概念而产生的景观思想及其起源和发展。在那一时期，许多欧洲人开始以一种崭新的目光观看外部世界以及自然，这与一些新的土地生产方式的出现是相对应的。现在有许多研究关注欧洲土地利用的变革，关注通过人类劳动将土地塑造为我们称之为景观的独特鲜明的区域。还有一些研究考察欧洲人如何将他们的世界表述为审美享受的源泉。本书的目的并不在于模拟上述任何一种方法，而是在它们的基础上指出，其实两种方法都处于同一论题之下——将景观的文化意义与土地的实际占有和使用的方式，结合在一起。

　　本书的论题是，景观理念代表了一种观看的方式——一部分欧洲人通过景观向自己和其他人表述他们的世界以及与这个世界的关系，并从中标示出他们的社会关系。景观是一种观看的方式，它有自己的历史，虽然这种历史是更为广泛的经济和社会史的一部分；它有自己的假设和影响，虽然其起源和含义都远远超越了对土地的使用和感知；它有自己的表达方式，虽然这些方式与其他文化活动是共享互通的。景观理念作为欧洲精英意识的一个方面，出现于欧洲社会发展中一段可识别的时期：它经过长时间的精炼、推敲，表达并支撑起了一系列政治、社会和道德假设，并成为审美及品味的一个重要方面。之后随着重大的社会变革，在 19 世纪后期，其意义逐步减弱。在今天，景观无论对于科学研究、土地规划还是个人愉悦都具有重要作用，但它已不再承载那些在其最活跃的文化发展期所承担的社会或道德意义。

在对这种观看方式的历史研究中，本书使用了当代众多的关于文化生产和物质实践的关系理论。像景观这样的文化理念并不会从个人或是群体中自发出现。当然，个人能够且确实找到了清晰地组合和表达这样的理念的方式，而且人类集体的意识也可能在没有与集体的物质实践有明显联系的情况下，细化或扩展了这一理念。但从历史和理论角度，如果将景观的这样一种观看方式置入真空，置于人类生产关系的真实历史之外，置于人与他们借以生存的世界之外，却无法令人满意。在寻找景观理念的物质基础时，一个显而易见的切入点就是人类对土地的开发利用——社会与土地之间的关系。这是传统上历史地理学的重要内容，对这种关系的研究也是本书的主题思想。欧洲土地利用方式的演变与景观文化占主导地位的时期具有重要的历史平行性。

在 1400—1900 年，欧洲大部分国家及其在北美建立的统治正在向我们称之为资本主义的社会经济制度发展。市场中不断增加的商品和服务通过买卖交易——也包括土地本身——从而决定了它们的社会分配。劳动本身也成了一种商品，摒除了习俗和效忠等制约，劳动者从旧的社会和空间束缚中解脱出来。在资本主义生产方式的发展中，欧洲人建立并取得了全球经济和劳动分工的统治地位，这一点仍是目前社会和经济地理中的一个决定性因素。欧洲从以封建社会关系及其相关文化背景为主导，转变成为一个以全球性生产、交换为核心的资本主义社会，这是我们了解和掌握当今世界的一个中心历史事件。我们已经知道许多关于这个变革的基本特征：它带来了人口结构的变化、农业和商品生产的变化、人民和领土的政治重组，以及个人、群体和阶级之间关系的改变。无论历史关注的焦点如何，它都是一个不断加快的欧洲社会的内部重组以及向外扩张的过程，需要我们从历史角度展开深入的调查和研究。对此，历史学家发展了一系列理论，来确认这种长期变化的根本原因。无论他们的解释是基于人口、技术创新、环境改变、阶级冲突或人类思想进化，都不可否认它是一个沿着单一轨迹在众多领域同时产生变革的现象，而这个单一轨迹也贯穿于上述理论，成为它们的一个共同特征。

我们可以从多方面（也并非总是矛盾的角度）来认识资本主义：资本主义可以被认为是"现代化"带来的实质性解放和进步；也可以被认为是最大程度的异化、剥削劳动和剩余价值的一种方法。另外，还可以把它看成一个最好不做任何道德评判的历史发展的必然阶段。但无论我们怎样解读这样一种人类关系体系，资本主义生产方式的兴起都是欧洲崛起的重要基础。本书截取一个时段，主张向资本主义的转型始于15世纪（当封建主义结构在欧洲西部和南部开始明显衰落），结束于19世纪（这一时期北大西洋周边的国家成为完善的资本主义国家的范例），这一主张为掌握这一历史过程的本质的统一性提供了一个有用的缩影，同时对准确的时间界定也不会造成严重影响。在欧洲的某些地区，许多与资本主义转型相关的特征出现得要更早一些（例如在城市中心，流动资本积累基础上的长途贸易的增长、庄园农业生产体系的崩溃等），尤其是在北意大利，甚至提前了几个世纪。而到 1900 年，英国纯粹的市场资本主义的特征（如果这种纯粹曾经存在的话）在一些重要领域（住房、医疗和教育）的生产和再生产中，因受到国家的干预而明显变得模糊了。在东欧和中欧的一些地区，那些在 20 世纪催生出社会主义的力量，也已获得了强大的动力。而这段时间内，资本主义变革在欧洲的不同地区也表现出不同的节奏和影响——例如关于欧洲大陆东部和地中海某些地区的"第二次封建主义"假说（Wallerstein, 1974）。因此将 1400—1900 年作为向资本主义的转型期，只是为了描述历史问题而设置出的一个语境，只是为了指出理论方向，而不是为这些问题提供答案或是验证理论。这样一个语境的设置有助于我们以综合的方式研究历史证据，而不是独立地、分散地考察这些历史问题。无论我们是追随 17 世纪英国的宪法辩论，或是威尼斯和热那亚的海上贸易过程；还是解释从莱茵兰（Rhineland）到中美洲殖民地的迁移，或法国农民对徭役的回应；以及探索欧洲家庭结构的变化或现代刑罚制度的发展，这些都在人类共同改造环境、发展、生活这一根本性转变的语境之中。在这样一个语境下，我们可以对历史有一个连贯的、结构性的认识，在一个更为广阔的视角下组合我们的细节知识。

　　这个角度为历史地理学提供了一个契机，从对过去地理的静态重建，即从详细但本质上分散的实地系统、定居模式或人口分布等研究中走出来，把这些材料和问题作为更为广泛的历史的一部分来考虑。欧洲资本主义出现在不同层面，对社会组织形态造成了巨大影响。欧洲在人类发展的全球格局中由具有高人口密度、高城市化和先进技术的核心之一（Braudel，1973），成为伊曼纽尔·沃勒斯坦（Emmanuel Wallerstein，1974）所提出的"世界体系"的中心。这个中心的运作类似于城市体系中大都市与周边、半周边所具有的依赖和等级结构的腹地间的关系。在欧洲和北美，地区之间逐步产生分化：一些地区在人口增长、地区内人口移动、农业转型、工业生产和城市发展等方面走在前列；而另一些地区则停滞不前，甚至发生后退。随着各种尺度的区域变化，边界被重新划定，节点间建立起连接，空间形态发生了巨大改变。自给自足的庄园和教区体系——作为封建主义代表的空间秩序模式——随着时间的推移逐步让位于以城市等级体系和农业、工业地区分工为特征的，具有空间集成和结构化的国家经济。资本主义与前资本主义的空间经济截然不同，资本主义在不同尺度上不断变化的空间秩序，无论从原因上还是影响上，都与历史学家们所观察到的经济社会转型，密切相关。

这不只是历史地理学专注的空间秩序，也不只是向资本主义转型的一个地理维度。一位备受推崇的英国历史地理学家很早就提出它在社会与物理环境、人与土地间关系等地理命题中的重要意义。达比（H. C. Darby, 1951）指出欧洲土地形态转变在三个关键方面的意义——砍伐森林、湿地排水和荒野荒地的开垦，这些都是为了增加生产性农业用地。人类在物质生产方式上的变化，很明显来源于他们与物理环境间关系的变化。欧洲人利用土地、开发和改变自然界的技术，在这个期间经历了一个加速发展的过程（Pounds, 1979）。这些变化的一部分是历史地理学详细考察的主题：在新兴世界体系的核心，围绕西欧北海的沼泽开垦；从美洲引进新作物和对传统作物耕种技术的开发；畜牧业生产力的提高和圈地运动；17世纪英国和法国的木材资源枯竭；矿产资源开发；等等。所有这些活动的开始都或多或少地早于我们限定的时段，但在这一时期内它们都达到了一个新的发展规模和速度。其中最能说明问题的例子是整个北美大陆被欧洲的生产方式所征服——被纳入欧洲农业经济；对野生动物、木材和矿产资源的批发业务发展迅速；运河和铁路进行了整合；以及通过农舍、城镇和城市建立起了殖民统治。我们常常说到工业革命和农业革命，它们涉及社会与环境资源关系的彻底重组，所以就像空间组织一样，地理学中人与环境的命题也需要在资本主义转型的背景下加以说明。

但这种转型并不仅仅是人类的一种活动，它也同样反映出人们做了什么以及他们是什么。当我们提及17世纪的科学革命、宗教改革运动、个人主义或世俗主义（secularism）的兴起、文艺复兴时期的人文主义或职业道德，我们可以认识到欧洲人在思考和表达自己及其世界的方式上的重要变化。地理学家们日益认识到，社会和环境之间所存在的关系既是意识的也是物质现实的产物。克拉伦斯·格拉肯（Clarence Glacken，1971）概述了19世纪前欧洲人对于他们的环境及自身在环境中的位置等态度上的转变。他特别指出现代社会对个体的强调（开始只是作为自然秩序的缩影，之后逐渐成为了自然秩序的控制者）、作为解释自然世界源泉的神学的衰落，以及欧洲人不断加强的对他们改造自然能力的信心。

欧洲人设想中的世界及他们所处的位置，随着他们现实物质条件的变化而发生改变。但对于意识和社会存在的关系却充满着理论困惑。长期以来，这两者的变化均朝着同一个方向，但文化假说之间却存在冲突，成为了为实现新生活而斗争的一个部分。它一方面是环境思想与对土地的态度间的关系，另一方面是向资本主义物质生产方式的转型，这两个方面相辅相成，共同构成了景观理念的根源。用一个例子可以在全球的尺度上来说明这个情况。图 A 是英国制图师为表现人类居住场所所表述的世界。这一幅图悬挂在赫里福德大教堂，是 14 世纪制成的一张世界地图的简化版。这张"世界地图"（*mappa mundi*）是圆形的，中心是圣城耶路撒冷，欧洲、亚洲和非洲

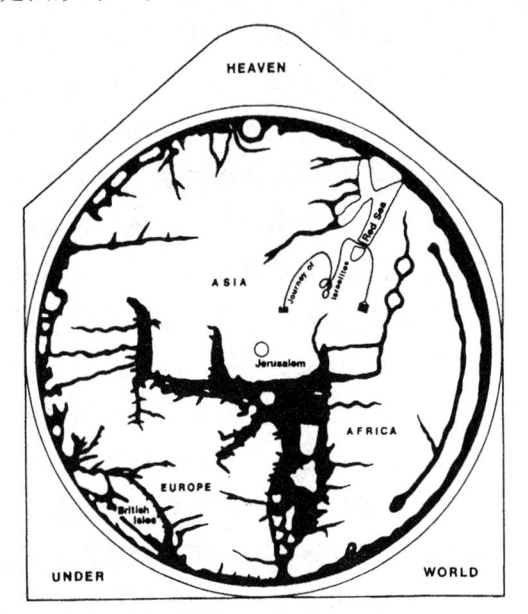

图 A　根据赫里福德大教堂"世界地图"（*mappa mundi*）
　　　绘制而成的中世纪世界地图简图

封闭在一个圆形的海中。我们现在可以认识到，它的一部分外形和内容表现了真实的地理状况，而另一部分只能理解为神话或是幻想。在地图中，天上和地上的领域被赋予同等意义，两者都被认为是人类生存现实的一部分。另有一张地图毫无疑问是在20世纪初向赫里福德的学生们所展示的世界。它被镶在矩形框内，根据已知的和被公认的地图投影规则，改变了地球的球体外形。它包括所有的陆地、海洋，位置精确度上远远优于前者。地图上画满色彩和边界线，以标明国家/帝国的属地、显著的地貌以及人类居住区的名称。每一张地图都可能表现制作时已知的及想象中的世界，但对每一种结构的地理描述，都是对世界运转方式的一种信念，并且将这种结构以一种事实的形式表现出来。这两张地图均是一种道德表述：第一张明确地指出神创造的秩序和其中人类世界的位置；第二张则暗示了英国主导的世界秩序以及其他国家与它的相对位置。换句话说，这两者都是一种意识形态的表述。想要理解这两张地图的含义以及它们之间的差异，不仅需要掌握地图演变的知识——作为一种表现空间关系的技术，其发展历史与风景画密切相关（Harvey，1980；Rees，1980）——同时也需要了解两幅地图绘制时期之间，空间形态和环境关系中的各种主观和客观变化。第一幅地图反映出神创造的等级体系中的物质世界，并将其置于基督教世界的轴心，提出了一个与封建社会秩序一致的地理自然秩序；第二幅地图表现出一个世俗世界，聚焦于核心帝国主义国家及其属国，提出了一个稳定的政治地理形象——地图所表现的客观性及其构成的科学性、准确性等同于宣称了大英帝国全球统治的合法性。历史地理学的任务之一就是解析空间秩序和环境关系中的各种变化，无论是真实的还是想象的，这也是这两张截然不同的地图的形成原因。每一张地图在其制作时都被认为是真实的，而每一张也都会被另一方的观众当作虚构的故事。从封建社会向资本主义转型的思想有助于在不同的历史进程中理解这种差异。

赫里福德地图和大英帝国地图之间虽有各种差异，但它们在使世界具有可视性——把地理现象展示在眼前——这一点上却是相同的。我们会接受地理现实，是因为我们可以看到它。看事物既是一种观看也是一种智力上的领会。人们看世界的方式对于人们理解世界以及与世界的关系，都是一个重要线索。1400—1900年，欧洲人观看世界的方式发生了明显改变，其视觉变化的一个指标就是景观理念。

景观有两个不同却密切相关的用途。在15世纪初到19世纪末，最初在意大利和佛兰德斯，之后贯穿整个西欧，景观理念逐步成为对可见世界的艺术的和文学的表现。景色被看到即意味着有一个观看者。它暗含着某种特定的情感、对外部世界（自然的或是人造的）的体验及情感的表达方式，从而是人与外部世界关系的一种表述。因为"眼见为实"，作为获取事实的媒介，视觉能力对这种情感形成的影响越来越大。表现事实的重大技术创新的起源和发展——包括单点透视，以及显微镜、望远镜和照相机等辅助观察技术的发明——都可在资本主义社会和生产方式的历史中得到更好的理解（我将随后展开论述）。景观的另一个用途是对当代地理和相关环境研究的促进。这里它表现为自然与人的整合——一种可在地球表面的确定区域内，被科学的调查方法实证分析和检验的现象。关于景观的地理研究，直至最近，一直否认对景观的研究与景观艺术这一用途所暗含的情感之间存在任何共同基础。而实际上，它们之间是密切相关的，无论是在历史上，还是在将世界通过客观的学者视角及相关图形技术表现出来的一般方式上。正是在这种关系中，景观理念和它的历史将我们的注意力引向资本主义转型过程中文化生产的积极作用，而这一作用在历史地理学中却常常被忽视。

为了证实这一主张，我们需要首先阐明景观的理念和用途，这也是第 1 章的目的。这一章指出了景观含义中的一些矛盾——这些矛盾更需要历史的而非逻辑性的解析。同时还需要对一些难点问题（如对资本主义转型框架的理论应用和在生产关系与人类意识的变化之间建立理论关系等）给予更充分的研究，尤其是在处理像欧洲西部和南部这样一个大范围地理区域的超过半个世纪变化的情况下。对于上述这些问题的思考构成了本书的第 2 章。在建立起一个理论背景，对景观理念和不同社会生活领域的变化有了理论理解之后，我们将通过特定的历史社会及其文化产物来进一步展开论证。之后几章由一系列聚焦于不同历史时期不同地区的论述构成。首先是关于意大利的讨论。景观理念最初在意大利得到发展，意大利景观的各种表现技术在 14 世纪末至 15 世纪初处于领先地位，当时意大利已形成了资本主义性质的社会关系。之后将引向一个更为详细的思考——16 世纪的威尼斯。16 世纪的威尼斯是商业资本主义的中心，也是在绘画、诗歌、建筑和园艺等多方面对早期景观艺术最具表现力的地方。威尼斯人的景观主题和理念在之后的时期中，被欧洲许多地区和美国不断借鉴和重新诠释。在第5章中，我们总结了威尼斯人与佛兰德斯、荷兰和罗马的一些风景画家在这方面的成就。

北美洲的发现和定居（在其初始阶段可以说是意大利智慧的展现），尤其是美国的出现，作为欧洲人实现美好愿景的尝试，使我们能够观察到一种特殊的欧洲文化的演变。不断打破欧洲定规，希望创建一个崭新的更加完善的社会，以及建立一个既非封建也非资本主义社会关系的尝试，对于美国早期景观理念具有独特的意义。17、18世纪的英国是欧洲经济和社会变革的中心，成为景观理念的意识形态应用的杰出范例。19世纪初英国出现的工业资本主义及其影响更为景观理念的极致发展提供了环境。在作家约翰·罗斯金（John Ruskin）笔下，景观作为一种观看方式，其与社会生产关系的联系已成为一个明确的研究对象，而景观理念也被要求承担起社会理论中一个明确主体的责任。当对这种关系的本质逐渐有所认识时，它的含义又变得过于宽泛、很难完全包融于景观理念之中了。艺术与科学知识的分离、摄影技术的创新都使景观不再成为文化关注的焦点。这时，地理科学开始将景观纳入其科学关注的一个特殊领域。而在照片及旅游者的观点中，景观则呈现出广义商品的属性——它与其生产方式间的联系再一次披上神秘的面纱。本书将在最后一章对景观理念在当代的发展做简要评述。

虽然本书详细论述的事例具有一定的时间顺序和地理连贯性，但它们绝非唯一可用的案例。例如在巴洛克时期专制主义的法国，风景画和设计方面都有过重要创新。荒野景观则表现出西移的美利坚合众国在激情和自觉的氛围中呈现出的一种独特的道德力量。本书中对上述事例的论述非常简短，但我相信对它们的详细研究不仅可能开辟出新的途径和前景，也同样会支持本书中所表述的一般性主题。

今天，景观理念并没有离我们远去。过去十年里它在地理学中的意义不断增加，并且一直有地理学家尝试重新建立起地理学和文学艺术表达研究间的联系。但同时，也有一些地理学家试图借鉴对日常生活的景观研究，剔除景观理念与特殊性和排他性的密切联系（Meinig, ed., 1979; Gold and Burgess, eds., 1982）。我写这本书的很大原因是感觉到在景观中，我们所面对的是一个不断意识形态化的、非常复杂的文化产物，它并不会轻易屈服于地理学方法论的流行和变化。当然，本书中我也要从方法论展开论述。

在正式转向对地理景观的论述之前，我衷心向本书写作过程中给予我诸多帮助的人们表示感谢。罗宾·布特林（Robin Butlin）、史蒂芬·丹尼尔斯（Stephen Daniels）和科尔·哈里斯（Cole Harris）阅读了早期书稿，他们的意见和建议使我避免了几个重要地方的失误。拉夫堡（Loughborough）的同学们曾是本书中所讨论问题的重要听众，还有特雷弗·普林格尔（Trevor Pringle），以及在伦敦、剑桥、南安普顿研讨会的参与者们。安妮·塔弗（Anne Tarver）根据我提供的不完备的草图，制作出了精美的地图和图表；大卫·沃克（David Walker）和克里斯托弗·罗珀（Christopher Roper）向我介绍了文字处理的奥秘；伊泽贝尔、艾米丽和伊斯拉（Isobel, Emily and Isla）给予我许多鼓励和无限宽容；我在克鲁姆·

赫尔姆出版社（Croom Helm）的编辑彼得·索登（Peter Sowden），对一再推迟的书稿耐心有加。所有这些，在此献上诚挚的感谢。

1. 景观理念

在地理应用中，景观（landscape）是一个不精确的、模糊的概念。虽然有许多研究把景观作为一门科学，对它的内容和含义尝试做出准确的定义，但都没有成功。景观明显与地表或地表的一部分相关，因而属于地理学研究范畴；但它又远远超出了视觉及功能布局等单纯的自然、人文现象，超出了我们以现有的学科规律来识别、分类、测绘和分析的范围。"地区"（area）或"区域"（region）都是景观在地理学中的近义词，景观与它们之间具有共通的部分，但也明显地扩展了它们的含义。作为广泛应用于绘画、富有想象力的文学作品以及环境规划设计中的一个概念，景观具有多层含义。彼得斯（W. A. M. Peters）曾对诗人杰拉德·曼利·霍普金斯（Gerard Manley Hopkins）的新词——"inscape"（内在特征或本质）发表评论，他认为后缀词"scape"（古英语中表示状态或性质的塑造、形成等）"假定了一个统一原则的存在，使我们能够将乡村或海洋的一部分看成一个整体或个体，因为这一部分实际上已承载了整个事物的典型特征"（Peters，1948，p. 2）。

统一原则源于人们的主观意识对客观事物的积极参与。换句话说，景观是通过人的主观体验表现出来的外部世界。这一点，无论是"地区"或"区域"都无法直接体现。景观并不仅仅是我们所看到的世界，它也是一个组合而成的世界。景观是一种观看世界的方式。在《英国景观创造》(*The Making of the English Landscape*) 中，历史纪录里景观表现出的鲜明客观性及其基础也是具有情感的，它代表了霍斯金斯观看英国的方式，表现了他对过去的人们怎样观看和改造土地的看法（W. G. Hoskins，1955）。段义孚曾指出（Yi-Fu Tuan，1971，p.183），景观"有些类似于房屋内部，只有它的整体才能显示出耗费人们精力的那些目的和意图"。是人的主观性提供了景观的总体性或整体性——这即是彼得斯、段义孚以及其他人所指出的综合的性质。绘画和文学在过去开发出一些表现景观整体性的技巧和定则，在其中他们主要强调主观性的个人特征，因而从本质上使得地理科学难以将其运用到自己的景观研究之中。

　　另一个类似的困难也与景观的含义相关。地理学中，景观一词与人类能动性对改造物理环境的影响频繁联系在一起，这提醒我们，景观是一种**社会**产物，是一种集体的人类改造自然的结果。以没有人为介入的荒野和纯粹的自然来取代景观的想法，是一种新兴理念，主要涉及对人类行为痕迹的排斥（Graber，1976）。景观的艺术运用主要强调了个人的、内心的、本质上是**视觉**的一种体验。在霍普金斯的诗中，

　　　　世界充满神的庄严
　　　　它闪闪发亮，如同晃动的银箔发出的光芒
　　　　像点点油珠，汇聚成伟大
　　　　再毁为齑粉！
　　　　人们为什么不再服从他的权杖？

> 一代一代，人们践踏、践踏、再践踏
> 所有都因交易而枯萎，因过度的辛劳而黯淡污秽
> 带着人类的污迹和气味的土地
> 现在空无一物，连脚也无法感知，因为穿着鞋子
> （Hopkins, God's Grandeur, 1877; 1953, p. 27）

诗人把改造自然的人类集体劳动作为一种罪恶的隐喻，并以体现对神威的承认来赞颂一种关于自然之美（即本质）的个人视角。这种对于人化地球的排斥并非景观理念的整体历史特征，但它清晰地表现出对外部景观的个人感受与集体创造的景观之间的紧张关系。我们可从历史上追踪到它们的痕迹。

主观与客观，以及个人与社会之间的统一和对立，为那些希望从景观中提炼出专业、科学概念的地理学家们带来了许多困惑。最需要解决的问题是如何去除景观概念中的模糊性，使对其科学的理解和分析成为可能。正是因为这样的逻辑特性，理查德·哈特向（Richard Hartshorne, 1939）曾提出，除非景观可以去除其所有的主观和个人内涵，否则应从地理词汇中将其删除。但人们对"景观"一词的使用抵制了这样强加的逻辑，再加上现代地理学对景观应用的更为强烈的探索意愿，以及在自然科学基础上建立起的学科规则的实际价值，都使得景观虽在概念上模糊不清，但仍在地理学中占有重要的一席。其实，也正是这种模糊性从某些方面支撑着景观在一些地理学科中的研究价值。在那些认为地球空间是由人力主观、客观共同缔造的学科，以及那些目的和方法都更接近人文科学而非自然科学的学科中，景观一直有着重要的研究意义。当然，接受了景观的模糊性及其多重含义并不意味着我们不必仔细分析它的

内涵和起源。相反，它需要我们比以往付出更多的关注。景观是观看世界的一种方式——正是因为这样的起源，使得我们发现它与更广阔的历史结构及历史进程间的联系，从而使我们能够将景观研究定位于社会和文化变革的讨论之中。因此在这一章中，我将对景观在主观与客观、个人与社会之间的双重模糊性展开更深入的探讨，并提出以下观点——景观代表了历史上由某些社会群体创造，并对他们具有特殊意义的一种体验世界的独特方式。景观是一种思想观念（这一点我将在后面展开论述），它代表了一种方式——一些阶级通过他们所设想的与自然的关系，来表现自身及其世界的一种方式；并且通过这种方式，表达和强调了他们及其他阶级对外部自然的社会作用。甚至直到近期，地理学对景观概念的引入都颇为随意，暗默地接受了景观在意识形态方面的许多假设。没有把景观这个概念放在适当的历史或社会分析之中（Relph，1981）。要想修正这个问题，与其要对景观重新进行定义，不如说要对地理学中景观研究的目的重新思考——对景观在思想上的引入、适用范围，以及对环境改造中人类创造力的微妙作用进行重新认识。

地理学和景观形态

地理学者们已确定现代英语中的"景观"一词，起源于德语和中世纪英语中"可识别的大片土地，以及庄园和教区中具有一定范围的地区"——如田野或森林等（Dickinson，1939；Jackson，1964；Mikesell，1968；Stilgoe，1982）。20世纪早期的地理学家卡尔·索尔（Carl Sauer，1926，1941）和理查德·哈特向（Hartshorne，1939），都受到这种来自德国地理著作中景观的区域概念的强烈影响，而致力于将景观恢复到原来的含义。一般来说，对特定大片领土（即景观）的起源、演变和形成的研究，主要是在寻求构成该地区的元素组合，认为是各种元素组合在一起而产生出了可观察到的形态关系及特征。他们的方法结合了两种方式。其中，形态学（Morphology）将观察到的整体分解为各个部分，再对每一部分展开详细研究，以便更好地理解在整体重建中个体和集体的贡献；而对部分的详细研究则侧重于**起源和演变**（genetic）问题。卡尔·索尔的《景观形态学》（*The Morphology of Landscape*，1926）提供了"地貌发生学"（Genetic Morphology）的清晰轮廓。地貌发生学在历史地理、文化地理和自然地理中广受欢迎，景观的概念在这些学科中也得到广泛应用。尽管地貌发生学从起源角度研究个体形态，却将发展过程和整体变化置于特定的历史时刻，以确定地区元素组合，形成一个永恒的整体形式。在这种形态学方法下，景观成为一个静态的科学研究对象。其组成元素及之间的关系变得容易被客观识别、分类和测量。虽然地貌发生学对景观的这种定位方法引发过争议，但它严格排除主观性的科学目标却不曾受到过质疑。

但在英语的常见用法中，"景观"的含义却超越了可测量土地的概念。这种含义最初来自画家对"景观"一词的使用。在1725年之前，《牛津英语大辞典》（OED）将景观定义为"关于内陆自然风光的视图或景色，例如可从一个角度一眼就看到的景致"。更早的定义可追溯到一个世纪之前，在1603年的文献中可以找到这一含义的起源——"区别于海上风光、肖像等方式的内陆自然风景画"。在这个意义上，景观是一个观察者所看到的地区。而且至少从理论上，观察者可以把他所看到的景色绘制下来。这个创作是绘画者审美的表现，并可能进一步激发其他人的心理回应。以这种绘画方式来观察，景观可以是美丽的、壮观的、沉闷的、单调的或破坏性的，会引发看到或体验到这些景观的人们的主观意识反应。因此，景观被赋予了人的意识。18世纪英国的美学哲学家和作家们以当时流行的心理学理论为依据，针对意识主体与其可见的自然环境间的情感联系的本质及起源，展开了激烈的辩论。因景观的艺术和文学应用而引起的辩论以及各种努力，在地理学界也一直延续，从冯·洪堡（von Humboldt，1948）到沃恩·科尼什（Vaughan Cornish，1928），以及最近的杰伊·阿普尔顿（Jay Appleton，1975）和爱德华·雷尔夫（Relph，1976，1981）。即使那些一直想把景观作为严谨科学术语的地理学者们，也认为有必要认可艺术和诗歌给景观带来的主观含义。例如卡尔·索尔（1926）承认在他科学的景观形态学发表后，景观概念中仍存在"超出科学"的含义，对其理解不能简化为规定好的程式。和法国地理学家保尔·维达尔·德·拉·白兰士（Paul Vidal de la Blache）一样，索尔认为景观的情感层面表现出人类生活与其生活环境间的协调。索尔在他的其他著作中试图从语言学和文学结构中捕捉这种协调，但最终适可而止，没有像一些德国地理学家，如埃瓦尔德·班斯（Ewald Banse，1924）和哈德（G. Hard，1965）那样，把神秘主义引入景观（Landschaft）概念。把景观看作既是客观的也是主观的，对于一种学科是大有影响的，这种学科按照科学程序的固定法则来理论化人与其环境之间的关系，就像理论化那些生成了典型的差异化地区的关系一样。鉴于形态学研究更注重对明确的形态综合体的经验性分析，它的分析就只能停留在意义的表面，如同艺术史学家欧文·帕诺夫斯基（Erwin Panofsky，1970）所指出的，如果只以严格的图像表现来解析一幅画的含义，那么仅能触及一些**基础**层面。在这之下更深层次的含义具有文化和历史的底蕴，且并不一定具有可实证性。因此，严格意义上的形态学仍不能让人完全信服——作为景观研究，它忽略了景观的象征性，即那些被景观的创造者和维护者们所引入的，并传达给那些与景观有所接触的人们的象征性及文化含义。例如堆满干草的田野或成熟麦田上升起的教堂尖顶，潮湿的麦茬、泥泞的耕地，即使对那些最不经心的观察者也具有明显的象征性。

景观的情感表现在我们所说的景观的第二种模糊性——在个体与社会的关系中也同样存在。我们谈到山水美景或其特质时，常常是以观察者而并非参与者的身份。画家对景观的应用则明确地表现为个人的观察和评论。被描绘或拍摄下来的景观，挂在墙上或印在书里，也都是为了提供给个体，且每一个体都会产生个人的回应，并有选择继续欣赏或离开的权利。一旦我们把真实世界作为景观，我们与它的关系也是同样的。也就是说，在景观中我们拥有一个重要特质——对外部世界的个人**控制**。这个"景观关系"的个人主义角度对那些大量吸收了个体心理学理论的 18 世纪的思想家们具有重要作用，他们以个体心理学理论为基础，支撑和发展了他们对自然中"令人敬畏"及"美好"的认知。以规划为目的的当代景观研究也同样依赖于个体反应。一般是先通过某种形式的采访，再汇总为对景观特质的共同的或社会的评价。对景观情感层面的地理考察也同样集中于个体。沃恩·科尼什的"审美地理学"（Aesthetic Geography）和杰伊·阿普尔顿的"栖息地理论"（Habitat Theory）都假设对景观的体验是基于对单独场景的个体感知。

但人与外部世界之间的情感纽带不仅仅是，甚至不主要是个体或个人的事情。在地理学中，与创建者和维持者的集体投入相比，个人关系的意义是次要的。大卫·洛文塔尔（David Lowenthal，1962—1963）用威廉·詹姆斯（William James）的一个生动事例表现出这种外在的个体观察者与内在参与者之间的深刻差异——在阿巴拉契亚，一位优雅的旅行者与土地所有者对砍伐森林这种行为所产生的不同反应。对于前者来说，砍伐是一场混乱，是对森林威严的侵犯所造成的视觉伤疤。对于后者，它是开拓性努力的记录，是他的家族以及国家未来的象征。这个地方被赋予了个人及社会意义，与它的视觉形式关系甚微。因此詹姆斯指出："在这里，旁观者的判断因错过问题的根本原因而远离真相。"对于那些居住或在此工作的内部参与者，将"景观"这样一个术语用于他们的外部环境似乎有失妥当。这一点也是正确描述景观概念的一个重要线索。可见的形态以及视觉上的和谐及美感，确实是人们与其日常生活环境关系的一个组成部分，但这些对于一个生活在其中，有着自己的家庭和社会生活的局内人来说，都是次要的。他们的景观构成更为统合，包含着生活中每一天的事件——出生、死亡、节日、不幸——所有的这些事件将他们的时间和地点链锁在了一起。对于这样的内部人,并不存在明确的自我与场景、主观与客观的分离。他们的环境中存在着一种融合的、古朴的、具有社会含义的内容(Sack,1980)。这样的内部人没有像我们离开一张照片或是像旅游者远离该场景一样的特权。对此,雷尔夫(Relph,1976)使用了"存在性内部人"(existential insider)一词。对于存在性内部人来说,我们所谓的景观只是生存的一个维度,是集体生产的、要在其中生活且要对其进行维护的地方。在这样的背景下,雷尔夫和布蒂默(Buttimer)认为,对于存在性内部人来讲,"场所"(place)似乎是一个更为恰当的术语。虽说共同体可以通过各种象征和仪式手段在一定程度上对他们的物理世界进行控制,但我们在景观理念的关系中所提到的最显著的控制元素却不复存在。对于内部人,外部世界并不需经由审美而联系在一起,且集体和个体特性同时存在。景观概念中的第二种模糊性——个体与社会之间的关系,与主观和客观间的关系一样,使得景观概念很难成为严格的科学研究术语。而如果不顾景观的这一特性,将有可能否定内部人经验的完整性,将他们的经验生拆硬分,应用于生硬的分类和分析。

很显然,我们这里所讨论的两种模糊性之间并非毫无联系。景观既是客观的,也是主观的,并同时是个体和社会的。当然,如果我们在历史的背景下来探索景观的渊源,而不是仅仅将注意力集中到它们在园林艺术中的起源,这些模糊性也可得以澄清。这样做时我们会发现,地理学家以及其他学者在使用景观概念时,在不自觉中都对外部世界采用一种历史的及意识形态上的观点。这种观点从哲学和方法论角度提出了当代人文地理中许多悬而未决的问题。

景观和透视绘图法

以绘画或想象的方式来描绘自然（无论是对野生的还是人造的），这种思想作为一种艺术创作主体，在欧洲有着一段非常特殊的历史。风景画首次作为一个公认流派，出现于15世纪欧洲经济最发达、人口最密集且城市化程度最高的佛兰德斯和北意大利，并在17世纪的荷兰和意大利以及后两个世纪的法国和英国学校中发展到了极致。而在过去的一百年中，随着现代主义和其他非具象艺术形式的兴起，风景画已不再处于艺术创新的前沿。对于景观的起源，杰克逊（J. B. Jackson, 1979）指出景观在欧洲绘画中的出现和现代戏剧作为正式艺术的发展之间，存在着历史相似性。在戏剧中，人的行动直接表现出与设计的、可控制的环境间的关系——每一个"场景"（scenes）都包含设计后的空间以及一些虚幻的设置。而同样是在文艺复兴时期，地理学——尤其是其中新大陆的发现，向欧洲人揭示出不同的大陆场景，以及人与他们所占有的土地间的关系。在所有这些活动中，欧洲人非常强调视觉关系以及对空间的控制，以维持一种秩序的幻觉。在这种情况下，幻想与现实之间的边界并不是很明确。例如在剧院里，这种边界被有意识地遮掩起来；而在风景画中，地形、树木和建筑也可以发生位置和尺寸上的变化，或通过插入、消除来构建一个看起来真实和准确的场景；地图绘制师则可以把详细考察过的城市地图，与它的守护神或古老的神祇联系在一起，来表现它的商业或政治地位。所有这些平行发展的相似性，都表现出一部分欧洲人在试图阐明一个新的空间概念——一个有条理的视觉结构，在其中，人类生活的各种行动均处于一个有序的、可控的状态。

　　这里，控制和秩序是非常重要的。肯尼思·克拉克（Kenneth Clark，1956）写道，他称之为"现实主义"（即艺术家们力图忠实地记录外部世界）的一种风景画形式，首次出现于15世纪的佛兰德斯和意大利北部。他认为这种艺术形式与"人类意识的变化"相关，"需要一种新的统一的关系和封闭的空间"。这是以科学的方法来思考世界以及"人对自然控制能力的增加"所带来的变化（Clark，1956，p.29）。杰克逊（1979，p.3）也指出"人们普遍认为人与环境间的关系可以被高度控制、规划，甚至可以将人与环境的关系与家庭纽带间的强度相提并论"。而当时的风景画也实现了对空间以及在其中发生的人类行为的视觉上的控制。在对这些思想和技术的探寻中，我们可以发现一个长期的且关键性的差异——风景画在最初的发展中，在两个不同的地区表现出不同的发展形式。在佛兰德斯，凡·艾克（Van Eyck）为15世纪初率先采用创新画法画家中的一个，这些画家的作品在对物理环境进行认真描述的基础上，展现出对城镇和乡村世俗生活惊人的细节描写。这些场景成为了那些依旧以神圣题材为主题的绘画的背景。但通过其历史特征，我们可以知道佛兰德斯的风景画与其说与理论知识密切相关，不如说更接近于经验主义，对后来的英国景观艺术（英国景观艺术可以说是从佛兰德斯和意大利吸收了同等的知识和经验）具有重要的作用和意义。而从意大利，我们可以找到有关景观的**理念**——景观成为一种特定的艺术流派,在视觉空间控制技法的艺术理论中占据了重要位置。它通过透视绘图法实现对空间的卓越控制。文艺复兴时期的艺术家们将透视绘图法视作他们最重要的发现,并认为是对现实世界的一种表现方法。透视绘图法不仅被作为一种技术、一种视觉方式,更是作为一种真理,一种超越单纯视觉的、对空间的客观认识。它影响了绘画以及剧场的空间形式,将观察者眼中所看到的,作为外部可见世界的一种静态体现,并将其以现实的形式表现出来(Berger,1972)。眼睛成为了无数的与外部世界连接线的收敛点。现实被固定在一个特定的时刻,远离时间和变迁,表现出观察者的特性。

文艺复兴时期艺术家们的发现是线性或单点透视。线性透视(linear perspective)最初展现于菲利波·布鲁内莱斯基(Filippo Brunelleschi)的一个著名的尝试——设想在不移动的情况下,由单眼看到二维绘图中的平行射线交汇于一点。这一设想由列昂·巴蒂斯塔·阿尔伯蒂(Leon Battista Alberti)进行了详细阐述并构建成为理论。阿尔伯蒂为意大利文艺复兴时期最具有影响力的理论家之一。他主张把景观作为绘画的一种独特类别,因此也是对风景画做出最早辩护的先驱之一(Gombrich,1966)。阿尔伯蒂关于艺术的论著《绘画》(*Della Pittura*,1435—1436),就以对这一类技巧的讨论开始。讨论如何从眼睛构建出视觉三角,以便使画家可以展现事物的本来面目。这项工作成为后续精确表现透视图法论著的权威准则,直至18世纪一直保持着非常普遍的影响。它被约书亚·雷诺兹爵士(Sir Joshua Reynolds)视作至为关键的准则。约书亚·雷诺兹爵士是在风景画的本质和宗旨被最为严肃地论讨时期，在英国最具有权威的一位艺术理论家。透纳（J. M. W. Turner），一位杰出的、具有创新性的19世纪早期风景画家，在皇家学院担任透视图法教授，这一职位也表现出文艺复兴时期的理论在早期现代绘画中持续的影响力。直到来自我们"现代"的各种动向，尤其是立体主义（cubism）所带来的挑战——强调由相机揭示的视觉相对性，以及以物理学为理论基础的空间相对性——才充分而有效地消除了透视法作为自然写实公约的主导优势。

　　贡布里希（E. H. Gombrich）认为，阿尔伯蒂在意大利的风景画被大量绘制之前就为其奠定了理论基础。术语景观（*Paesaggio*）应用于绘画最早可追溯到1521年。最让人记忆深刻的是乔尔乔内（Giorgione）的《暴风雨》（*La Tempesta*），被描述为"一个画布之上的小型景观（*paesetto*），有雷暴雨、吉卜赛人和士兵"（引自Gombrich，1966，p. 109）。这一词汇最早应用于被意大利收藏家所购买的佛兰德斯流派作品，主要因为它们多描绘风景而非人或宗教事件。这些画家所绘制的风景在意大利人眼中，无论从形式、颜色还是氛围，都是新奇的，甚至是美妙的。一部分也是缘于阿尔伯蒂及其后继者的理论，意大利鉴赏家对绘画和版画形成了一种有意识的审美——相对于其功能或是题材，更推崇他们在技艺上的艺术成就。在这样的过程中，他们为艺术品市场奠定了价值是由其美学属性决定的这一基础。这一点对通过风景画发展起来的世界观与16世纪意大利经济关系的联系也起到一定的作用。艺术成为了一种商品，其价值可以在交换中得以实现。因此，其产品必须可以吸引任何个体，并且可以在不同的环境和地方保持这种吸引力。这在任何一个中世纪的壁画和祭坛绘画中都是不存在的。例如那些由赞助人赞助、用于摆放在特定小礼拜堂中，可能代表他自己和家人的绘画。而新的审美观是建立在新的基础上——认为绘画对它的观察者有着一定的心理影响，无关地点和环境，是一种绘画与观察者之间的个人体验。

阿尔伯蒂在他的著作《建筑十书》（*Ten Books on Archi-tecture*，1450）中，在讨论建筑和房屋的装饰时，有这样一段令人记忆深刻的论述：

> 无论绘画还是诗歌都是有不同类别的。那些刻画值得纪念的、伟人事迹的作品，不同于那些描绘平民生活习惯，以及农民生活的作品。首先，那些具有宏伟属性的作品，应适用于公共建筑及伟人住宅，而后者则适合于庭院，因为这样是最令人愉悦的。
>
> 那些绘画中所描述的愉悦的乡村景象、港口、捕鱼、狩猎、游泳、放牧时收获的鲜花和翠绿，都会为我们带来无法衡量的喜悦。（引自 Gombrich，1966，p.111）

阿尔伯蒂所建议的是一种严格的等级制度，包括艺术作品的题材和定位。顶峰是历史（*storia*）题材，具有令人振奋属性的、宏大或英勇的历史作品适用于那些体现权力和权威的地方。表现普通公民生活的绘画——展现拥有资产且具有参政权的贵族生活的作品——适用于都市住宅、私人住宅以及宫殿。在等级制度的底层是农村和农民生活。当阿尔伯蒂主张风景画适合于庭院时，他并不是指城市园林，也不是指农民劳动的真实世界，而是指在乡村的贵族别墅，用于夏季休闲或是远离城市的放松所在。因此这些作品所描述的都是休闲活动：捕鱼、狩猎、游泳或在乡村和海边放松。农民，在"他们的游戏"中——在诗歌或闹剧中——只是劳作的牲畜和嘲笑的对象，他们是绿荫所附带的一种装饰，和绿荫一起给那些厌世公民的灵魂带来无法估量的喜悦。

这一时期的意大利风景画都在实践阿尔伯蒂的理论。例如保罗·乌切洛（Paolo Ucello）的《森林狩猎》（Hunt in the Forest），展现出富有的贵族们享受一种传统的上层阶级所特有的乡村娱乐。在线形透视的视角中，这是一种严格控制下的运动。对它的空间构图有着这样的评论——"表现出风景画艺术的骨骼和精髓"。在翁布里亚绘画（Umbrian painting）时期，伯纳德·贝伦森（Bernard Berenson）完全领会了它们所传递的力量和意义："在这样的图画中人们可以如此自由地呼吸——就仿佛一块巨石刚从胸口移开。让人感觉如此清新，如此高雅，如此强烈。"（Berenson, 1952, p. 121）

我们以后会有机会来审视阿尔伯蒂对不同类别风景画的态度。到目前已足以说明，这里没有任何关于风景画应该展现普通生活的建议——用同情的笔触来描绘其中的居住者，无论是劳作还是休闲的情景。风景画的目的主要是服务于那些有权人士，可以让他们将严重的事情放在一边，以一种控制、有序、多产和轻松的景象回忆起自己在别墅里的休闲。

文艺复兴时期戏剧的舞台布景与表演间的关系与此相似。塞巴斯蒂亚诺·塞利奥（Sebastiano Serlio）是文艺复兴时期的一位建筑师，那时的建筑师要为富人们设计可长期使用的舞台布景。布景一般分为三种类型：悲剧、喜剧和闹剧。悲剧需要一个假想的古典城市的透视图，充斥着各种罗马帝国权威的象征，是"伟人们展现伟绩"的场所。喜剧要发生在宫廷的院落或室内。闹剧需要一种田园景象，其中农民可以在贵族绅士们觉得轻松有趣的范围内插科打诨，正如在《仲夏夜之梦》(*A Midsummer Night's Dream*) 中所诠释的那样，在翠绿的丛林中可以发生完美的爱。无论从绘画还是剧院，透视法都是用来控制空间，并将其展示于外部观众的一种方法。外部观众只是间接地参与其中，作为城市中假想的英雄、凉亭下惺惺相惜的知己，或是对农村生活饶有兴趣的观察者（同时庆幸着自己并不属于这里）。那些拥有这些风景画或以滑稽动作取悦着公民的人们，他们本身并不对那个世界直接负责，那个世界是艺术家操控的，就像自然本身也通过相同的技术被控制着一样。

所以透视法是用于控制世界中各种可占有事物的一种方法和手段。它与文艺复兴时期的一种宇宙论相关，认为创造要建立在固定的几何法则之上。画家或建筑师可以领会和应用这些规则，从而模拟这种创造行为。列奥纳多·达芬奇（Leonardo da Vinci）曾明确指出，在风景画中艺术家可以夺取自然的控制，具有创造性的力量。

因此如果他希望有山谷，或是希望从山顶看到大片土地，或是远望在天际的海面，这些都在他的掌控之中；如果他想从低谷仰望高山，或是从高山远眺幽深的山谷或海岸，这也都是可以的。事实上，宇宙中所存在的，无论是潜在的、实际的或是想象中的，艺术家都是先将其呈现在他的脑海中，而后表现在他的手中，而这些景象是如此卓越，让人一见之下会觉得它们体现出实物一般的匀称和谐……（Gombrich, 1966, p. 112）

因此透视法、比例和风景画统合为这样一个主张——将艺术家个体视作具有操控能力的创造者。同时还建议将艺术创作和对自然的客观认识相结合，这种结合在之后发展为经验科学（empirical sciences）。列奥纳多本人从未脱离过我们现在称之为自然探索的艺术创作。将艺术创作和对自然的客观认识联系在一起的是一种信念——认为一种和谐匀称的秩序贯通于宏观和微观，可以在绘画中通过对画面空间的透视控制得以再现。正如我们所看到的，在景观理念的演变中，艺术与科学之间的关系对地理学中景观一词的使用有着重要的影响。地理学作为一门独特的学科，它的出现融汇了许多风景画中的概念，且在历史轨迹上也重合于艺术表现中风景画的没落，以及画家们开始放弃透视法，开始探索新的方式来表现光、氛围以及视觉复杂性的过程。这些关系将在最后一章中进行更加详细的讨论，就目前来说，我们有这样的认识即可——在景观理念诞生之时，主体与客体、内部人与局外人、个人与社会的分离已然非常明显。

透视法作为写实主义的一种表现惯例，对上文所论述的操控思想带来两方面的影响。首先，虽然在写实主义的风景画中可能也会暗示时间的流逝——在写实主义风景画中也确实有这样的定规，例如对废墟的描绘或暗示人类必死的命运，例如挽歌《阿卡迪亚牧羊人》（*Et in Arcadia Ego*）——但线性透视的一个重要作用是以一个特定的时刻来捕捉历史的洪流，将那一时刻冻结为一种普遍的现实存在。其次，透视法以单一观众的角度来构成和导入现实存在，对于它所表现的事物，认为外部只有一个主体对象。这里的自然由受过训练的眼睛，将其看成一幅风景画，风景画则按照绘图规则绘制，因此从一些重要的方面来说已远离现实。这样的风景受到限制，其构成成为一种静态形象，被用于个人欣赏或拥有。虽然并非字面上的含义，但从一个重要的方面来讲，观赏者**拥有**此风景，因其所有的构成都结构性地导向并且仅导向于他的眼睛。写实主义的主张实际上是一种意识形态。它的世界观来自某种特定时刻的个人体验——当眼前的构成形式赏心悦目、令人振奋或以其他方式与观察者的心理状态相通时所产生的体验；但之后却将其作为一种现实状态、一种普遍有效的存在。居住者的切身经验、景观的主体性，以及其中的集体生活在无形中被忽视。主体性变为艺术家和观察者的财产——那些控制景观的人——而非生活于其中的人们。

因此并不奇怪，当人物出现在风景画中时，他们常常是在休息。即使是在劳作，也是在很遥远的地方，几乎不被人注意。他们的位置由画面结构来决定，大多数人物形象都似乎是环境的一部分，而不是在他们自己的环境之中。如果他们太占据主导位置，则作品将不再能称之为风景画。在风景和风景画中主体和对象总是可以潜在分离，观察者只需简单地将后背转向绘画或是场景即可。这也是关于我们先前讨论的双重歧义的一个线索。透视法使得主体置身于风景（画）**之外**，并强调所观察事物永恒不变的客观性。与观察者的个性相比，人类的集体经验被大幅缩减。但通过被称之为写实主义，风景画及景观理念提供了一个与内部居住者世界——一个我们亲身经历的世界，人们自主与周围的环境相结合所产生的集体产物——密切联系在一起的**错觉**。因此，关于景观的歧义性直接来自关于它的意识形态的起源。

当然，风景绘画不仅仅只是线性透视法以及写实主义再现外部世界的一些主张。所有的绘画作品都需要很大程度的想象，在风景画中天空作为光源，水代表再生或是纯洁，所有自然地形的弯曲和起伏，都合乎这种想象力的意趣，但同时也使得线形透视的僵化应用变得更为困难。这里具有重要意义的是，景观理念以及线性透视技术出现在一个特定的历史时期，并成为这一时期的公约，进一步强化了个人主义观念、对客观环境的主观控制，以及个人经验与集体历史经验的分离。其出现的原因在于社会组织的不断演化以及来自近代欧洲的早期经验，这也是本书将主要论述的内容。当社会组织发展演变时，对应于特定境况和紧张局势，景观理念中暗含的世界观也会进一步发展或突变，但其基本特征一直保持着相对稳定，并被纳入地理学的景观概念之中。事实上在某些方面，地理学中的景观概念可被看成是将出自绘画和艺术的一种世界观，发展成为一种具有普遍有效性的科学知识体系。为了证实这一主张，以下我们需要简单地探讨一下地理学中的视觉偏差。

景观与地理视觉偏差

地理学作为公认的学科，建立于19世纪末期，因此它一直在寻求一种能够表现地球表面特异性和个体性的概念，从而确认"多样化现象中的统一性"，并对此开展研究。即使按照最严格的律法、规律和演绎法则，以实证主义为蓝本的方法论支持者们也认为，地理规律和空间理论可能只有在真实存在的环境中才能得以检测或例证。具有哲学立场的学者，弗莱德·舍费尔（Fred Schaefer，1953）和德里克·格雷戈里（Derek Gregory，1978），虽然在时间上相距甚远，但他们意见一致地认为，地理学最终是要对地球现象和事件的区域关系进行阐述，景观概念只是地理学为实现这一目标而发展出的众多概念中的一个。在盎格鲁-撒克逊地理中，region（**区域**）一词通常是首选，还有一些人甚至借用了法语词汇 pays（**地区/国家**）。这些词汇都蕴藏了整体中（一种不能由单纯枚举其组成部分来捕获的整体维度）的部分含义。**景观**作为这样一种区域概念的定义，它的意义在于进行综合分析时，对视觉偏差的开放性接纳，并且在最近几年中，被学者们作为一种挑战传统科学方法的地理概念———种开放接受的主观研究模式纳入学科之中。

然而，所有这些地理上的地区概念都有一个视觉基础。我们可以参考一下维达尔·德·拉·白兰士对博斯地区的地理描述：

> 博斯并非是指一个纯粹的领土范围；它是指一种土地

类型，一种在它的居住者心中明确存在的观念。想要寻找除此之外其他的限制将会非常困难；且由于其地方性特点，如果这一名字零星出现在其他地方，我们也不应感到惊讶。因此我们发现它接近于佩尔什的范围或是进入了于勒普瓦平原，但却总是保持着**地区**的连贯性。博斯的出众，在于作为一个地区它可以最清晰准确地表现出它的特点：这一区域从埃唐普到皮蒂维耶、阿尔特奈、帕泰和欧诺，都保持着一种均匀、连续不断的状态这一特点。在这块凸出的、盾状土地上，那些切割博斯边界的罕见的溪流完全不见了踪迹，只有细微干裂的痕迹、褶皱地貌或是沼泽。在这里，平原生活占据着主导地位，而不像山谷那样通常会带来多样化的生活方式。人们围绕着只有钻到很深才能获得水源的深井，聚集成大的村庄；周边没有皮卡第村庄那样延伸出的林荫带或是花园。靠近地表有大量的白垩岩，可以作为建设房屋和道路的石材。博斯的农民，他们居住于华丽的房屋，赶着车，沿着笔直的可以一直延伸向地平线的道路前行。这样一幅富饶的景象与他们的**地区**联系在一起，成为他们的习惯和需要……（Vidal de la Blache, 1903, pp. 147-149）

这里维达尔描绘出一个栩栩如生的博斯景观的视觉形象，以及在其中日常生活的节奏和感觉。我们可以直接地领会到那些通过学者认真思考提炼而出的要素。甚至今天，在这部著作问世 80 年后，这些描述对任何从巴黎南部这一地区经过的人，仍然保持着正确性。首先维达尔的综合描述是图像性的，强调了景观在眼中所表现出的形式和格局。这些描述不仅仅表现出景观之中的物理对象，也包含了其中的生活方式，维达尔将这种生活方式恰如其分地融和于它的环境，由农民和他的房屋、村庄和马车构成，甚至表现出一种强烈的稳定生活的视觉形象。

同样强烈的视觉形象在卡尔·索尔对北欧荒野独特景观的描述中也可以看到。这些描写主要是作为一种普遍景观的例子——地理学从对独特事例的研究中开发出的景观泛型，而不是作为一种对特定区域的描述。

> 天空灰暗，通常会有局部的阴天。地平线是模糊的，最远也不过六英里之外，从高处就可以看到。高地带着些许不规则的起伏，倾斜至广阔平坦的盆地。没有绵长的斜坡，地表也没有任何对称形态。水道较短，水质清澈、呈褐色，常年不断流。溪水的两岸界限不明，两边长满粗壮的草和芦苇，流至形状不规则的沼泽。高地覆盖着石楠、金雀花和蕨菜。丛生的杜松比比皆是，尤其在陡峭、干燥的山坡。沿着低岭可以看到车道，从车轮的痕迹上可以看到松散的沙子，随处可以看到沙子下破旧的水泥地基。小片的羊群散布在整个土地之上。很显然，这里几乎没有人类工程的痕迹。没有田野或是其他开发出的大片土地。唯一的建筑物是羊棚，通常彼此间隔几英里，设置在交通便捷的十字路口（Sauer, 1926, pp. 323-324）。

这里也是同样，地理描述的力量在于它成功地唤起视觉形象，利用语言资源表现出各种现象和过程之间的关系，无论是对于自然还是人类，从而影响到景观的类型。从中我们可以感受到如德国浪漫主义风景画家卡斯帕·大卫·弗里德里希（Caspar David Friedrich）所绘制的荒野景观。在地理学家中，虽然很少有人能够达到索尔在这个例子中所表现出的综合理解，但这却是他们工作中的明确目标。这一目标最近还被科尔·哈里斯（Cole Harris，1978）用强有力的词汇重新表述过，但确实很少见到有地理学家明确地认识到其景观概念的视图基础。

无论是作为主要分析工具，还是作为其结果和结论的主要展示方法，地理学家由来已久地对地图重要性的认识，也证明了地理综合分析的视觉基础（Rees，1980；Thrower，1972）。当然，许多当代地理科学的绘图中所表现的空间关系，与我们用缺乏经验的肉眼所观察到的周边世界，没有什么明显的联系；但只要运用适当的转换规则，即使是最为简略的趋势面，或是抽象的距离衰减模型，都可以转化为可见的现实世界。不只是我这样觉得，在教授学生中心地理论或城市地租曲线时，他们更容易记住等级分布的六边形结构或同心圆，而不是阈值、范围或经济租金等理论上更为重要的概念。每个教授这些理论的老师都听过的一种常见抱怨就是，这些理论产生的模式，与经验或地形图中得到的模式不符。这种保留性意见反映了经验主义以及地理想象的视觉基础。没有任何几何学家或是经济学家会觉得他们作为证据的视图模式，比定理的代数公式或是由需求曲线的交点得到的方程更为重要。致力于发展基于数学的、纯理论地理学的威廉·邦吉（William Bunge，1966，p. xiv）这样说道："地理是唯一一门其内在逻辑可以确确实实被看到的预测性科学。"地理学家似乎需要表现出他们的理论是由周围世界的视觉证据所支撑的，因此他们最后的论点落于眼睛。所以并不奇怪，他们一直在寻找一个可以捕捉这种地理客观事物的概念。

可以肯定的是，地理学家们并非完全没有意识到他们的视觉偏差，一些人甚至还沉醉于其中。例如德国学者中多年存在于"纯粹主义者"（purists）和赫特纳（Hettner）追随者之间的讨论。前者会严格地将所有非物质和不可见的现象与过程都排除在地理思考之外，从而聚焦于各种事物的形态上；后者则融入年代和生态学思考，从而对景观给予地理学方面的解释（Holt-Jensen，1981；Geipel，1978）。同样的论争也发生在战前地理学中盎格鲁-撒克逊学派对景观的讨论，其中哈特向、索尔和狄金森都在很大程度上借鉴了德国的资料。这一论争所产生的影响之一是景观地理学家觉得有必要区分他们与外部场景的美学鉴赏家、画家和诗人之间所采用的不同方法。例如马尔文·麦克塞尔（Marwyn Mikesell）借鉴法国地理学家白吕纳（Jean Bruhnes），这样写道：

> 地理学家的透视法不同于从地面某一点的个人观察。地理学家的工作既需要对地图进行解说也需要直接观察，而且并不区分事物的前景和背景。因此地理学家的景观与画家、诗人或小说家的非常不同。通过调查、采样或详细的列表，实现一种全面而综合的透视，就像带着地图、照片和双筒望远镜的飞机或气球驾驶员一般（Mikesell，1968，p.578）。

地理学家的透视法仍然是一种"视图"，仍是完全视觉的，但与艺术家们的透视法却有着微妙的不同。上述麦克塞尔对二者的区分主要来自技术层面，而不是从目的层面上的区别。约翰·罗斯金（John Ruskin）向19世纪风景画家提供的关于康斯坦布尔（Constable）云层和天气条件的详细说明，有关地质类型、植被和建筑物形式的复杂分类，以及当代"风景艺术家"关于地形图的周密分析，这些都表明，如果可以拥有，景观艺术家们并不会嫌弃麦克塞尔声称地理学家所拥有的技术。如果这二者之间还存在什么更加深刻的区别，那麦克塞尔并没有明确地表现出来。也许他想当然地认为画家、诗人或小说家会更加开放，主要从事于揭示主观思想或道德探索——这些当地理学家在追寻科学客观性时会努力摒除的特性。如果是这样，这一点也没有表现得很明确。正如我们将看到的，最近更多的地理学著作已表明对主观性和道德讨论的开放态度。

这可能是因为科学要求对它所观察到的形式和事件进行结构化解释，并对其过程加以理解和阐释。自从19世纪中叶达尔文和孔德（Comte）的贡献之后，科学作为一种理解模式，与艺术产生了系统性分离。当然，索尔对景观的讨论也是符合要求的，即地理在根本上是一门实证科学，这一点无论哈特向还是他的批评者们都同意。但景观本身并不容易受到科学方法的限制。正如我们所看到的那样，它的统一性和连贯性都扎根于一种观察方式，且无论是从地上，还是从空中或是从地图上，都是这样的。所有一切都被理解为是由视觉规则以透视的形式来构成的。一旦我们要提供一个历史、功能或生态的解释，就要被迫放弃静态的视觉模式，去探寻其发展过程；但景观作为一种思想概念，是否认过程的。例如，当历史地理学家试图把历史融入景观研究中时，他们就不得不采用一些不那么令人信服的方法，像横截面分析、连续占据者或是主题的时间系列变化，或者干脆放弃了区域的全局概况，聚焦于产生特定空间形式的社会过程。在地形学中也是如此，在很大程度上忽视了对地貌发展和地球表面形成过程的详细形态学调查及分析。

然而，科学的约束最终消弱了景观理念所要依赖的纯视觉基础。在某种程度上科学本身就是一种对世界观看的延伸，从中可衍生出景观及观察角度。公正、客观、科学的地理学是以局外人角度来观察世界的典范，它体现在对观察者刻板的规则上——观察者能够将空间组织看作客观过程的客观结果，且观察者可以从理论上并从实际上确确实实地将自己与研究对象分离。与之相对的是内部居住者的经验——来自必要和必需，那些创造和生活在景观中的人们的经验。科学理解的主张加强了其研究对象具有普遍真实性的观念。因此地理学中将科学方法应用于景观，是一种局外现实主义观察方式的延伸，贬低了内部居住者的经验，从而保证景观所宣扬的意识形态地位。

就如同风景画一样，迈克塞尔的地理景观内缺乏内在主体。景观艺术中的主体通常是观众或艺术家，他们通过媒介视角来参与或控制。迈克赛尔和其他对景观做出特定地理含义的人们，进一步排除了这一主体，因为地理学家应完全从他所提供的景观中退出，以保证景观的客观状态。他们有意识地隐藏于一系列调查、地图和航拍照片之后，因此其景观缺乏自己的主体性。除了在远处像不可区分的蚂蚁一样移动的物体外，没有人出现在飞机或是热气球驾驶员的眼前。在这样主体缺失的情况下，我们可能会询问关于地理景观特性的声明究竟从何而来。因为看起来似乎和绘画采用着相同的方法：以正式的边界或边框取景，对各种实体进行安置，对人类活动进行分类，甚至还要通过天气、光线和色彩来表达情绪，正如我们看到的维达尔和索尔的描述。当全面应用这些方法时，可以生成那些让人高度联想到风景画的地理描述，从而对地理学和美学景观之间不自然区分的有效性产生质疑。

景观与人文地理学

在过去的十年中，地理作为一门实证科学，受到来自"人文"倾向学者的挑战，他们倾向于以"人文"方式来理解人与世界的关系。景观作为一个重要术语重新出现在他们的著作中，因为景观所带有的情感意义似乎允许人们摆脱局外人的立场，并可敏感地应对特定地区中的人类参与。人文地理学旨在恢复地理学的想象力——那些在维达尔及其他人的著作中充分表现出，但随后在科学地理中失去的地理学想象，并尝试在地理学中引入道德讨论（Ley and Samuels, 1978）。这些著作都强烈主张要揭示这种敏感性，就像维达尔或历史学家费尔南·布罗代尔（Fernand Braudel）那样，表现出一种强烈的**历史**意识。正是这一点而不是其他方法，成功唤起了社会及地区中人类关系的细微差别以及复杂表现，也正是这种细微差别和复杂性衍生出具有特性的地区或景观。然而，正如哈里斯（Harris, 1978）所指出的，历史意识在人文地理学中的发展十分薄弱，这也是在地理学中开展景观研究时，当代人文主义遇到诸多困难的重要原因。

尽管人文地理学一直向20世纪早期法国的区域主义（regionalism）致敬，但它在极大程度上却是"美国造"，它是战后北美地理学家对实证主义方法表示接纳的一种热情反应，并由社会地理学家们强烈推举而出。而且美国地理学家在自己的学术积淀中至少有一个重要的样本——J. B. 杰克逊（J. B. Jackson）的著作——是针对景观理念撰写的。正如最近的一本论文集《**普通景观解读**》(*The Interpretation of Ordinary Landscapes*, Meinig, ed., 1979)中明确指出，景观的人文研究在很大程度上要归功于杰克逊和他的杂志《景观》(*Landscape*)。杰克逊一直在回避着学科标签，无论是在自己的著作中，还是在他所编辑的杂志的策略中。他所主编的这本杂志对景观概念加以展开，推进了景观概念的普及，并通过从内部的写作方式以及指出景观的符号含义——从特定地理环境的社会生活中所产生的象征含义，同时解放了旁观者和参与者。杰克逊感觉景观的起源表明一种新的、分离式的观看模式，而不仅仅是一种艺术和文学品味的转变。对于文艺复兴，他这样评论道："很显然，景观概念的提出是必要的，因为它体现出迄今未知或未定义的事物：一种分离式的观看方式，把世界看作明确区别于人的物体。"这允许了对外部世界的美学观测，在这种观看中，自然可成为一幅图画的整个主题，并可以排除某些类型的人类活动，那些相对于沉思的实际活动。杰克逊指出，这种排除使得对外部世界的"科学"考察成为可能：从人类意图中分离出来，对离散的对象进行识别、分类和分析。他揭示出无论是将景观作为艺术，还是作为科学考察的对象，它们都拥有共同的历史渊源。

　　由于认识到景观理念的历史渊源，并拒绝让他的想象力和敏感性屈服于复杂的学科定义约束，因此杰克逊对美国景观撰写出一系列令人回味、难忘且具有穿透力的论文。这些论文具有视觉的敏锐性，并且其对环境的理解也容易被占据景观的人们所接受。在公路带的广告牌、快餐连锁店、旅馆、加油站和汽车修理站的建筑中，在中西部小镇的主要街道，在亚利桑那州牧场房屋的后院，杰克逊可以感知并传达出他称作景观的那些事物的日常意义和实际用途。他揭示出它们的关系——是其创造者表现自己和世界的一种方式。例如他跨越三个世代，从视觉连贯性和社会目的性两方面所展开的美国住宅建筑风格变迁分析。

　　至于将景观作为一个正式的术语，杰克逊认为"这个概念一直使我迷惑"，并给出在景观历史进程的变化中，自己拒绝将其作为实景或生态实体的原因，以及将其作为一个政治或文化现象的决心。唐纳德·迈尼希（Donald Meinig, 1979, pp. 288-289）列出了杰克逊景观概念的主要特点：景观植根于**人类的生活**，不是用于观看，而是要生活，且社会化地生活于其中。景观是人与环境的**统一体**，杰克逊反对现实中人与自然的二分法，认为那是来自于维多利亚时代的一种错误偏差。景观被认为是一种被那些实际生活和工作在其中的人们**用于生活和工作的场所**。所有的景观都具有**符号性**（symbolic），它们表达的是"一种使地球呈现某种天堂景象的持续愿望"，并且景观也是社会——其本身在时间的长河中创造了历史——的一种表现，因此在不断地发生**变化**。最后迈尼希列出两项杰克逊认为是景观研究核心的结构性要素；作为主要的景观要素且在文化中作为更广阔世界蓝本的**个人住宅**；以及景观的**本土风格**（*vernacular*）。在后面这两项中杰克逊的民主和平民主义（populist）倾向表现明显。在对杰克逊景观研究的评价中，迈尼希肯定了它们的激励和启迪意义，但认为其缺乏更深刻的批判及理论理解所需要的知识判断的公正性。

> 所有的都是主张和辩论，没有任何引证或正规的证明；大多得自观察，而非测量。杰克逊是一位具有推动性的思想家，而不是一位专业学者。他的著作缺乏通常研究所应有的支撑（Meinig, 1979, p. 229）。

这些意见使我们回到文艺复兴时期人文主义传统中，由景观的起源所带来的中心问题。景观是来自局外者的观点，是关于秩序和控制的一个概念，无论这种控制是从技术、政治还是智能上。杰克逊所赋予景观的丰富含义或许只是指出，景观是刻板的学术或智能控制工具所遥不可及的事物，就像迈克塞尔用技术和工具分隔出"科学的"地理学家的失败一样。

这一问题亦由另一位学者提起。赛明斯（Marwyn Samuels, 1979）是新地理人文主义的代表，其研究宗旨是寻求如何将人文含义纳入地理认识，他希望开发出一种适用于景观研究的明确的方法。他意识到，认识方式的主客观分离极大地影响到景观研究。因此，他提出在借鉴其他人文学科传统的基础上，将二者同时纳入一个方法，例如那些在艺术、策略，特别是发展演变史中研究人类创造力表现的方法。赛明斯特别强调景观的"著作权"，认为在事实上它们不是客观力量无意识的结果，而是来自于真正的人的责任。同时他认为创造景观的个体是在明确的背景下实施运作。赛明斯的结论是，我们应聚焦于证据，那些直接或间接的，那些个体用于说明或合理化或描述他们意图而留下的证据。例如，他主张纽约是由一些伟人创建的，如罗布林兄弟（the Roebling Brothers）、路易斯·沙利文（Louis Sullivan），以及一些贵族家庭，如洛克菲勒家族（the Rockefellers）、哈里曼家族（the Harrimans），尤其是罗伯特·摩西（Robert Moses）在20世纪初为三区委员会（the Triborough Commission）主席。所有这些都运行于美国工业化发展、城市经济基础变化和进步运动观念盛行的背景下。

赛明斯并非没有意识到他所提出的方法会引起对哲学和方法论的讨论。特别是引起了唯心和唯物主义解释方式的吸引力问题——前者认为人类行为来自于人类思想的自治，后者则认为这些行动最终源于物质世界中人类的生存条件。他这样评论道："如果景观演变史在逻辑上提供了对这种区别的讨论，那么该演变史在方法上则必须阐明这两个世界间的关系。"（同上，1979，p.69）但对于这个问题，赛明斯通过定义重叠的景观类别，避免了对问题的直接回答——他将其分为"印象"景观（impression，强调**关于**景观，而非在景观**之中**）和"表达"景观（expression，那些创建者可以在景观**中**被识别）。这是一种逃避的方法，因为它只不过是重申了主观与客观、内部居住者和局外者之间的对立，以另一种形式表述了景观概念的核心矛盾。事实上是将这种对立从我们了解景观的方式，重新转移到景观自身上。

赛明斯的人文主义试图将严格的学术结构和方法，添加到杰克逊对景观意义非正式的洞察之中，它提供了以内部居住者的身份来观测景观的一种方法，同时也维持了一定程度上的学术公正性和分离。但这种统合需要以忽略景观的社会层面、采用唯意志论（voluntarist）的个人主义假设为代价。这一思想的语境暗示了更具社会性和结构性的解释，赛明斯也建议景观发展演变史的研究应建立在史学资料的基础上。但这些思想的发展都颇为薄弱，景观的大部分——那些动态的和历史的层面，由于一届届"创建者"（无论单数还是复数，也无论时间和空间）而发生的变化，大都被忽略不计。

而这些变化在爱德华·雷尔夫（Relph's, 1981）的人文地理和景观分析中却并未缺失太多。雷尔夫意识到景观概念、科学方法的发展和文艺复兴时期人文主义之间的联系。但在边缘化或是说没有固定位置的景观研究中，作为纯知识类别将人文主义与笛卡尔（Cartesian）科学相结合时，雷尔夫否定了现实历史世界中思想与行动间的辩证关系。因此，当赛明斯最终将他对景观的理解落靠在"伟人"的创造上，雷尔夫将他的理解归属于道德上的自我反思。局外者通过个人重生而成为内部居住者，道德热情成为历史分析的替代品。

尽管有不足之处，但人文地理对景观的处理，表现出这些由景观及其意义所引发的问题是直指社会及历史理论核心的问题：是个体和集体行动、客观和主观认知、唯心和唯物主义解释之间的问题。如果说传统的景观地理研究强调了局外者的观点，并集中在外部形态上，那最近的人文地理则试图通过建立内部居住者的身份和经验，来扭转这一局面。但无论哪种情况下，都要打破画面的边框，将景观插入到历史进程中去。其原因正如我所指出的，景观本身就是一种观看方式，它虽然被地理学所接纳，但它在意识形态上的假设并没有发生根本性改变。要了解这是如何发生的，我们需要从历史上追溯如何以景观的方式来观看和控制世界。前面我已经指出景观起源于意大利文艺复兴时期，在 19 世纪经历了显著的变化。由于景观视觉建立于线性透视的基础上，景观作为现实主义的担保者，受到了来自艺术的挑战，并同时被地理科学提升为研究对象——这种状态直到现在才受到严格审查。

在这期间景观经历了某些突变，但仍由那些描绘世界的合成技术——那些可以确保"人和自然"之间保持稳定不变的景象技术所主宰。在这一期间，我们所接受的艺术与科学间的严格界限还未被系统阐述。要追溯这一时期景观理念的演变，就要追随思想发展史上的主题。这就需要一个框架，在一个更为广阔的历史背景，例如比拉尔夫所建议的更加广泛的历史背景下来为思想定位。从封建社会向资本主义过渡的历史提供了这样一个背景，因为它凸显了人和土地之间物质关系的彻底改变，并且它还对假设人与自然是一种稳定结合的景观理念提出了严峻挑战。当我们认清景观理念是如何与这一过渡期相关联的，我们就可以清楚地了解到它对地理学造成的影响。

2. 景观与社会形态：理论思考

在导言中我明确指出，在欧洲社会从封建主义向资本主义的漫长转型中，景观理念的表现极为突出。封建主义和资本主义都是非常笼统的概念。除了在最一般的情况下它们与文化产品（如景观）的关系外，如果没有上下文的详细定义，这样的概念并不能提供什么鲜明的理论边界，或是帮助我们确定什么。在马克思主义思想中，封建主义和资本主义各自代表了一种生产方式，一种人们社会性地聚集在一起，生成个人和集体存在的特殊方式。生产方式首先是一种对经济和社会关系的理论描述。它实际上是一种模型或理想类型，而不是一种可以在任何具体历史社会中找到其纯粹形态的事物。例如在纯粹的市场资本主义中，模型规定所有的生产及与其相关的社会关系，都服务于市场的商品购买和销售，在市场中价值完全由交换过程中的供求交点决定。我们知道在任何历史社会中这种情况从来都没有出现过。即使是在19世纪的英国——马克思构建出资本主义理论研究的案例中，人们仍然会在社区内互惠地生产和交换某些商品和服务，而非全部依赖市场；在地方或全国范围，一些商品的价格仍会受到习俗或国家的干预；在剩余的公共土地上，集体控制的形式也依然存在。

所以，对于具体的历史状况我们需要认识到，某个具体社会的广泛社会关系可能以某种特定的生产方式为主导（对此它的理论模型是一种有意义的描述），但也仍会有残余的前主导模式以及对未来模式的期待存在。此外，我们还应该认识到，生产方式的模式会在实践中，因我们不同地域的特定地理特征（地表起伏、气候、植被土壤、人口特征和种族，这些其他形式的历史解读常常会强调的特征）而发生改变。正是这些历史和地理特性对主导生产方式造成各种影响，生成马克思主义者所谓的社会经济形态（简称为社会形态）。如果我们要从欧洲社会生活主导生产方式的过渡来阐述对景观概念的理解，那么我们需要在欧洲的环境背景下澄清这些术语的含义。

　　此外，欧洲社会形态转型这样一个观点，也提出了为什么以及这样的变化是如何发生的问题。对于一些读者来讲，马克思和恩格斯的研究表现出一种单线发展，或是具有明显阶段性的历史必然过程。每一个阶段都由一种生产方式所支配：从原始共产主义到古代奴隶制，到封建主义、资本主义，直到最终的社会主义和共产主义（Hobsbawn，1965）。但是有足够的证据，从考古，从非欧洲社会人类学以及其他的复杂文明史中，我们可以认识到这样一种齐整的历史演变是荒谬的，这种理论让我们规避了对欧洲社会如何在实际中发生自我转型进行解释的必要。有许多与此相对来解释欧洲向资本主义转型的理论，在这一章中，我们将对这些理论进行简要介绍。

　　因为主流思想认为资本主义是建立在物质商品生产和交换的经济关系之上，所以大概不可避免地，这些理论大多强调狭义的经济变化，而淡化了文化领域。这部分也是缘于马克思著作的权威性，认为历史变化主要基于社会生活的**基础部分**，是一种物质生产关系，只间接地受到政治、法律、宗教、文化和艺术生活等社会**上层建筑**的影响（Williams，1977）。

最近一些历史学家的著作，在重新强调（作为历史变化主要动力的）阶级对立和斗争的核心地位的基础上，对这种决定论式的说法提出异议。他们十分重视人们看待自己客观状况的方式、意识形态的意义、文化生产领域和符号含义生成中的阶级斗争，认为这些因素是历史变革中的主要动力。对物质必要性与人类能动性之间关系的理论探索将使我们回到上一章所提到的问题，即人们忽视了人文主义者对景观的诠释。因而本章的最后一部分将对资本主义转型期中文化所起作用的探讨进行回顾，并提出景观可作为其中一种重要文化现象的理由。

生产方式

因景观概念是关于土地及其社会意义的一种观点，因此对生产方式和资本主义过渡期的讨论将集中于封建制度和资本主义制度下的土地和土地的社会分配。很显然，在不同的生产方式下，还存在着阶级、劳动、国家等更为广泛的讨论。正如我们在之后的具体研究中所看到的那样，这些问题常常假借景观表述的幌子提出来。然而目前，对于我们而言，我们需要先将注意力集中于封建制度和资本主义制度下自然和土地的不同意义。

封建主义

封建制度是一种以土地为主要生产手段的社会组成形式，一种建立在赋税上的社会关系体系（Anderson，1974a）。马克思认为封建主义是"自然经济"。这意味着无论是生产者，还是生产工具，还是生产的自然环境，或是他们生存和生活的方式，以及他们的劳动产品，都不作为在市场上购买和出售的商品。事实上生产者是与他的生产方式，这里主要指土地，捆绑在一起。在理论上，农奴由于习俗和法律而与其劳作的土地捆绑在一起。他们并不能像我们通常认为的拥有**财产**那样拥有土地，因为他们不能出售其土地或是购买另一块土地，也不能对其土地或用途行使绝对的个人权利。农奴们被限制在社会阶级内部以及阶级之间的关系体系中，他们从地理意义上被绑定于一个特定的地方，庄园或是教区。

事实上土地是公有的，因此个体农业工人与其同伴需要遵从一系列的职责、义务和习俗。从集体层面说，他们把土地打包分配，并确定土地的用途及某些共同的活动：播种、犁地或收割。个人对自己的地块或个人拥有的工具、牲畜和住宅享有处置权。生产者和其家人可能会有的个人欲望或愿望，与其社区集体意志之间，存在着一种深植于阶级系统之中的紧张关系。并且不能认为所有人都具有相同的状况，例如认为农奴都一样的贫穷或富裕，或有着相同的志向、价值观和经验。

纵向上，由于习俗和法律上的义务，主要生产者要服从于上层阶级，即法律定义上的领主。原则上两者之间存在着一种互惠关系，即领主所提供的军事保护与集体土地上部分产品进行交换。事实上这是一种巨大的保护骗局。领主以法律义务为名义榨取、占有农奴的剩余劳动，必要时还可以辅以武力支持。领主还直接控制着成片的土地，其领地的规模会依据人口密度等情况随时间发生变化，这些土地由其管辖下的农奴或农民直接耕种。其中农奴要提供的两三天在领地的劳动义务，和其他由领主实施的习俗和控制（例如世俗司法行政，对磨坊、酿酒和榨油机的提供等）一样，也代表着对农奴剩余的榨取。封建领主自己的土地也顺次获得于上层阶级——其封建上级的封赏。他们对土地和劳动力的控制依赖于向等级体系中的上一级提供军事服务。因此，主权就这样被分割，所有权依赖于一种复杂的连锁责任系统。理论上金字塔顶端的是君主，其对贵族拥有军事召集权力，但对大众来讲却只拥有间接性的权威。因此我们今天所理解的作为对控制土地特征的财产和国家等概念，在封建社会中都毫无意义。

这样的系统最终由司法权威以军事力量为后盾联系在一起，并通过共同的习俗给予口头上的合法性，这一点在中世纪的欧洲尤为显著。普世教会——其本身即是通过主教和修道院这样的封建通道而形成的一个大地主——所榨取剩余的一部分，还可通过教区牧师的什一税表现出来。

因此，在封建制度中，生产主要是为了使用而不是交换。但这在实际中并不妨碍市场或货币的存在。这两者都是必要的，为了产品在受不同程度青睐的地区之间的转移，以及工匠的必需品或奢侈品之间交换的必要性。但这些市场都是受到严格控制的，无论是在位置上还是在获取的价格上。商人和工匠们为从事自己的活动而要求的自由和流动性，代表了对固定地位、条件性所有权、保护和生产的互惠交换概念的结构性反叛，因此，市场必须被限制在固定地点以及明确的时间内，尽可能在封建统治阶级的控制下运作。基本上市场被限制和控制在城市中，封闭的城墙不仅仅是一种建立在建成区与农村之间的物理边界，也区分出了不同的生产、交换和社会关系。

显然这种描述所代表的理想型封建制度只在非常不稳定的形式下才能得以实现。但即便这样，我们或许仍可以注意到它的内在矛盾：农奴和农民想尽可能保留自己的产品，而地主却想最大程度地榨取剩余，这两者之间所存在的利益冲突；生产是为了当地，或是贵族的城堡、宫殿使用，还是为了镇上的市场（尽管这个市场会受到约束）；在国家领土上皇室利益的向心力与之下贵族利益的离心力。正是这些紧张关系，赋予了封建制度作为一种生产方式的内在动力（Brenner, 1977）。

资本主义

在封建制度下以封建义务或直接劳动为代表的剩余劳动的转移，必须以法律或制度手段强制进行分离，因为这些阶级成员与其生产资料没有发生异化。而资本主义生产方式的本质是，在市场机制的作用下，通过纯粹的经济手段来榨取剩余劳动力。从理论上讲资本主义市场是完全自我调节的，即价格是由供求双方的交叉点所决定，其运作过程不需要任何外部的法律制约。市场支配着生活的方方面面，所有的生产都是为了在市场上进行交换。在市场上购买商品，是将该商品的绝对财产权赋予个人。财产权受到法律保护，财产价值在交易过程中决定，并不需要涉及其实际或潜在用途。这也是为什么说资本主义是一种为了交换而非使用的生产系统。所有的物品和生产资料都是商品，包括人的劳动和土地本身，其中土地变成了地产。

通过市场机制的运作，将社会分为两个理论阶级，即将生产资料作为财产的、被马克思称为资产阶级的阶级，以及除了自己的劳动力一无所有的无产阶级。后者必须将劳动力出售给前者以获得生存的手段。其阶级成员就这样被从自身异化，他们缺乏对生产资料或交换机制的任何控制，因此沦落为其自身价值也是在资本主义市场中被决定的劳动工具。他们的剩余劳动就是这样在资产阶级的利润实现中被榨取。这样系统的运行需要劳动和资产双方的职业和迁徙自由，以应对市场需求。因此打破了代表封建特征的与土地和工具的纽带。

资产阶级利用所占有的生产资料，以在交换中实现利润为最终目的。利润是持续投资和扩大生产的必要条件，因为自我调节市场的供求互动具有内在的竞争性。这意味着持续生产总会受到那些可以提供更便宜商品的竞争对手的威胁。因此这样的系统具有一种趋于生产扩张的内在动力，会导致生产过剩的危机，生产商为了维护利润会推动生产技术和商品创新、降薪以及扩大市场。资本在不断扩张的生产和交换系统中通过商品来实现自我增长。自我调节市场中的供求互动具有内在的竞争性。

作为市场的所在地，城市成为空间经济中占据重要地理地位的场所（Lefebvre, 1970）。随创新带来的工厂化生产，使得城市呈现出越来越大的意义。土地和农业在商品生产中资本化，成为只是依赖于城市市场的空间粗放型产业。土地市场将土地分配给土地所有者，而其用途和价值则由更大的市场来决定。先是区域性的，而后是国家和全球范围的，随着市场渗透到所有地区的所有生产领域，空间被逐步整合，从而导致空间聚集，与资本在少数人中的社会聚集相平行。

正如封建主义的内在对立和矛盾，资本主义生产方式也是如此。生产是社会化的，而产品的占有却是个人的；竞争迫使价格下降导致生产过剩和厂商生产的不安全感。越来越多的小生产商输给效率更高的竞争对手，失去有限的资本后，不得不被迫加入被剥削的劳动力中。工人阶级竭力维护和试图增加他们的工资，如果不这样就会被追求利润最大化的资本所有者榨取更大比例的剩余劳动。根据马克思的论述，资本主义结构性的阶级对立会导致整个系统被组织起来的无产阶级所推翻，无产阶级在这样的过程中会为所有人的共同利益，对生产资料实现社会化，从而迎来一个新的社会主义生产方式（Marx and Engels，1888）。

与封建制度一样，资本主义作为一种生产方式的理论概述，在现实社会中也从未真正实现过。在对它的勾勒中我没有讨论马克思及之后的学者认为有必要在实践中对资本主义进行分析的核心问题：国家的作用，不断调整和变革的生产手段的轨迹，或是随时间推移的阶级形成和资本积累过程。但即使这样的概述也为我们提供了一些基本特征，我们可以从中认识到中世纪在欧洲社会仍占据主导地位的封建关系，和在19世纪以及现在占据主导地位的资本主义，这两种方式间的根本区别。

社会形态与转型

对这两种生产模式的概述似乎支持了对历史的纯经济学解释，只关注物质产品的生产，从而将人类和社会生活缩减到物质生存层次。但一方面，它忽略了法律、政治、道德、文化和审美不仅仅是生产关系的附带问题。另一方面，它意味着特定生产方式的运行是**自成一体**的，人类对自己注定要生活于其中的社会结构和力量只具有很少的控制或是完全无法掌控。换句话说，它是确定而不可抗的。此外这样的概述似乎还意味着生产方式之间存在着一种注定的历史关系。或许我们认识到封建制度作为一种生产方式所存在的内部冲突，最终将导致它的崩溃，但并没有任何内在机理表明就必须会这样，而且也不会在其发展中的某一可预见的时刻。同样，欧洲的案例表明，在封建社会的废墟上出现了资本主义占据主导地位的社会，但甚至不需要细究历史记录我们就可以从逻辑上看出，封建制度并没有理由一定要发展为资本主义。这些问题都显示出，在我们面对历史记录时需要有一种更为复杂的理论作为支撑。

社会形态的概念代表了马克思主义思想家们的认识，他们认为在真实存在的历史社会中，人们并没有经历分隔开的存在领域——基本的经济需求和以之为基础的社会关系，以及之上较不重要的宗教、政治、文化结构和活动——人们并没有按照这样的分隔领域行动。事实上所有这些我们在概念上区分的存在领域，在社会秩序的意识和行动中都是统一的。社会形态的概念就是要承认这个事实，同时也承认马克思所说的，"不是人的意识决定了他们的存在，而是他们的社会存在决定了他们的意识"。（Marx and Engels, 1973, p.503）从意识形态到社会存在形式的理论问题是一项艰巨的课题，而景观理念恰恰是一种意识形态，因此我们将在本章的后半部分再次提及这些问题。目前，我们只要认识到，社会形态旨在表现出对社会存在方方面面的统一，是特定于某个地理区域的概念。因此英国和美国虽然同是资本主义国家，但它们有着明显不同的政治制度、文化偏好、对个人与国家关系的假设、教育制度以及饮食习惯，等等，而这些只是几个例子。

一种社会形态也包含主导定义模式中附带的生产方式。就像法国的加洛林王朝，常常作为封建社会的原型，但加洛林王朝的一些庄园中依然存在着奴隶制，表现出倒退到古典的生产方式，而在香槟酒展会上一些商品的价格却会随着供需波动，预示出资本主义关系。我们也可以从中找到劳动力流动或私有制的例子。总的来说，一个特定社会可以以一种主导生产方式为特征，但其中也会存续着先前生产方式的残余，以及或许未来将占据主导地位的其他元素。在长时段的转型过程中，这种现象将会更为复杂。这意味着即使由同一种生产方式主宰，在不同的社会形态中历史变化也会有不同的节奏和演变。例如我们知道，在北意大利封建关系的衰退远比英国或法国更早，但我们也知道正是在英国和法国，而不是在意大利，资本主义率先占据了社会经济的主导地位。

最后，我们不能忽视不同环境背景的存在，以及理念的区域扩散。在法国北部或英国中部考察封建制度时，很容易会把阿尔卑斯、比利牛斯山脉或苏格兰峡谷凹凸不平的山地、狭窄的山谷牧场，设想为地理形式相同的庄园和旷野。但与大米、果树、藤类或动物饲料不同，小麦或谷类作物的生产对人类劳动有着不同的要求，并需要不同的技术创新模式。和地形和土壤肥力一样，农业生产的气候限制也各不相同。忽略这些事实是非常幼稚的。苏联时期，斯大林对马克思主义解读所带来的重大而危险的错觉,就是认为在社会主义生产方式下,资产阶级科学所带来的环境限制都会消失,广阔的草原和西伯利亚河流都将顺服于有组织的社会主义劳动的胜利进程。此外,人们以及他们的思想都是易变的。此项研究的主题之一就是分析在特定历史和社会条件下发展起来的意大利景观理论和风格,对不同时代不同社会的不同影响。对景观理论的接受和应用必须以接受社会当时的状况为前提,而对它们的起源和推广则需要从文化转移和扩散的地理过程进行了解。

资本主义转型理论

欧洲社会从 1400 年至 1900 年历经五个世纪从封建社会转型到资本主义经济关系,这样的认知并非马克思主义史学专有的见解,虽然在解释转型时使用这些术语会有历史唯物主义倾向,而使用"现代化"(modernisation)这样的词汇却没有这样的含义。一般来讲,历史学家对资本主义过渡理论的解释可分为有三种,每一种都有着不同的观点和侧重(对比总结可参见 Holton,1981)。这些理论是与经济历史学家波斯坦(M. M. Postan,1949—1950,1972)相关的**生态和人口**研究;起源于亨利·皮雷纳(Henri Pirenne)的论著,但由保罗·斯威齐(Paul Sweezy,1978)进行充分论述的**商业化或重商主义**研究(Havinghurst,1958);以及由马克思主义历史学家所倡导**结构和阶级冲突**研究,其中有罗德尼·希尔顿(Rodney Hilton,1978)和莫里斯·多布(Maurice Dobb,1963),且最近被布伦纳(Brenner,1977)重新诠释。对比分析这些研究并非是想指出其作者忽略了其他理论解释中具有重要意义的元素，而是指出每个作者所认定的过渡期的"首要动力"。下面分别对各理论进行简要概述。

生态/人口模式

该模型特别强调了人口动态及其对社会和环境关系的影响。具体来说主要聚焦于11世纪之后欧洲各地的人口增长，以及14世纪鼠疫首次爆发导致的人口锐减。1000年至1350年间，在罗马帝国的崩溃所带来的冲突和不确定性中建立产生的稳固的封建国家和地区，使欧洲大陆的生产扩张成为可能。从前的林地、沼泽和荒地被开垦为新的田野和牧场；德语民族推进到东易北河岸；在14世纪前期，城镇在制造行会制度下蓬勃发展，欧洲人口稳步上升到一个高峰。但马尔萨斯主义者认为人口增长超出了土地在当时生产技术和组织下的承载能力。有越来越多贫瘠的土地被人们开垦，并在不当的品种栽种下日益贫化；短缺和饥馑的频度不断增加。瘟疫不可预知的恐怖使这一不稳定的局势雪上加霜，欧洲人口在14世纪中期发生锐减：意大利、法国、英国和西班牙的人口几乎减半。这一切所引发的直接后果包括有从新建的更为边缘的定居点的回迁，幸存的人们有了更多的自由，可以迁徙到更为适宜的地区，从长期来讲使得地主的控制权和农民决定服务条款的权利之间的平衡倾向于农民。租金逐渐改为货币支付，实际地租随货币贬值而降低，并流向城镇。在普遍松懈下来的封建束缚中，新形式的劳动合同、抵消昂贵劳动成本的生产技术革新、更大的积累资本的机遇，这些都使得欧洲经济转向更偏向于资本主义的组织形式，从而在长期过程中使得封建制度逐步衰落以及资本主义逐步兴起。

这种解释的重点是自然环境的限制，因其假设是在一种既定的社会和技术发展水平下运行的。人口和资源之间的马尔萨斯主义关系——一种超越了人类控制能力的关系——最终打破了封建体制，释放出那些在现有的社会模式中无法表现的潜在力量。

商业/重商模式

人口模式强调的是一种自然过程，而斯威齐的发展理论则是强调城市、贸易和货币的作用——所有固有的资本主义形式在封建社会的存在都像"异物"一般，并最终会导致封建社会结构的解体。亨利·皮雷纳率先提出地中海的长途贸易自6世纪阿拉伯人侵后在实质上被切断，400年后商业活动的复兴才又刺激了西方的经济增长。斯威齐继承了这一认识，他主张首先在意大利和普罗旺斯的城市，而后在佛兰德斯和莱茵兰开展起来的贸易复兴是欧洲封建主义衰退和资本主义兴起的主要动力。贸易是属于外部的、不符合封建生产关系和社会组织的事物。

长距离贸易，由城市中的商人从中组织，使货币流入封建经济，并随着流通货币数量的不断增加，使之成为之前物物交换的媒介。随着城市的发展，无论是贸易还是为封建贵族生产的奢侈手工品，都需要以货币作为支付手段，所以货币成为吸引农奴的焦点，他们可以借此摆脱束缚获得自由，并从商品生产中获得更高的收入。因此当对货币需求的增长对封建地租和税费转变形成刺激时，就会进一步促进劳动力的流动。商人们为了逃逸行会束缚（例如纺织行会）以及鼓励效率和创新，与农村作坊联系起来，投资开始从城市流向农村。因此斯威齐以马克思的货币媒介和城市的重要作用为基础，认为它们是封建制度衰退和资本主义关系确立的关键所在——首先在城镇兴起，而后发展到农业腹地。但斯威齐把货币和城市都作为了对抗封建秩序的外部因素。

布罗代尔（Braudel，1982）最近有力地重申了长途贸易作为欧洲资本主义发展首要因素的论点。他指出亚洲的香料贸易、英国的羊毛贸易以及后来的大西洋黄金、白银、烟草和劳工贸易的利润非常惊人，高达投资额的 400%，从而使得欧洲资本的大规模积累和集中成为可能。此外，这些贸易对统治精英和城市中产阶层的消费也产生了相当大的影响，使欧洲在饮食、服饰和居住方式等方面发生了迅猛的变化，而这些也提高了创新、变化、流通和积累的速度。布罗代尔认为，在自给自足静态的农村经济中人口和粮食供应总是处于一种不稳定的平衡状态，地方城市市场中剩余的交换大多是为了使用而非谋求利润。而新的城市商业经济，虽然在静态农村经济之中运营，但与之并没有什么联系。

结构/阶级冲突模型

历史学家希尔顿、多布和布伦纳等人既没有否认黑死病之类危机的影响，也没有否认货币作为媒介的力量，但他们认为将这两者作为封建制度衰落和资本主义兴起的主要动力是一种在封建模式自身运作之外寻求决定因素的思路。他们指出，马克思认为一种生产方式内部包含了促使自身转变的动力，正是人类的力量使其发生改变，通过阶级斗争使其内部的矛盾暴露出来，最终促进了社会的真正进步。因此他们在封建主义结构内部寻求转型的答案。他们强调农民和地主阶级之间不可避免的对抗。农民希望在自己可控的范围内，即在集体耕作的地块上，提高自己劳动的生产剩余，并占有这些剩余。而地主阶级则希望通过增加领地的生产力或提高各种依法享有的苛捐杂税，最大化地榨取剩余。希尔顿和多布强调，过度开发和对剩余的过度榨取至14世纪使农民劳动力的再生产能力下滑，从而对天灾造成的灾难性后果措手不及。天灾过后，平衡的重心大幅度移向农民阶级，在一系列半成功的抗争之后，农民阶级成功地从封建贵族阶级争取到一些权利——允许租金货币化和劳动力的流动，并且随着农民对剩余控制的增强，资本在小商品生产中不断积累，在掌握一定的创业技能后，一些富裕农民逐步崛起，成为了新兴阶层（new men）。这些论述将重点直接放在封建社会的内部动态以及阶级间的冲突上。

  这三种模型的支持者都认识到，在不同的社会形态和欧洲的不同地区，变化的过程也是不同的。他们也都认识到欧洲16世纪后期价格革命中资本积累的重要性，其原因是美洲黄金的到来，推动价格的上涨领先于工资，使得资本集中到更少数的人手中（Vilar，1956）——霍布斯鲍姆（Hobsbawm）所谓的17世纪危机。在解释资本主义发展的这种变化模式以及经常被指出的200年时间差距的问题时（封建主义决定性崩溃和17世纪资本主义主导经济鲜明出现之间的时间差距），布伦纳（Brenner，1976，1977）指出要把重点放在15世纪农民—

地主斗争的不同结果之上。他认为在英国和低地国家中特殊的力量对峙成为了土地资本主义以及之后的工业资本主义出现的重要因素。在东欧，例如在易北河东部的波兰和德国，地主阶级成功抵制了农民阶级的要求，重新建立起非常严密的封建控制体制。这段时间成为了持续到19世纪的第二次封建主义时期。而在欧洲大陆西部，特别是法国和莱茵兰，农民阶级在土地所有权上取得了决定性胜利，获得了从法律上不受约束的所有权（unfettered proprietorship）。布伦纳认为这些不同缘于国家和各地区贵族间的不同关系。在英国胜利被进一步分割——农民获得了法律上的自由，但地主阶级保留了对土地的控制，通过租赁加强了对农民和农业的剥削。布伦纳认为这解释了英国出现第一个完全资本主义社会形态的原因。英国的积累最初发生在农业，在那里大量的、越来越多的没有土地的农业工人可以被招募到农村原始工业和之后的城市制造业。

　　在解释严格定义上的封建主义衰退和资本主义兴起之间的时间差距上，一些历史学家指出西欧一些国家在一段时间内形成了一种独特的农民所有权，其特点是社会生产和土地形态既非封建主义，也非资本主义，而是个人主义的、家庭的和自给自足的（Huggett, 1975）。他们认为农民拥有生产工具，因此不必为了生存而出售他们的劳动，其生产也是为了使用，而不是交换。对剩余也比在封建制度下保有更多的控制权，农民进入农产品和小商品市场，更多是出于自愿，而不是为了经济上的必要性。当然国家作为再分配的代表，其存在意味着收税，而以现金纳税则要求与市场保持一定的联系。而且我们知道在现实中，农民由于负债会受到更大的地主和商业资产阶级的剥削，这意味着并不像前面所说的独立生产模式那般乐观。然而支持这一观点的人们认为在这种过渡模式中，资本的积累成为可能，无论是在商品生产还是商业贸易中，从而成为最终出现完全资本主义生产关系的基础。在这里，这种独立的生产方式在理论上是否有效并不重要，更重要的是对这种方式的信仰，对美国早期定居和拓展中的土地关系着非常重要的意义，这一点我们将在第 6 章中进行讨论。

这种独立的生产模式几乎没有涉及国家的作用——与其在美国的应用明显相反。封建制度的衰落和资本主义出现之间，所存在的时间滞后通常被认为是从 1450 年到 1650 年间，即是欧洲被强大的中央集权君主制所统治的时期。这是一段专制主义时期。佩里·安德森（Perry Anderson, 1974b）认为，以其是否具有一些中世纪的形式（劳动租金和实物租金、分散的主权以及非常有限的市场和城市化）来确定封建制度是否结束，是一种忽略社会形态多样化的方式。在以封建制度为主导的社会中，也同样具有社会形态多样化的可能。他主张将专制主义（absolutism）视为一种改良的封建主义，在这种封建主义中国家更为突出。权力不再被广泛扩散到下一层的的领主和贵族，而是集中在顶部，君主个人成为国家的体现——"**朕即国家**"（*l'Etat c'est moi*'）。封建地租以中央集权的军事力量为支撑，以法律强制手段加强其剥削程度。统治阶级以国家办事机构替代了传统上军队的作用，再加上对常备军的支付，要消耗更多的由这些手段所榨取的剩余。国家与商人资本联盟，却试图通过国家特许公司来控制商业运行，且重商主义政策阻碍了劳动和商品中出现自我调节的市场。因为这样的市场会从根本上削弱封建主义社会关系。因此安德森认为，封建主义虽然被改写，但直至18世纪一直继续主导着欧洲的社会形态。而专制主义下商家和商品生产者的资本积累，却最终使得资产阶级强大到足以推翻封建国家，在17世纪的英国和18、19世纪欧洲大陆的革命中建立起资本主义生产关系。

　　这样对欧洲向资本主义转型主要动态的总结，不可避免地掩盖了大量详细的论述和局部变化。而如果没有充分考虑这些，就在这里提出一个明确的关于转型原始动力的结论是不可能的。以这样的概述为基础得出结论是一种傲慢自大的行为。但需要着重强调的是，伴随着转型的大部分斗争都是以土地、土地所有权、土地利用和社会意义为中心。这一点并不奇怪，因为土地是前资本主义和前工业社会生产的基本物质前提。在认识到商业活动、城市手工生产、危机事件的重要性以及不同生产环境的制约后，我们可以看到马克思的论述是有效的——"只有打破劳动与其物质条件的自然统一，资本才能存在"。这些物质前提中最重要的就是土地。

文化生产与物质生产

　　即使我们愿意承认在推动欧洲从封建关系向资本主义的转型中人类意识的积极作用，我们仍然无法全面把握历史进程的复杂性，除非我们愿意将其视为一种和经济、政治斗争一样重要的文化斗争。对于资本主义发展，史学家们普遍将重点放在各种经济指标上（如工资率、积累水平等）；或是最醒目的社会斗争——第二优势阶级抗议和反抗的明确证据（如14世的农民阶级和 18、19 世纪的资产阶级）。但也有明显的例外，例如汤普森（Thompson，1963，1975）对英国农业工人和城市工人阶级文化的论述，或尤金·吉诺维斯（Eugene Genovese，1972）对美国奴隶制的黑暗经历的研究。在泛马克思阵营之外，韦伯派对聚焦于经济和直接政治表现的理论提出挑战，其中最鲜明的是马克斯·韦伯自己的论文（Max Weber，1958），关于宗教改革（the Reformation）的斗争及其带来的影响。在指出加尔文主义（Calvinist）或极端清教伦理与他们艰苦奋斗、勤俭克己的信条是理想的资本主义积累的文化前提下，韦伯强调了在历史进程中人类意识的作用。通过这样的联系，和汤普森（Thompson，1978）最近的论述一样，对所有的唯物主义论著提出了一个核心问题：经济、政治、人们的思想形态、文化或象征活动，它们在社会结构中的重要性通常被认为呈相对递减关系，如果我们将景观定位为一种看待世界的方式——在资本主义转型的唯物主义框架内来考虑的一种人类意识和文化产物，那么我们必须考虑到马克思主义文化理论的问题。

在马克思和恩格斯著作的一些段落和书信中，他们试图解决生产的社会关系与社会意识、共同理想、价值观及信仰的关系——简言之，与文化领域的关系。其中最著名的一段如下：

  在社会生产中，独立于他们的意志，人们总是要参与到一定的关系中，即适合于他们物质生产发展阶段的生产关系。生产关系的总和构成了社会的经济结构，是社会的真正基础，在其之上产生了法律、政治等上层建筑，与其相应的是社会意识的具体形态。物质生活的生产方式制约了社会、政治、精神生活的一般过程。并非是人的意识决定了他们的社会关系，而是他们的社会关系决定了他们的意识（Marx and Engels，1973，p.503）。

贯穿这段论述，直到最后一句话，马克思谨慎地使用了"制约"（condition）和"一般过程"（general processes）这样的词汇，他和恩格斯经常煞费苦心地指出在经济和文化间试图建立严格因果关系的认识错误。但在反对德国唯心主义哲学（将历史看作一种人类意识的发展）时，特别在最后一句反转黑格尔的论述时，马克思无疑以一种绝对和确定的方式，具有权威性地提出经济基础这样一个建筑类比，认为在此之上可以理论性地构建文化意识。在这样的理论中，文化产品如文学、绘画、诗歌、戏剧——和景观——以及与这些相关的审美和道德观，成为单纯的物质生产活动的副产物，对它们的理解只能直接与其所处社会的主导生产方式联系在一起。艺术领域的艺术传统和创新观念，尤其是敏感性或想象力，总体上被视作资产阶级为掩盖（作为意识形态的）文化的真实目的的故弄玄虚而加以否定。艺术史学家尼克斯·哈吉尼克劳（Nicos Hadjinicolau，1974）是这一解释的极端代表。他拒绝传统的艺术史，认为它们或是形式主义或是传记，因此是一种唯心主义。他认为这一学科的作用是揭露艺术中阶级的含义、主张以及按照进步或反动来对艺术作品进行分类。艺术仅仅是统治阶级或对立的阶级利益在艺术作品的生产、交流中的体现，没有其他更多的性质可言。

最近关于这种"粗暴"马克思主义和那些认识到人类创造力和想象力及其作品的更积极作用的人们之间的论争，扩展到更广泛的学科当中。就我们的目的而言，最相关的是人文学科：历史、艺术史和文学研究。虽然基于这些论争的性质，人文科学和社会科学（如人类学、社会学和地理学等，在这类学科中也进行着相似的讨论）之间的分界线越来越模糊。沿着唯物主义思想重新评估文化生产时，可以观察到两类思路。一类是对马克思主义中"全体"概念，以及辩证法是马克思唯物论原则的再次强调。另一类是对"物质生产"含义的分析。

　　由于所有社会形态无缝对接的惯习，经济被视作物质生产，而文化被看作对符号和意义的生产——与人的行为共存，并通过人的行为不断再现社会关系。经济与文化，由结构性必需与人类活动相互渗透且辩证地联系在一起，一个形成了另一个，同时也由另一个形成。因此每个都需要给予同等的历史和社会解释。符号、含义及其物质表现的生产是复杂的。它包括历史和地理特定的符号系统，例如中世纪天堂中天主三位一体高列王位，控制着之下的大天使、小天使、六翼天使、位分较高和较低的圣徒。这样的序列复制了人间普世教会中教皇——基督的代表、红衣主教、大主教、主教、教区牧师和信徒。这种象征性的结构，与封建阶级的序列结构有着明显的同源性，可以看作是对社会秩序的一种意识形态上的合法化。同时通过对天界秩序的肯定和信仰，可以再次建立大部分世俗秩序，形成一种道德律法，对阶级力量的滥用和世俗秩序本身提出质疑。文化作为一种意识形态，必须要扩展为一种可将自身融入社会再生产和社会关系变革中的积极力量。

　　但符号生产也可能涉及跨越历史和文化的、未被异化的人类经验及所关注的事物，那些来自我们共同的人体生理机能，我们对出生、死亡、童年经历和性的体验，等等。如果我们不接受这一点，就很难理解为什么一种文化或一种社会形态的文化及艺术产品可以和另一种文化（或社会形态）的人们产生对话。即使在我们现在复杂的文化中，自然符号和万物有灵的例子也比比皆是。米尔恰·伊利亚德（Mircea Eliade，1959）、保罗·惠特利（Paul Wheatley，1971）和段义孚（Yi-Fu Tuan，1974）都指出，在人文景观的构建中可以确认环境象征主义和神圣几何拟人现象的存在，并在不同文化中被拷贝复制。

在讨论符号产品跨文化的吸引力时，彼得·富勒（Peter Fuller，1980）将重点放在生命存在的实质性及通过人类体验的精神分析所起到的调节作用。我们的身体结构、物质的和性的潜力，我们对出生、早期成长、与母亲关系的体验，对最终来临的死亡的认识，这些都是人类共同的重要经验，与历史时间以及社会形态无关。它们会产生紧张心理，根据富勒所述，对它们的回应一直是我们现在称作"艺术"的功能之一。用他的话说，"审美是人类经验和潜在能力中的某些属性在长时间中形成的特殊构成，符合我们作为生命存在的基本条件，可以被阻隔、偏离，但不会在意识形态的作用下完全消失"（Fuller，1980，p.193）。这一解释并不是粗略地指向审美经验的生物或返祖现象，而是对将符号生产简单作为意识形态合法化或颠覆手段的一种挑战。跨越历史的符号和那些显然有具体时间和空间的符号之间，不能被明确区分。它们之间相互渗透，像新石器时代的石碑、玛雅金字塔或中世纪的大教堂，在其生产中需要庞大的人力开支。它们搅乱了社会形态中的"层面"（levels）。正如汤普森（E. P. Thompson，1978，p. 288）在对 18 世纪英国的研究中表明，"法律并没有遵循'层面'秩序，而是充斥在每一个血腥的层面上"；在财产关系、哲学著作上，在法院、宗教实践和政治讨论的意识形态中。实际上这是"一个阶级斗争的舞台，法律的各种替代概念在其中决斗"。谈到非西方人类学，马歇尔·萨林斯（Marshall Sahlins，1976，p. 132）同样指出："如果经济学是'最终的决定因素'，则它是一个既定的决定因素，在总表现为具体的、不断变化的复杂媒介（包括精神）之外并不存在。"在理论上，我们可以宣称物质条件和人类意识、物质生产和符号生产之间的辩证关系，但只有在依据实证论据和理论指导的历史重建和解释中，才能对其本质给予揭示。

最近文化理论中的第二个进步涉及文化艺术品的具体生产，并强调需要从物质产品来认识这些作品，而不是从人类生存"必须"基础之上的非物质产品角度。文化作品的物质性体现在两个方面：首先，它们要求物质品（笔、纸、墨水、印刷机、画布、油料、刷子）与人类劳动（写作、素描、编辑、绘画、雕刻）的相互作用。这一点在景观设计中尤为明显，因为建设公园或园林这样巨大的土方工程常常需要种植、修剪和维护等工作。而这样的工作在讨论景观或园林历史时鲜少被提及，这也是众多文化历史中令人迷惑的地方。其次，文化产品通过其创造者在物质世界中自身和社会生活的意识及物理活动，表现出一种调解。雷蒙德·威廉斯（Raymond Williams，1988，pp. 98-89）指出，调解"在现实社会是一种积极的过程，比投影、伪装和解释等添加过程更为积极"。这些过程通过符号代码或语言或多或少地正式发展起来，吸取过去及具体的经验，发展成为特定的文化生产媒体，但并没有因此而减少其物质性。这些代码是"一种特定的文化技术，是实践意识的具体表现"，从而形成了一种统一的物质社会进程。在认识这种统一时我们所面临的困难之一，以及我们倾向于将符号与物质起源分开，是因为在我们的社会和时代中，符号生产主要集中在用于交换的物质商品生产——如绘画、音乐、文学（Sahlins, 1976）。我们认为这类产品的大部分功能是为了实用，因此感到困惑——这也是我们有意为之——例如一幅关于汤罐的绘画，通过我们文化假设的巧妙反转，成为"艺术"呈现给我们的时候。如果不能认识到物质生产在当代社会中的象征性，我们就无法解释我们至少意识到它存在的意义。因此，当我们看到 17 世纪英国革命在基督教信仰的语言和代码中进行时，我们不能允许这种语言本身就是一种活跃的物质生产，而是将它从物质"层面"消除，作为"意识形态"或不真实的意识重新引入。"幻象形成于人的头脑，是其物质生活的升华过程。"(Sahlins, 1976, p. 136)

很大程度上，这是我们倾向于通过因果思维——可验证的因果链条来寻求功能解释的结果。马克思本人也被指出，虽然他以辩证思维而著称，也不能完全避免 19 世纪科学思想的结构及分类的影响，特别是在他分析与这种思想最密切相关的生产方式——工业资本主义时（Williams, 1977, p. 92）。维多利亚时代的自然科学和之后兴起的社会科学，完成了一个发展的历史进程，其思想渊源可以追溯到文艺复兴时期，特别是笛卡尔哲学和 17 世纪的科技革命。在当时，世界被认为是由离散物体构成，在相互作用时其本身是隔离且保持不变的。因此物体间的关系，被认为与物体本身性质不同，并可依次建立顺序。例如 A 导致 B 导致 C 等，而 A、B、C 的特性仍保持一开始就给予的定义。而其他形式的逻辑既具有早期欧洲和当代非西方社会的特征，也具有西方民众孩童时期的以及更加实际朴素的思想。这种形式是辩证的，使用象征或**类推**的逻辑形式，在其中符号和其所指对象并不作为不同的形式存在加以区分，而是融合在一起，能够相互改变。在类推思维中，事物的性质或特征主要存在于它们所呈现的关系中，对它们的理解不能脱离这些关系——当然也包括与情感对象的关系。与复杂的因果思维相反，自然是富有智慧的，因果思维将这一点看作是需要克服的问题，而类推思维却将其作为一种现实欣然接纳。在大多数非西方医学理论中，例如在 18 世纪前，希波克拉底欧洲医学（Hippocratic European medicine）的元素理论将人的身体、人的思想和自然界统一在一起，健康和疾病贯穿于三者，其中任何一个的改变都会影响到其他。自然秩序被欣然接纳且渗透到人的秩序中，无论是在社会还是个人层面。这种接纳也得到了回报。

  从这样一种概念及关系，到把原子论和因果关系作为一种普通常识的转变，与新兴资本主义秩序中新的社会和环境关系的形成不无联系。17 世纪炼金术和"黑色艺术"的魅力可以解释为传统类推思维在神秘的新型经济关系中的应用。炼金术提出通过魔力的介入，普通金属可以被转化为黄金，从而人为地增加了金属的价值。在前资本主义经济中，使用价值需要货币来充当等价交换的润滑剂，即 C—M—C1，其中 C 是一种商品，M是货币，C1是另一种具有同等使用价值的商品。而在资本主义的交换价值中货币是具有"增殖"能力的，它通过商品交换以M—C—M1的形式而增长。在前资本主义时期，类推思维认为只有活的生物才具有这样的增殖特性，如果发生在非生物上，例如金属或货币，则需要魔力的介入。迈克尔·陶西格（Michael Taussig, 1981）的研究表明类推思维和资本主义经济关系间的脱节，可以用以解释南美印第安人在种植园或矿山作为雇佣劳动者时许多费解的行为。

类推思维与因果逻辑间的紧张关系，在19世纪对自然和景观的理解和表现中显得尤为重要。这一点我将在本书的最后一部分进行讨论。现在我们认识到以下这一点即可——类推思维是一种与因果逻辑相比，在人与环境关系上更具特点的思维，无论是在历史上的欧洲，还是在今天上全球的大部分地区。而抑制前者赞同后者在很大程度上发生在意识形态里，并在历史和社会解释中，对将人类意识和象征意义提升到和物质条件同等重要的地位造成困难。

资本主义转型时期的景观文化生产

资本主义的历史起源在于人与其生活物质条件关系的解体，这种关系常常被称为"自然"关系。这是人与作为生产自然基础的土地关系的解体；是人类作为生产工具所有者关系的解体；是所有权作为一种优先于生产的消费手段的解体；是劳动者作为有生命的劳动资源，是生产客观条件一部分的解体。人与土地的关系，无论从客观还是主观上都与这些解体密切相连，因此我们可以看到它在资本主义转型期内发生了根本性的改变。

在封建制度下，土地的价值在于它在人类生活生产和再生产中的应用。对它的控制可以确保人类生存，但所有权并不意味着财产。所有权是集体的、有条件的。土地并非可出售的商品，对它的控制是**地位**的体现。君主、贵族，甚至农奴和农民阶级都以与土地相关的家系地位来定义。对于不同的阶级土地价值都是以土地作为产品的潜力为依据：这在农民阶层中表现得较为直接，在更高的阶层中则间接地表现为可以维持的人数或可以供养的剩余劳动。自然而然地景观的研究者从景观历史和其在绘画、文学的表现中，注意到从中世纪到18世纪，一种有效益的、人性化的土地利用方式的兴起——庭园：封闭、肥沃，用以培育庭用植物，种植浆果、橄榄、葡萄等奢侈品以及一些医用草药和植物。这些花园可能是高度模式化的，具有象征性的组织结构，可能参照了宫廷和贵族风格。但对于我们，有些奇怪的是这些象征性表现出它们对人类的使用价值，反映出一种广泛的秩序——草药会根据其药用性质和"特征"来排列，整体设计建立于类比系统之上。

土地作为地位的体现当然要允许其作为一种贵族品味进行消费和展现的作用。但就作为生产、实现利润的财产的土地本身来说，却并非景观。在资本主义之下，情况发生了根本性的改变。在以自由劳动力和生产方式私有制为基础的经济体中，土地是一种商品，其价值在于交换，是一种由**合约**定义的财产。我们从社会历史的著作中可以知道，在共同所有权的概念和势力仍然强大的时代，例如18世纪的英国，对土地建立不受限制的个人财产观念而进行的斗争是多么的激烈。很显然即使在资本主义制度中，土地的价值仍然部分关系到它的生产力——其维持人类生活的生产能力。因此在市场上，"改良"土地与未改良土地相比可以获得更高的价格。但土地的生产价值逐渐被交换价值异化，最终土地成为一种资本形式。事实上在资本主义下，"改良"可能完全与土地确保人类生活的能力无关。今天土地的最高价值是在大都市的核心地区，在"土地峰值的交叉点"上，这些土地分配给资本主义生产和交换的主要机构：银行、保险公司和大型企业的总部。在大都市周边，高价的非都市土地常常几十年都未曾开垦，而它的交换价值却在对都市扩张的预期中不断升值。整个地理学的区位理论都建立在以交换为价值，以使用为其映射的基础上（Harvey，1974）。

在土地所有权是个人的绝对财产时，我们可以看到它在艺术和文学中的表现会与在自然经济社会中有所不同。事实上艺术和文学自身也有着不同的角色、目的和语言。它们也同样，更被看作是具有交换价值的财产，为市场而生产。约翰·伯格（John Berger，1972，pp. 83-108）指出油画是资产阶级绘画的绝妙媒介，因其精细的工艺可以很好地体现出现实性和实体性。自从在佛兰德斯和意大利绘画中出现之后，在 15 世纪油画的艺术题材发生了改变。物品的所有权——衣服、家具、家畜等都可以以现实主义的画笔呈现出来，以至于我们几乎感觉可以把它们从画布上取出来。它们围绕着它们的主人，作为其财富的指标。油画、画架、装裱和艺术新兴市场之间的关系，对景观有着重要的意义，这一点我们将在关于意大利的章节中进行探讨。油画是最受欢迎的媒介，直至上一世纪，油画充分展现了景观的魅力。它们所代表的景观以及对人们的影响，是艺术不断变化的社会含义的构成元素。土地作为一种艺术题材，在资本主义制度下并没有受到青睐。它只是财产的一种形式，因此虽然重要，但也仅此而已，和其他的物质主体（静物、肖像、动物或事件）一样。

但正如上面提到的英国关于财产权的斗争，欧洲资本主义过渡期的土地地位很不明确。从使用价值到交换价值的重新定位是一个漫长而艰巨的斗争过程。它表现为封建贵族和资产阶级之间，以及资产阶级地主与农民之间的众多斗争。在漫长的时期内土地是社会斗争的**战场**：它既代表了地位，也代表了财产。某种程度上 16 至 19 世纪，富裕的资产阶级在社会形态中获得的社会威望仍然受到封建关系和封建价值的巨大影响，他们在很多方面模仿了仍旧显著的地主贵族的品味和方式。因此他们以土地资产作为一种地位定义和确认的方式。在某种程度上，旧式地主需要适应越来越重要的市场关系，于是他们开始将他们的土地作为可以转让的财产；如果不能适应，他们对土地和土地上劳动的规划和表现形式，则可能退回到旧式的家长作风和**贵族权益**（*noblesse oblige*）上。但是越来越多的人们用新的目光来看待土地：作为财产，作为资本的一种形式，两个阶级都致力于消灭农民那一部分从封建社会残余下来的集体权利。土地在市场上被出售和购买，但新主人通过传统的血统和家系关系来寻求其权利以及其子孙权利合法化的行为也并不罕见——与古老姓氏通婚，购买或杜撰头衔，从而与旧式的社会地位建立关系。改变的过程是一种主观感受，在诗歌、文学领域也好，在议会立法、法院中也好，都同样被不断深化。这一过程可以在 16 世纪的意大利，或是 17、18 世纪的法国和英国观察到。在英国文学中，关于这一过程的一些经历被雷蒙德·威廉斯（Williams，1973）记录下来。

这正是本书的主要论点——土地的双重意义通过斗争，在资本主义关系中被重新定义，这一过程是现代景观理念及其发展的关键所在，为上一章中讨论的含义上的模糊性提供了解决方法。在自然经济中人与土地的关系主要是从内部人——一种未异化、基于使用价值和类比解释的关系。在资本主义经济中则是业主和商品之间的关系，一种异化的关系，其中人是局外者，并以因果关系来解释自然。从文化上，通过合成技巧实现了一定程度的异化——尤其是线性透视法——在诗歌、戏剧和景观传统欣赏语言中形式化地构成田园景色。景观的理念以一种不稳定的形式统一着两种不同的关系，总会有陷入其中之一的威胁。或是陷入局内居住者本能的主观主义，感觉土地不能通过人工艺术语言来沟通；或是陷入局外者的观点，把土地客观地作为纯粹而简单的财产，从而完成异化——土地的"景观价值"可以被作为一种统计权重加入成本/效益分析，而不在乎土地作为产业用地所具有的价值。在西方，景观理念的起源及其艺术表现，在维持土地使用价值未被异化形象的同时，也在一定程度上推动了思想上对土地财产关系的接受。景观的思想史是对其内部紧张关系的一种艺术和文学探索的，直到随着城市工业资本主义霸权和资产阶级财产文化的建立，景观失去了其艺术和道德力量，成为文化生产中的残余部分，被看作纯粹的个人主观因素或是科学定义的学术研究对象，特别是在地理学中。对于景观在个人和社会意义之间的模糊性可以理解为对同样问题的另一种表达——在人际关系层面的自我和社会，而非人的生命和土地。下面将通过向资本主义过渡期间，按时间大致排列的特定历史社会形态来探讨这一论题的有效性。

景观和文化中的特定张力和持续特征

　　封建主义向资本主义转变的大背景，为绘制景观理念的唯物发展史提供了一张宽广的画布，在其中我们经常需要考虑到具体的情况以及长期积累的经验。景观的个体展现，会以不同的方式跨越或修改发展变化的总体模式，使得它在现实中比理论中更加精细而微妙。这里需要指出三个要点。首先，任何特定的文化生产领域及这些领域的个体从业者，都有自己的传统和关注点，无论是绘画、诗歌还是园艺。其次，无论时间和地点，任何社会的具体的紧张关系都可以在个人或集体作品找到对它们的表达。最后，正如我们已经指出的，那些不可遏制的人类体验跨越历史和地理，可以在所有社会经济环境中得以体现。在下面进入具体的案例研究之前，我们先从景观层面对以上各点进行一个简短的评述。

　　"艺术源于艺术"这样的艺术史有些陈词滥调，通过在创造者所对应的领域中寻找传统和"影响"的最初起源，才能对艺术作品或派别的题材、技艺、影像及设计形成最深刻的理解。它们通过学习、融入，或许还有扩展、扭曲、斗争，最终推翻一些旧的，形成一些新东西。这是文艺复兴以来欧洲文化生产的特点——以前的传统被颠覆，这种变化的速度加快了我们接近现代的脚步。与许多早期欧洲文化、民间文化以及超出欧洲影响的文化，形成一种鲜明的对比。透纳在其早期作品中，接受了18世纪后期英国发展起的绘画惯例，他承认学院派的权威，并在风景画中采用了许多克洛德·洛兰（Claude Lorrain）的技巧和题材。随着时间的推移，他在风景画的技巧和题材上都做出改变和发展，对光和颜色进行了革命性的实验。反过来他的想法和技巧也影响了后来的19世纪印象派，并被其发展。当然，以这些限定来讨论文化生产，代表了一种封闭的历史，无视所有的艺术家都生活在一个不断活跃变化的物质世界并对其做出感应这一事实。将文化史封闭在自己的讨论范畴内会使得文化生产变得令人迷惑，但如果完全无视这些讨论，否定惯例的意义，以及无视某一人类活动领域中的内部斗争和探索都是愚蠢的。对于景观艺术家，忽略一些具体的影响，如当地地形、植被和气候也同样愚蠢。约翰·伯格（Berger，1980）已证实了在汝拉的生活对古斯塔夫·库尔贝（Gustave Courbet）的风景画创作有着重要的意义，同样阿尔卑斯山麓对于提香（Titian）也同等重要。

　　无论在任何社会形态，任何历史时刻，具体的社会、政治或宗教的紧张局势和斗争都可以由个人和团体表现出来。景观通常作为对其进行评述的媒介。其中一个例子是在拿破仑战争期间的英国，农产品价格提升和寻求国家统一以抵抗法国入侵的爱国热情，有助于解释英国在19世纪初期，以祥和、富饶的农业场景为主题的风景画及园艺的流行——那些农业场景主要表现了地主和朝气蓬勃、吃饱穿暖的劳动者之间友好的社会关系。这标志着一种对狂野、无人、浪漫自然表现趋势的暂时逆转（Rosenthal，1982；Barrell，1980）。这种相反的趋势在更大范畴的景观理念发展中不应被忽视，而且还可以用以解释一些看上去发生了倒退的事例。

　　景观理念的第三个方面在某种程度上挑战了对其历史的粗线条处理——在资本主义过渡期所涉及的那些不能被简化的人类体验，那些我们作为有机生命以及与外部世界联系的体验。自然的循环模式：季节性气候、植物和动物的生命循环——出生、死亡与重生，这些都是永恒的。它们是每个人及每个人类社会生活经验的一种维度。不难理解把人类生命过程解读到自然世界的过程，因为它们在很大程度上是相同的，并提供了一种表达与物理环境未异化关系的手段，人类生命和自然世界在很大程度上是相同的。在这一层面，即使生产组织发生了根本性的改变，人类与土地之间的关系也可得以存续，尽管它们的表达形式无疑会受到这些改变的影响。这种泛灵论（animism）以完全不同的形态被传递到集体社会生活及其意义中。例如，人们发现维吉尔（Virgil）的诗歌发展中，以《牧歌集》（*Eclogues*）、《农事诗》（*Georgics*）和《埃涅阿斯纪》（*Aeneid*）为写作顺序。维吉尔被欧洲文学界认为是从乔叟（Chaucer）时代到19世纪古典山水诗人的典范。他的作品为欧洲田园牧歌和挽歌提供了理想的结构、主题和语言，因此也成为画家灵感的源泉（Olwig, in press）。

　　维吉尔的三部曲表现出这样一个进程：首先是在社会产生及早期，人与其物理环境之间假定的"自然"式**田园牧歌**关系；通过个体农民构成的**农业**社会，干预自然、使其可以更确切地回应人类生活和节奏的需求（尽管如此，与自然的关系是作为农夫而不是剥削者）；对于**埃涅阿斯**的都市社会，维吉尔歌颂了罗马的诞生，最初是田野劳动，但随着时间的推移，转入商业、竞争和战争。从自然到文明的进程是社会的发展——从无知到成熟，从自由分享到个人获取，从犁的分享到刀兵相见——最终意味着社会的死亡以及回归到不可控御的野性自然。每一阶段都带有自身破坏的种子，在一个不断循环的持续进程中被下一阶段所替换，将个体生命体验映射到自然之中。

这样的解释提出个体历史、集体的社会史和诗歌的历史（文化生产本身）具有一种同源性。所有这些都被一种不断循环的世界观所影响——允许通过类推和象征性关联，而不是因果解释来理解事物，且建立在一种共享和不可转让的生物体验之上。在前资本主义模式这样的语境下，对它的理解可以很容易地转化为一种社会解读。

影响着景观理念表达的文化生产的这三方面意义，将在以下的研究中沿着景观的广阔发展历史展开。它们改变了景观表达的具体色调，反映了它的发展过程，但我相信并没有改变景观对转型中欧洲社会关系变化所做出的反应以及贡献的一般过程。

3. 文艺复兴时期的意大利景观：
城市、国家和社会形态

　　在文艺复兴时期意大利北部和中部的城邦国家中，景观作为一种看待事物的方式，以非常清晰的理论形式发展起来。意大利语 *paesaggio*（景致），更通常的称呼是 *bel paesaggio*（优美景致），这一词汇正是表示对外部世界美的欣赏——对那些可以被绘画或诗歌所捕捉的景致——而这也是英语 landscape（景观）所传递的含义（Sereni，1974）。从对历史的回顾来看，我们可以把佛兰德斯艺术画派如凡·艾克等作为最初的现实主义风景画的代表，贡布里希（Gombrich，1966）指出是意大利鉴赏家将这些画作称为 *paesaggio*，在批评它们具有大量散漫细节的同时，也赞赏了其传达外部真实世界的现实主义表现。我曾提出景观理念和线性透视技巧，都与控制空间的方法紧密联系，提出这两者从意识形态上都与对自然环境以及社会（新兴资本主义社会）的控制联系在一起。意大利是考察景观理念演变的一个非常明显的起始点，因为景观理念正是从这里开始形成。

　　把文艺复兴期的意大利作为第一个案例，还有两个更深入的理由。首先，意大利的城邦国家在欧洲资本主义的出现中扮演着中心角色。众所周知，资本主义市场经济的许多主要技术——汇票、股份制企业和复式记账是最经常被引用的例子——

都是在中世纪后期意大利商业城市中发展起来的，而且这些商业城市的财政策略非常复杂（Whaley，1969）。15 世纪，在像佛罗伦萨、卢卡和米兰等城市，布商们已经对应国内制造开发出大规模的外包系统（putting-out system），从而将商业资本与制造业反向链接在一起。但意大利对新秩序的推动作用是有一定疑问的，特别是在 16 世纪明显地"抑制"意大利资本主义时——当其开始偏离欧洲发展的主流，发现相对于欧洲经济核心，自己处于边缘化或半边缘化。而直到 18 世纪末，经济核心一直坚定地坐落在北海南部（Coles，1952；Cipolla，1952）。我们开始就聚焦于意大利的第二个原因是，意大利对景观及其在文学、绘画和园林设计上的喜好，对后世欧洲景观，无论是从形象还是在现实方面，都有着深远的影响。意大利是早期现代欧洲人朝圣之所，尤其是英国和德国人，他们都在自己的时代中信奉并发展了意大利的景观品味。稍后我将会讨论帕拉第奥（Palladian）景观的具体事例——起源于 16 世纪的威尼斯本土——作为一种景观创造理念和主题的源泉，对 18 世纪北欧和美国有着巨大的影响。

因此在这一章中，我首先对 15、16 世纪意大利社会形态的本质进行考察，特别强调了其独特的结合——在许多农村地区残存的封建关系和以强大的城市为基础的商业资本主义间的联合。虽然商业、政治、文化生活聚集在城市中，但其与周边农村的关系是其存在的核心。城市的资产阶级代表也是地主，他们和长期建立起来的农村封建权贵之间的斗争，对我们理解文艺复兴时期人文主义（景观理念是它的一种智慧表现形式）有着极大的影响。由于城市整体上的经济优势，斗争主要在城市中进行。但意大利北部、中部城市和乡村更一般性的关系，对文艺复兴时期的景观理解有着同样重要的意义。线性透视是一种城市视角，非常适合表现建筑群，规整的街道、开放的空间和建筑物共同构成了城市。最初的景观也可以说是城市本身，它是一种城市视角，随后向外翻转，转向从属的农村，从而使乡村也变成一种景观。城市同时是资本主义和景观的发源地，因此下面将考察这些文艺复兴时期理想的城市及乡村景观，这些由意大利人文主义和建筑师发展出的思想。

意大利与新兴资本主义

与欧洲其他地区相比，中世纪意大利中部和北部最引人注目的特点就是其城市的数量和规模。在1300年，罗马以北有22个城市人口超过2万。还有许多小的，因其定期市场、民间自治机构以及对周边乡村（contado）的政治或司法控制，而被称作城市状态的中心地区（Whaley，1969）。这些城市的发展主要得益于意大利是欧洲1000—1350年人口繁荣发展的国家之一，这一人口激增在11世纪意大利的700万人口之上，大约又增加了200万人口。一些城市，特别是米兰、威尼斯、热那亚和佛罗伦萨，都已达到近10万人口，即使如帕多瓦、维罗纳和帕维亚这些相对较小的中心地区，人口记录也超过了3万。这些城邦国家的城乡人口比例经常为2∶5、5∶7或5∶8（Jones，1966）。它们是本地和长途商业贸易中心，也是制造业中心——尤其是毛纺织业和冶金业，同时也是激烈的政治和精神生活中心。最重要的是，与法国或英国城市相比，它们是独立的、自治的政治实体，游离于主要根植于农村的封建贵族控制之外。但这并非说在城市里没有土地利益。可以肯定，城市与土地所有权、经营权和农业生产的关系是城市存在的一个主要维度，表现在城市行政组织和发展的许多方面。但从12世纪初期，意大利北部和中部城市通过声明宣布与其名义上的封建领主（皇帝或教皇）决裂，并维持自由公社形式，其居民仅对其城市保持忠诚，甚至只对其所属区（campanilismo：本位主义）负责。意大利城市能够通过人力、财力和技术资源的实力捍卫这一声明，击退皇帝想要征服他们的企图，例如1240年伦巴第联盟打败了腓特烈二世的意大利战役，便提供了这一证明（Hyde, 1973）。

历史学家对在北意大利以城市为基础的早熟商业活动兴起的原因仍保持分歧。北方入侵的停止、阿拉伯力量在地中海的相对衰落、意大利作为亚洲奢侈品进入西欧的中转位置，以及始于罗马帝国的城市制度的减弱，都被作为解释这一现象的理由（Anderson, 1974a）。毫无疑问所有这些都发挥了一定的作用，并在实质上还受到罗马教皇制的协助。罗马教皇在政治和领土上的权威与德国君主的意愿产生了冲突，削弱了帝国在意大利实行严格封建等级制度的企图。这使得商家获得了在羸弱的封建主义间隙中运作所必需的自由。原始公社由重要的商人家族和中层地主联盟宣告成立，他们通过《封地法令》(Constitutio de Feudis) 获得其采邑的继承权，这一法令由嘉兆二世在1037年宣布，其作用是使土地的所有者有效获得彻底的权益。他们只需要担负永久租金，就可以凭意愿自由出售或以其他方式异化土地（Hyde, 1973）。在这一联盟中，城市商人的利益和土地所有权是公社的一个重要特征，也正是以此为基础，公社利用和组织周边农村（contado），形成一种集体封建依附关系。在 13 世纪的意大利，与其说城市在整体上为封建农村的空隙中寻找自己的位置，不如说它们主宰着农村经济；而存留的大的封建领主、由查理曼大帝（Charlemagne）赋予巨大领地的家族后裔们，继续存续于城市控制的郊区（contadi）的边际，或其间的飞地。像米兰的维斯康蒂家族、曼图亚的埃斯特和里米尼的马拉泰斯塔家族的实力依然强大，尤其以东北地区为代表，是城市自治的一种潜在威胁，但在 11 世纪中叶到 14 世纪中叶长达三个世纪的发展期中，其影响相对较小。

城市内部关系

从城市自身，在那些组成原始公社和后来被称为贵族公民的人们之中寻找共同特征并非易事。这些阶层的人们都反对新兴商人和富裕的工匠阶层——平民（popolo）参与城市政治的需求。劳罗·马丁内斯（Lauro Martines，1980）指出早期公社的八个特征：经济繁荣；拥有农村土地、与农村社会保持联系；通过过路费、关税和教会收入等行使一定的封建权力；经常投资商业或海上活动；当城市在主教的政治权力影响下时，治理城市过程中与神职人员有着传统联系；以联姻与更古老的家族缔造联系；有多种士兵（milites）而非只是步兵（pedites），因此可使用武器和马匹进行骑兵作战；其成员由家庭或宗族联盟经宣誓构成，在城市中拥有坚固的房屋群。因此 12 世纪的公社，绝非纯粹的城市资产或商业利益的代表，也不是一个单一的可识别或确认的阶级。不同的家族集团为控制权而不断竞争，在城市形态中留下了社会紧张局势的标记：加固的塔楼以及连接城市两边的拱门和通道。公社上层竞争带来的不稳定性以及由社会分裂中出现的"新兴阶层"（new men）——在 12 世纪后期的人口和经济浪潮中上升到富裕阶层的平民（*popolo*）——率先要求外部调停以及公正的行政长官（*podesta*）裁决。那些受邀的首席城市行政官员经常是最古老的封建贵族成员，在农村拥有着庞大的资产，和那些受邀来掌管城市军事的官员——指挥官（*capitani*）——一样，都是显然带着不祥征兆的选择。

贵族（*nobilita*）和平民之间的紧张局势并没有因为地方法官的裁决而缓解，并且地方法官经常与贵族阶级中的个体成员相勾结。在 13 世纪早期，平民阶级通过一系列激烈反抗夺得政权。新的共和宪法设计为平民和贵族共同行使权力，拓宽了城市的投票权，但投票权仍建立在财产的基础上，从而排除了在人口中占大部分的小手工业者、工人和农业工人。是平民给城市公社带来了"现代"特征：成熟的金融、会计和税务系统；对房屋建筑、防御工事、卫生和公共机构等城市生活各方面市政功能的控制。也是在平民的影响下，市政建筑和公共建筑（*palazzi*）迅速发展起来。也正是他们推动了意大利白话诗歌（*stilnovo*）的发展，以及贵族不是血液而是一种行为和思想的理念，指出美德（*virtù*）不仅仅是贵族们的，还是所有公民的潜能（Martines，1980）。虽然不能清晰地将居住在城市的贵族和平民区分为封建地主阶级和商业制造业阶级，但正是通过后者的影响，商业和经济的思考方式逐渐主宰了城市的感知,并使意大利城市成为早期资本主义文化的中心——强调世俗的思考方式,并首要以财富和财产作为地位评价的基础。

而个体仍主要通过在城市集体生活中的参与来确认自己的身份。正是在公会、教区和公社中,个人生活得到了道德上的认可和外在体现。财富和财产是个人的,且是参与公民生活的基础;而公民生活却是集体的,并宣称具有神圣的合法性,这之间存在着明显的矛盾。正如马丁内斯(Martines, 1980, pp. 92-93)在研读了这一时期的文献后指出,"在诗歌中和在生活中一样,结果都是矛盾的对立与结合:严格的道德和世俗的财富、经济上的无畏和宗教上的畏惧、贪得无厌和无度的慷慨、在罪恶和祷告之间的来回穿梭",这是一种与17世纪加尔文主义商人非常不同的情况。加尔文商人的个体宗教思想,无论在私人财富还是个人地位上都依据**上帝之选**,赋予道德约束。

尽管贵族和平民之间有着重叠的经济利益,他们继续以怀疑的眼光来看待对方,将彼此视作不同的阶级。无论对君主、教皇或归尔甫派(Guelf,中世纪意大利教皇支持派)/吉柏林派(Ghibbeline,中世纪意大利皇帝支持派)是否支持,他们都为控制新兴城市而不断竞争,甚至支持竞争对手的行政长官。持续的内部争斗以及与周边城市在领土和贸易上产生的外部冲突往往通过专政来解决。在14世纪早期,越来越多的城邦国家随着领主(*signorie*)的出现开始实施专政。值得注意的是,这些个体统治者——其中许多人将权力扩展到多个城市中——皆不成比例地从那些旧封建集团的家族中选出,这些家族的权力原本被新兴城市公社所消弱,现在反而由他们控制着公社的命运,如达·罗马诺(da Romano)和维斯康蒂(Visconti)家族在 14 世纪对从米兰到帕多瓦(Padua)沿线城市主导权的争夺(Martines,1980;Jones,1965)。这并不说明领主代表了一种城乡关系的逆转或是为了乡村利益而接管了城市。这些权力的通道一般是通过地方行政官,或是城市中平民或贵族派系公会的军事领袖,因此领主一直活跃地参与在市民生活(*vita civile*)中。但像埃泽里诺·达·罗马诺(Ezzelino da Romano)这样的人,他的价值是封建式的——人们更重视他的军事技能、地位和效忠,而不是通过商业智慧获得了财富。这些价值观和平民的价值观,乃至与居住在仍维持公社构成的城市中的贵族之间的紧张关系,有助于对文艺复兴时期人文主义演变的理解。

两个最大和最富有的公社在这一时期之后很长一段时间内,一直保持着完好的共和体制,并且是文艺复兴时期文化发展的重要中心:佛罗伦萨直至 16 世纪早期;而在威尼斯,形成于 13 世纪初期的原贵族阶级从未将权力让给平民,而且威尼斯在 15 世纪初期之前,也没有乡村以及明显的土地所有权。

领主在 1348 年瘟疫之后很快掌握了政权,瘟疫的复发使得城市和乡村的人口减少了一半。这一人口灾难的影响是持久的(Herlihy,1965)。直到 16 世纪中期,只有极少数城市恢复到瘟疫前的人口总数。但是从意大利的经济——贸易、制造和农业生产——可以看出,确实比西欧其他国家更好地度过了这次危机。北意大利的城市仍然是欧洲大陆最先进的商业交易中心,虽然在某种意义上,他们依靠消耗储备生活。在这些年中创新和创业能力不再鲜明，并且"从长期来看，半岛的生产能力下滑，贸易投资和上层阶级主动把握商机的情况减少，且上层阶级直接个人承担的交易也出现下滑"（Martines，1980，p.170）。一些历史学家把这些下滑归因于文化产品作为一种投资形式所带来的需求的减弱（Lopez，1953）。

在领主统治下，甚至在名义上是共和体制的威尼斯和佛罗伦萨也有广泛的证据表明，社会结构的刚性化加快了城市资本对土地和财产的投资，以及财富向少数人手里的集中。新兴阶层很少能够参与进来，成为公民或积累必要的财富和地位，达到越来越严格的在公社获取权力的规则。例如在佛罗伦萨，在15世纪后期商人权贵化身为贵族，不再允许新的家族加入；在托斯卡的其他城市以及威尼斯本土也是这样（Ventura，1964）。在1496年，博洛尼亚63%的人口没有土地，而1400年凯勒雷斯家族在帕多瓦诺拥有25%的乡村土地，即使在50年后农民也仅仅拥有3%的毗邻城市的肥沃土地（Jones，1966，p.416）。随着16世纪意大利被入侵，以及随后的哈布斯堡王朝，这种所有模式被进一步增强，意大利新兴资本主义的活力让位于停滞——被一些历史学家称作"第二次封建主义"的时期。

这种逆转的原因尚不完全清楚，但可以确定与更多的政治和文化生活参与的自身目标相关，或许是一种对领主带来更加分层和等级森严的社会模式的响应。正是这种公民社会生活模式，孕育了与文艺复兴时期人文主义相关联的价值观。在进入更详细的研究之前，我们需要论述一下与这些城市公社紧密联系在一起乡村。

土地关系

不断增长的中世纪公社，其移入人口主要来源于农村群体。作为欧洲西北部早期封建土地剥削基石的庄园，早在隆巴德和加洛林王朝统治时期就已在北意大利建立起来，无论在世俗还是教会的土地上。但这一制度却短暂而薄弱："即使在庄园制度达到顶峰的隆巴德和加洛林王朝时期，意大利地产的普遍趋势也是一种间接的剥削模式。"（Jones，1966，p. 397）到10世纪末展开了一系列改善、清除、排水、灌溉等巨大的集体工程，主要是在修道院的土地上，但同时也有因人口的快速增长而带来的个体动机。这段时期，在一种规定了固定租金、允许承租人自由迁徙和出售转让的租赁形式（*libelli*）的影响下，越来越多的耕地与原封建地主分离。在这些租约下聚敛了大量土地的大承租人也拥有城市资产，且经常居住在城市。在这里他们形成了构成原始公社的贵族核心团体。因此从很早就这样建立起城市和乡村之间的桥梁。

那些直接对土地、劳役及其他方面所实施的榨取劳动服务的封建法律控制手段，都在公社扩展其在郊区（*contadi*）力量的过程中被积极抑制，这经常与农民阶层保持一致。这些农民通过租赁拥有越来越多的土地：无论是以租金（*affito*）形式对某一确定期间支付固定租金；或以佃农分成（*mezzadria*）形式在合同中规定农民自身和业主的投入、产出的分成比例（Giorgetti，1974）。一般来说，租金以高价值、可在市场销售的、供城市消费的商品来支付，如小麦、葡萄酒或油类。这种转变，以经济而不是司法和政治手段榨取农业剩余劳动，并不意味着公社与农民联合在一起对抗地主。事实上在这两者存在直接冲突时，公社普遍会倾向于地主阶级，来到城市的农民并非可以理所当然地获取自由（Jones，1968）。城市公社主要关心的是如何确保食品供应以及在周边农村的土地上维护其政治权威，而且比起强制，更偏好农奴可以和平地赎买自由。在所有这些之中，它最重视的是对财产权的保护以及将土地所有权与贵族权力分离。城市抑制或消弱了新生的农村公社，并不断地在乡村扩展自己的司法和财政权力，成为实际上的领主集团。例如在 1314 年，圣吉米亚诺（San Gimignano）62％的地主都居住在城市，却拥有 84％ 的农村土地。

  租赁，无论是固定租金（*livello*）还是佃农分成式，都可以看作一种封建制度和完全资本主义农业开发模式之间的过渡。它们与农场（*poderi*）建设相关，不动产虽然可以商业出租，但会对直接生产者加以限制，这样可以有效地防止自由移动，将农民绑缚在土地上。在佃农分成式非常普遍的托斯卡纳，劳动合同规定生产者要居住在自己的土地上，不能耕种其他土地，离开或终止时需提前通知，要在固定时间轮作、犁地、播种和收获，要提升土地及固定基础设施，如沟渠和梯田。以当时的话讲，租赁者或者表现良好或者失去租用权（Jones，1968）。基本有一半的资本是来自承租人，而且因为只有极少的农民可以在没有借贷的情况下履行这一义务，所以债务成为了主要的胁迫武器。租赁由此促生出大量没有土地的"无产化农民"，这些人无法满足租赁条款，只好作为居住在农村的劳动者和工匠，工作在那些在庞大的庄园，或是偶尔劳作于那些大佃农分散的家庭农场。

因此城邦国家可以看作是土地及其产品所形成的市场中心，周围环绕着与城市存在政治依赖关系的乡村。越来越多的农业剩余被半资本主义商业所榨取，而不再通过政治、法律等封建手段。这种中心性展现在乡村耕作的地理表现上。虽然由于意大利的气候和地表，由山脉、丘陵、平原等迥异的物理环境以及排水、灌溉等不同问题形成了众多不同的区域和地区，但我们仍可以概括出一种随至城市距离增加而粗放发展的土地利用杜能圈（Von-Thünen）。最密集耕作的土地往往是在城墙之内或在13世纪拓展的郊区建筑物间的花园，在教会和俗世园林中种植着最好的被低切和棚架养殖的葡萄、浆果、药草及园艺作物。从城市向外延伸，直至六英里是密集间作区域。间作（coltura promiscua）是一种在小面积不规则网状土地上的耕作方法。其耕地一般用于种植小麦，会沿其边缘或在整片土地上种植一些树木。这些树可以支撑高的葡萄藤，其本身也可以提供多种用途。它们可能是果树或坚果类树木，或是与养蚕相关的桑树。更多的情况，它们被用于饲养环节，特别是夏末，在动物饲料稀缺时。榆树是最广泛用于这一目的支撑树木，它还可以提供燃料和建筑木材。在米兰，杨树为工业提供木材，并且可以在波河流域（the Po valley）的水淹土壤中生存。这种密集的种植形式与佃农分成有着密切的关系，其分散的居住模式沿着道路从城市一直延伸到小块密集、拼凑而成的土地和农场建筑。佃农分成的合同经常规定种植葡萄、桑树等经济作物，从而为在城市居住的地主提供有销路的收益，以及为农民（contadino）提供自给自足的生活。由此产生的具有良好规范、高生产性的农业给人留下深刻的印象。正如埃米利奥·塞雷尼（Emilio Sereni）所指出的：

> 这种文艺复兴时期在坡地多品种、高密度的种植，以及秩序良好的树木及灌木景观使旅行者和国外观察家们非常惊讶。这在当时是一种不寻常的景象，即使在最被看好的地中海土地上也不寻常，更不用说在那些寒冷的北方，在那里整个山坡的地表经常会被白雪覆盖（Sereni, 1974, p.223）。

这似乎是系统规划的结果。但事实上它是城市地主和佃农无数个人的决定写入租赁契约的产物。

这种间作的稳定和良好秩序常常是靠不住的。在丘陵地区，由于森林砍伐，陡坡上存着在严重的水土流失问题。虽然石头和泥土梯田被广泛应用，但矩形土地、犁线、通路和成排的树木经常面向斜坡，增加了径流及土壤流失。农艺作家，例如14世纪后期的克雷森兹（Crescenzi）及之后的泰纳利亚（Tanaglia）和加洛（Gallo）重申了等高耕作（*a cavalcapoggio* and *a giropoggio*）的经典建议。但这种耕作方式的造价是昂贵的，需要更多的集体行动，而且由于积水，还要冒着破坏（对城市地主有着重要商业意义的）葡萄园的风险。无论对环境造成的后果如何，对斜坡的处置常常需要在租赁合同中做出明确规定。直到18世纪才开始引入对系统性变化的约束。

由于平原地区疟疾流行的风险，坡地农业成为意大利中部的主要耕作形式。在伦巴第，在那些被系统化排水和灌溉的草场上，成排地伫立着支撑葡萄藤的树木。在新兴的城邦国家，像威尼斯本土上，斯福尔扎和维斯康蒂家族控制下的米兰进行了庞大的改造工程。由14和15世纪马特辛纳及其他运河建设而改造的灌溉农田和浸水草甸（water meadows），突破了动物饲料的问题，使得定期轮作和施肥成为可能，从而使伦巴第成为15世纪欧洲最先进的农业地区（Braudel, 1972, pt. 1）。这里的意大利农业和水文科学是最先进的，还出现了类似透视法的数学土地测量方式——虽然文艺复兴时期在托斯卡纳和教皇国（the Papal States）也出现过类似的小型设计。

在密集地区之外是更为粗放的土地利用模式，较少受到参观者的评价，也很少被城市居民注意，因为这种土地利用模式并没有完全融入城市商业生活之中。更为严格的封建组织常常在此存续，在大的教会和古老贵族的产业中，特别是在贫困的丘陵地区，尽管传统游牧、畜牧业也随着商业规则渐渐开始重组。为谷物而开垦的开阔田野可以共同放牧，而后在下个交叉犁耕的秋季之前保持休耕，这种土地利用形式取代了城郊封闭的领地。大面积的荒野、沼泽和林地依然存在。那些在繁荣和人口增长的顶峰期开垦的边际土地，和欧洲的其他地方一样，虽然有公社当局的阻止，还是在14世纪40年代的危机中被废弃。但在15世纪早期，土地价格不断上涨，林地清理再次受到限制。总体来说，意大利在14世纪的中断是暂时的，文艺复兴时期生产力的收益基本抵消了因撂荒土地和不良种植方法带来的损失，表明了对劳动力榨取的进一步加强。

意大利文艺复兴时期被抑制的资本主义

以商业资本主义的早期发展和以城市为中心的与商业化乡

村紧密联系为特点的独立城邦国家的地理演变，在很大程度说明了文艺复兴时期意大利资本主义发展停滞以及不能坚决地转向完全市场社会的原因。在西欧那些城市化较弱和商业较不发达地区：如法国、西班牙和英国，向资本主义的过渡是通过专制国家君主的中央集权实现的。

在意大利却没有这样的中央集权出现。它已系统地被城市商人资本的早期发展和局部渗透到农村的商业关系所排除，成为城市商人和地主利益的结盟。从公社的集体反对，到德国君主作为统一封建国家的外部施压，都在13世纪有效地阻止了中央集权，并受到来自教皇的支持。但无论是罗马的单一权力还是公社固有的竞争都没有统一北意大利。领主统治产生了一些大的地方政治实体，例如佛罗伦萨和米兰，威尼斯也在15世纪统治了东北部的很大部分，但都不能与阿尔卑斯山脉对面新兴国家的规模或力量相当。在某种意义上领主可以看作是局部的专制主义（Anderson，1974b）。他们抵制行会的装腔作势，为了贵族的利益而抑制平民的政治权力，扩大中央税收，创建了国家官僚体制——其办事处由贵族及其亲信运行。对治国之道和以血统为基础的贵族结盟的激情是文艺复兴时期城邦国家价值观的特点，城市贵族蔑视与"机械艺术"——手工活动的联系，在某种程度上表现出对土地封建利益兴趣的复苏。只有"神圣的农业"被认为值得贵族关注，贵族的主要活动是对治国之道和"人文知识"的培养。但封建形式在公社中不具有合法性，传统贵族在处理城市利益集团关系时，也无法依赖训练有素、具有领主权的乡村。

比如城市行会，仍然在整个城乡统一体中行使着自己的权力，制约着制造业的新技术和劳动关系，阻止了在欧洲其他地区经常发生在古老城市的限制性氛围之外的发展。小规模的政治领土排除了全国市场的发展，但同时也使其在军事上弱于那些庞大的、技术先进的、在 16 世纪初期入侵意大利的军队。因此可以从意大利城市商业资本主义早期发展的本质及其社会、区位表现中，找到其发展停滞的原因。

没有什么比农村地区的情况和农业组织具有更清晰的借鉴性，这不仅仅是因为其是文艺复兴时期城市财产和政府贷款证券之外的主要投资领域，还因为其成为了一种新的文化表现主题：景观。在对文艺复兴时期佛罗伦萨外阿尔托帕肖美第奇庄园的研究中，弗兰克·麦卡德尔（Frank McArdle，1978）指出其管理是如何与国家政治利益相缠绕，以及如何把单一地产划分成小的家庭单位，出租给佃农，并把农民变成债务缠身的无产阶级，不允许其从事专业化劳动，只能重复单一经济作物的低效生产（在这里特指小麦）。麦卡德尔提出的制度代表了一种混合的生产模式，相对于封建领主政权，在资本主义性质上具有明显的进步，但其组织形式也继承了防止资本主义元素在主导经济体系中发展的特性。15、16 世纪，随着意大利资本流入土地和佃户分成（土地出让的主导形式）中，麦卡德尔所描述的情况代表了北意大利的诸多地区。

社会形态与人文主义文化

文艺复兴时期意大利的社会形态在封建社会和资本主义社会之间徘徊，因此造成了农村与城市、贵族与平民、出身与财产之间悬而未决的紧张关系。它的主导文化揭示了一系列的紧张态势。15世纪的人文主义，其最显著的表现是具有了世俗元素：对于我们来讲，明显具有现代性的个人主义及理性特点。然而它仍建立在强大的中世纪的世界观上，迎合了市民的共同理想，并被导向执政贵族的利益。它的理性主义和客观性是基于类推方式，而非因果思维，通过象征对应，而不是经验验证做出解释。人文主义文化最初在平民支配的公社时期兴起，但越来越成为一种领主的意识形态，在他们成为城市生活的主宰者时。一些主要的人文主义知识分子——如15世纪和文艺复兴鼎盛时期的阿尔伯蒂（Alberti）、丰塔纳（Fontana）、圭恰迪尼（Guicciardini）、列奥纳多（Leonardo）、马基雅维利（Macchiavelli）、蓬波纳齐（Pomponazzi）和瓦拉（Valla）——他们都来自专业人士或商人阶层，但其思想却致力于贵族专制或寡头政治的合法化，而不是资产阶级共和制。这些人文主义者采用了"有机知识分子"（organic intellectuals）的解释——他们呼吁更高的价值观以及明显脱离社会阶级的自由，从而掩盖了他们提出的符号系统，通过这个系统，统治阶级可以向自身和从属集团阐述和表达其自我意识。

我们已经注意到公社的公民文化在个人主义和集体价值之间、在世俗财富和严格的道德约束之间的紧张关系。文艺复兴时期的人文主义调解了这种紧张关系，主要通过将对个人的颂扬与为国家（即城市）利益行使权力和权威相结合（Martines, 1980）。在这一过程中可以炫耀财富，例如通过对艺术或纪念性建筑的赞助，来显示天生领袖的尊严和价值，从而赋予他们一种道德的合法性。那些我们将之与文艺复兴时期人文主义联系起来的特征——推崇理性、古典文学研究、历史撰写、崇尚口才和辩论，都指向当代社会；按照现代的说法，它们是"相关的"。人文主义者发展出导师、顾问、朝臣、教授等职业。他们将贵族的子嗣培养为领袖，就像他们的后继者现在做的一样。当然，他们所追求的价值观很少用粗俗的权威和控制等词汇来表达。它们被称为普世价值观，建立在对世界客观认识的基础上，但其真正的含义却无须置疑。

在文艺复兴时期人文主义复杂的知识文化及其不同的追求中，一个主题可以作为涉及这些紧张关系的例子，一个与景观概念、与聚焦于个人的世界观密切相关的主题。这就是把人作为一种自然创造秩序缩影的概念。中世纪经院哲学的一个特点就是一直将创造分为精神和世俗层面，每一个层面都具有等级次序。在前者中，天使和圣徒都可以在上帝之下找到各自指定的位置。在后者中，低于人类生命的依次为动物、植物和无生命物体。封建社会秩序的现实成为了事物自然秩序的规范。世俗中的最高等级是人，其不朽的灵魂对精神层面充满渴望，通过对那些他无法拥有实践经验的问题的思考，以超越的形式抵达精神层面。文艺复兴早期的人文主义推断，尤其以佛罗伦萨学院为代表，借鉴了柏拉图哲学重塑了这样的宇宙观 (Cassirer, 1963)。他们认为世俗世界通过一系列"对应"直接反映了精神世界。将理性植入人类心灵，可以让人——世俗世界的学生，了解到精神上的一些东西。人是创造世界的一个缩影：他的身体包含了创造世界的比例与和谐。列奥纳多·达芬奇简洁地表述了这样的观点：

3. 文艺复兴时期的意大利景观：城市、国家和社会形态　99

人被古人称作为"小世界"，这确实是一个恰当的词汇，如果人是由土、气和火组成的，地球的构造也是相似的。人类体内的骨头成为支撑肉体的框架，地球的石头也支撑着泥土。人类体内充满血液，里面有随着他的呼吸，扩张和收缩的肺，地球也有海洋，也随着其呼吸，每六个小时潮涨潮落；人的血液通过遍布全身的血脉传播，海洋也通过无数水的脉络充满整个地球……人和地球是非常相似的（Richter, 1952, p.45）。

列奥纳多著名的人体图中包含了完美的圆和正方形，表明其思想已超出了类比，成为一个连贯的理论。人类的理性可以揭示这样一种原则：上帝以一种一致有序的方式创造了世界和人。其中压倒一切的原则是比例。比例和平衡产生了奠基万物形式和运动的和谐。只有通过测量和数学，以及智力推理的创作，才能更好地理解世界的比例与和谐。

宇宙被描绘成一个圆——最完美的几何图形——上帝制成的中心及边缘，使各部分保持一致。从圆的几何形状可以导出所有现象的数值比例。这些可以用数学理论来构建，以几何来演示，并由眼睛、耳朵和情绪来感知。这是合理且具有一致性的方法，是最卓越的艺术家的工作方式，也是上帝引导人们继续和完善创造的方式（Wittkower, 1962）。阿尔伯蒂（Alberti, 1965, pp.196-197）明确了理论中理智和情感之间的联系。

这些比例的规则，从那些我们在大自然中发现的最完美和绝妙的事例中最好地表现出来，事实上我每天都越来越相信毕达哥拉斯学派（Pythagoras）讲述的真理——大自然在其所有的运行中，以一种恒定的类比方式，确保其行动一致。由此我得出这样的结论：那些使我们的耳朵感受到愉快的声音的调制比例，和使我们的眼睛和心灵获得愉悦的数值是一样的。

所以美是一种客观存在，它具有统一性和完整性，无法在对整体没有破坏的前提下对其进行增减。由于人的个体与创造本身具有相同的元素和均衡的和谐，因此理性与情感是不可分开的。人在思想和身体上的尊严，在不否定其在既定事物中所赋予位置的前提下，进行强调和颂扬。

通过借用普遍法则，个体可以在创造性活动中揭示人类的高贵。从建筑、绘画、设计，以及充满节奏的演讲中，人文主义都展示了个人的价值——通过规则，使其作品可以在人类的情感中被有效识别。文艺复兴时期绘画的透视结构、建筑严谨经典的比例和人类雕像雕塑中优雅的阳刚之气，都证明了这些关于人、空间和时间的概念。

该理论包罗万象，客观且来自于经典——柏拉图的《蒂迈欧篇》（Timaeus）或维特鲁威（Vitruvius）的《建筑》（Architecture）。当然这是一种带有男性和阶级偏见的理论。妇女、手工业者、农民和其他低等的类型都被认为不配拥有这种人类的尊严——它是一种对公民的保护，并随着时间的推移，逐渐成为对高等公民，尤其是皇族的保护。

权力和权威的概念从未远离文艺复兴时期人文主义者的著作，或从未远离他们对人在世界上所处位置以及与其关系的理解。马塞洛·斐奇诺（Marcello Ficino）的论述大致揭示了其与政治需求的关键联系。

> 但这种类型的艺术，他们虽然模仿上帝——大自然的创造者，塑造宇宙、控制动物，却逊色于那些模仿天国，承担人类政府职责的艺术。单单一种动物几乎无法照顾自己或其后代。但人自身如此完美，他们可以先管理自身（这一点其他动物都不会做到），而后管理家庭、治理国家、人民，以至于控制整个世界。仿佛天生就是为了统治，而不能忍受束缚（引自Martines，1980，p.216）。

这种陈述让我们感觉一种特别的心酸，当我们记起农民经常被称为"牛马"，那些只适合在田野劳作的动物。如果人生来是为了统治且不能忍受奴役，那么有些人则不能被称为人。

但如果这种宇宙观可以被导向阶级权力，特别是与脱离生产劳动的贵族利益相一致，那么它也同时深深地根植于资产阶级的生活实践。迈克尔·巴克森德尔（Michael Baxandall，1972）的研究揭示出商人、银行家和城市地主是多么熟悉数学比值。他们的日常工作需要各种测量，对合资商业企业风险和利润比值做出计算，对其农场土地、农田和农作物产出进行调查。他们的孩子会在算盘学校学习长达14年的数学课程，这些学校的名字已表明了它们的主要活动。与测量一同，"文艺复兴时期有文化的意大利商人的通用算法是'三之法则'（the Rule of Three），也被称为黄金法则和商人之钥"（Baxandall，1972，p.95），是一种简单计算比例和比率的方法。理论家阿尔伯蒂正是采用这种原理来构建、掌控具有普遍和谐性的几何比例，"秘密的论点和论述在于思想自身"（Alberti，1965， p.194），它在自然和艺术中创造了美与和谐。迎合了封闭、神秘的数字理论的博学思想，掩盖了资本主义生活的基本技能，但揭示了其作为特殊团体——人文主义者和其拥护者的意识形态特点。

这种固有的紧张关系贯穿了人文主义的发展过程。其所倡导的人类尊严很难被宣称为出身或血统的一种功能，那样的宣称不适于像美第奇家族那样财富来源于商业的家族。同时，它也不能按照资本主义意义上的地位，面向所有仅从市场上获得成功的人们。实际上，像阿尔伯蒂之类的人文主义者们反对只是简单地向那些成为银行家或商人的青年教授其所必须的商业艺术和技巧。

人文教育是实现人的尊严的前提，主要实施在政治和权威决策中，而不是在资产阶级商业或封建战争中。在评估贯穿整个文艺复兴文化的这种紧张关系中，彼得·伯克（Peter Burke, 1974a, p.246）指出文化是一种沿轴线表现出的各种偏差模式，从典型的人文主义到典型的封建态度。

价值观	
人文主义	封建主义
自然的	超自然的
人的尊严	人的苦难
成就	出身
文字	武器
节俭	显赫
积极的生活	默想的生活
美德	命运
理性	信仰

在人文主义一栏中，我们可以看到一些想法很典型地与当代资本主义社会相关：强调成就而不是出身，重视理性而不是信仰，关注自然现象，而非超自然现象。但伯克使用"各种偏差"（biases）这样一个词汇，表现出他注意到城市里不同群体——贵族和平民之间的人文文化斗争。

人文主义对这两种群体都是开放的。实际上，在15世纪，特别是在后来的文艺复兴时期，这种偏差明确转为凝聚在一起的贵族利益，转为出生而不是成就，武器而不是文字，显赫而不是节俭。在这一转变中，我们看到意大利在向资本主义的过渡中，在文化表现上的倒退和停滞。

作为景观的城市与乡村

我们可以以绘画和建筑作为文艺复兴时期意大利社会价值指标的一个合理的原因是，这些作品都是为赞助人创作，这些赞助人对艺术家们提出了明确的要求。在意大利可以让画家为销售而创作的艺术市场，直到16世纪才得以出现，之后也只销售了艺术创作的一小部分。一般来说合同拟定了赞助人和艺术家之间关于题材、材料和成本的细节以及完成日期、特定的画家工作室或参与的工匠等。因此赞助人可以具体指定方式来表现他对自己及其所在世界的认识和颂扬。15世纪对于绘画，开始逐渐重视设计和笔法技艺，而不再强调海蓝宝石、黄金叶子等作为财富指标的昂贵材料的比例、赞助人的声望和品味。这产生了两个后果。首先，它增加了艺术家在其作品中自由展示精湛技艺和想象力的空间，因而艺术家们要求拥有超越工匠的专业人士的地位——与赞助人更加平等的地位。从这个位置上，他们可以在绘画的品味上起到更积极的作用，且可以假装对其艺术拥有自主性，并通过扩展到所有的"艺术"，更多地掩饰了作品的社会和经济背景。其次，是对背景的绘制。传统上这一部分会填充大面积昂贵且具有象征意义的颜色，现在开始作为展示画家技艺和想象力的空间。背景越来越被日常生活中的场景占据——"各种人物、建筑、城堡、城市、山脉、丘陵、平原、岩石、服饰、动物、鸟类和牲畜"，就如基尔兰达约（Ghirlandaio）的合约中所规定的条款（引自 Baxandall，1972，p.18）。在佩鲁贾（Perugia）的《圣奥古斯丁与孩子》(*St Augustine and the Child*)的合同中，平图里基奥（Pinturricchio）承担了绘制"图中空白部分，或者更准确地说是人物后面的背景——农村景色和天空以及所有需要涂上颜色的地方；除了框架，而框架需要由黄金制成"（引自 Baxandall，1972，p.17）。绘画的主题仍然主要被宗教占据，但对精湛艺术技艺的需求增加了来自自然的绘画，并降低了神圣内容的相对意义。这种转变一直被视为将风景画作为一种流派出现的的先决条件之一，并且涉及不断变化的社会状态，而画家们正是在这样的社会状态中创作、发展。随着时间的推移，背景也有可能成为一种主要题材。

但是必须要在一个更广阔的背景下来考察这种变化——绘画的背景应该被"来自自然"的景物填充，这一观点延续了绘画的现实主义（*il vero*）传统，这一传统可追溯到 14 世纪早期。不同于纯粹的象征风格（象征风格中，超越传统宗教图像的内容由一定的色彩和比例规范来表现），现实主义在虚幻空间

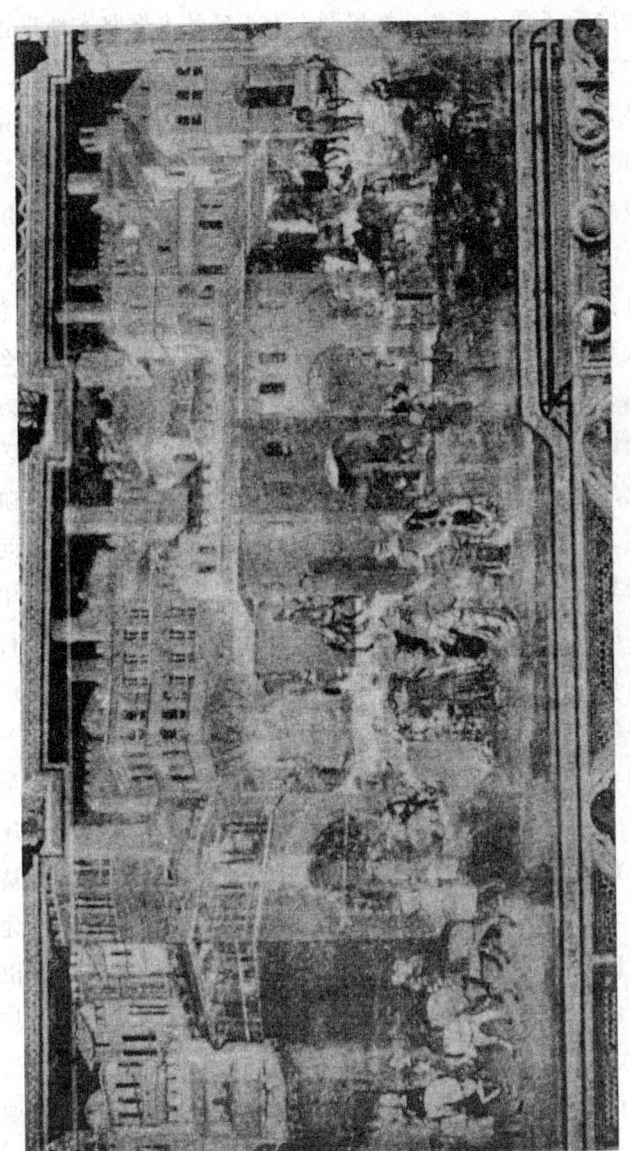

3. 文艺复兴时期的意大利景观：城市、国家和社会形态　105

绘板 1. 安布罗焦·洛伦泽蒂:《城市和乡村的优秀政府》(细节；*palazzo pubblico*, Siena)

的创造中暗示了现实主义，将解剖学上正确的人像坚实地设置于背景中，并由一点可识别的光源按照透视画法缩短和照亮。这种风格，与乔托（Giotto）尤其相关，在现代与彼特拉克（Petrarch）以及但丁（Dante）诗歌中的意大利白话诗歌息息相关，被马克思艺术历史学家如豪瑟（Hauser）和安塔尔（Antal）视为资产阶级或平民对宗教理性和世俗表现的需求。如果基督信仰的神秘和神迹可以设置在日常环境之中，作为主角的男人和女人，与帕多瓦或锡耶纳的中产阶级公民没有什么不同，那么其象征的权力就可以适当表现出中产阶级的生活方式、经验以及权威，并使之合法化。尽管如此，将资产阶级艺术简单化却是一种错误倾向。我们已经看到，城市中的资产阶级和贵族之间没有明显的区别，尤其是在乔托时代。随着时间推移阶级划分变得更为严格，但在早期，当平民在公社管理中具有更多的发言权时，价值也更多地与商人、行会首领和银行家们联系在一起，并渗透到文化生产中，在当他们对文化生产给予更多的经济和政治赞助时。

例如在锡耶纳，平民从1233年开始进入公社委员会，至1257年已控制了议会的一半席位和职位。无论在城市形态还是文化表现中都体现出极其强烈的公民自豪感。锡耶纳经常被引为城市规划最早的案例之一，因为档案记录表明其对城市建筑和空间调控有着频繁辩论，不仅针对功能方面，还有纯粹出自审美和威望的动机。公共开放空间的设计追求视觉效果，特别是1346年的广场，其规则的开窗、建筑风格和高度都由议会法令决定。14世纪早期大教堂的建设极其宏大，可与佛罗伦萨的相媲美，和市政厅一样，都经过长期辩论和精心策划，而成为锡耶纳公社地位的象征。从1297到1344年，市政厅这个建设了半个多世纪的建筑是公民自豪感的纪念碑，它的塔楼超越了大教堂的塔楼，其内部装饰着一幅艺术宣传作品，这幅作品被视为中世纪城市公社的典范，也是对市民生活（*vita civile*）最具戏剧性的图像表达，表现出在平民统治期间，城乡一体化的生活之中优雅的都市景象。安布罗焦·洛伦泽蒂的《城市和乡村优秀政府的影响》（*The Effects of Good Government in Town and Country*）的环形壁画（见绘板1），表现出了锡耶纳及其附属乡村的景象。其中城市被描绘成一个鲜活的机体，由紧凑的建筑和人类活动所构成的综合体。图中的市民在交易、辩论、跳舞及参观，他们的表现、着装和身体活动都具有优雅的特点。从图中不能区分出贵族和市民，他们由贯穿整个画面的活动形成颜色和行为的统一体，而不是由严格的构图空间或是结构来决定。但在市民和农民之间却存在着明显的区分。锡耶纳的统治版图是明确的。城市坐落在一座小山之顶，周围环绕着农业强度逐步递减的区域。附近网状富饶的土地，逐步让位给更为开阔的丘陵、山谷，这些地区中散落着巨大的庄园和在其中劳作的工人。农民将他们的猪、羊、粮食和木材运送到城市销售——几乎像贡品一样。他们可以很容易地被从笨头笨脑以及尴尬的表情、手势中识别出来，他们身材矮小，身着单调而统一的棕色服装。市民们乘马架鹰，在收割过的田野上行猎，表明农村既是城市生活的经济基础也是一种游乐场所的意识认知。很显然，优秀的政府即城市政府。其他同时代由画家杜乔（Duccio）、法布里亚诺（Fabriano）或西蒙尼·马蒂尼（Simone Martini）表现的公社绘画，也强调了城市所设置的统治及文明的区划领域。但在这些 14 世纪的绘画中，城市本身并没有被作为一种景观———一种视觉上有序、结构化和统一的空间。在洛伦泽蒂（Lorenzetti）或杜乔的城市里，人们都处身于鲜活的公社中，可以想象在人和城市空间复杂而活跃的统一之中各种教区和行会间的竞争。里斯（Rees，1980, p.66）这样指出：

> 关于城镇的绘画……并没有像表现在其中的感受那样，更多地表现出这些城镇的外貌。我们所得到的城镇印象，并非像一个超然的观察者，从一个固定的优势位置的观察，而更像是沿街行走的行人所留下的深刻印象——从不同侧面看到的各种建筑。

人文主义和理想城市

如果我们对比这些绘画所提供的城市形象，佩鲁吉诺（Perugino）的《基督赐予圣彼得天国之匙》（*Christ Giving St Peter the Keys to the Kingdom of Heaven*，见绘板2），与平图里基奥的《圣·贝纳迪诺的葬礼》（*Funeral of San Bernadino*）之间存在着显著的差别。城市不再是建筑、空间和人类活动有机而混杂的聚合体，也不再作为乡村控制的据点（虽然这一惯例在这段期间仍然存在）。在这里城市是一种**景观**，一种几何形式的不朽秩序的视觉产物，是阿尔伯蒂等人关于个人和宇宙的人文主义思想中所阐述的和谐、比例和统一的具体实现。其背景表现为没有人类生活痕迹的农村场景。山丘和树木表现出和城市相同的条理排列。城市人，或者说**在**城市里的

3. 文艺复兴时期的意大利景观：城市、国家和社会形态　109

绘板 2. 彼得·佩鲁吉诺:《基督赐予圣彼得天国之匙》(Vatican, Sistine Chapel)

人们——因为没有任何迹象表明他们对城市,比一个观察者有着任何更强的依附——以端庄的姿态聚集在一起。他们的姿态具有戏剧性和自我意识,并非为了表现他们处理公民事物的行为和活动,而是表达了人的尊严和贵族风度。这些绘画描绘了文艺复兴时期最重要的符号景观:人文主义的理想城市空间。

人文主义强调个人是按照固定的数学关系构建的宇宙的缩影,它提供了一个哲学框架,在这个框架内,1420年左右发展起来的线性透视技术可以很容易地融合于其中。作家和建筑师,如阿尔伯蒂、菲拉雷特(Filarete)、弗朗西斯科·迪·吉奥吉奥·马蒂尼(Francesco di Giorgio Martini)将绘画、建筑和社会理论结合在一起,并引入一系列关于城市整体的富有想象力的规划和技术(Argan, 1969; Rosenau, 1959)。这样,他们借鉴现存的古典建筑论述,为其思想增加了历史的权威性。维特鲁威·波尼奥(Vitruvius Pollio)的思想在15世纪之前就已经被知晓,并被人们研究。他提出将城市规划为完美的圆形,位于一个重要的开放空间的中心,高速公路根据风向像辐条一样向外辐射,这一建议似乎提供了在城市地面规划中直接体现宇宙分布的方案。各种体现宇宙的方案都是可能的,在文艺复兴期间产生了很多不同的设计,但所有的设计都有着某些共同的属性。理想城市被设想为一个整合的空间,一个建筑整体,一个不变的、完美的形式。它由坚固的城墙包围,呈圆形或多边形。中心是一个巨大的开放空间,周围围绕着重要的行政建筑:君主的宫殿、司法大楼、主教堂(一般在古典文献中被称为庙宇),并经常配有监狱、财政部门和军事要塞。值得注意的是,市场很少被详细讨论,并常常被安置在远离城市中心的辅助开放空间。中央广场及其建筑的尺寸都按照严格的比例受到严密的控制。道路模式由中心和边缘来决定，呈垂直或格状。其目的是为重点城市建筑物或纪念碑的展望提供视觉走廊。整个概念都是视觉的，无论是从高处想象的具有视觉统一性的规划，还是地面上一系列使建筑物位于消失点上的线性透视集合。个体结构也按照古典秩序规则设计，因此每个结构都是同一几何原则的缩影，它支配着整个城市的和谐，并体现在其公民的物质和智力属性中。理想城市是为行政管理、正义实施、公民生活而设计的，而不是为了生产或交换，是一种纯粹的意识形态。

理想城市的形态特征鲜明地揭示了比例理论与其宇宙学含义以及政治意识形态的融合。它是社会以及建筑的乌托邦，旨在规范和明确阶级间的关系，在既不是商人也不是地主贵族单一统治的环境中，由其成员优越的理性美德来实施管理，而不是行使他们的经济权力或所继承的特权。例如菲拉雷特提出不同的社会阶层需对应不同风格的建筑，多利安式（Doric）用于上流人士，科斯林式（Corinthian）用于商人，爱尔尼亚式（Ionic）用于工匠，从而使他想像中的城市社会秩序变成一种僵化的模式。在《建筑的艺术》（De Re Aedificatoria）中，阿尔伯蒂设想出第一个理想城市模型，这一模型经常被认为是最不严格的以及非正式的规划。但在他的论述中，社会理念以及对社会和空间控制的意义都很明确。他在最开始依据人与动物之间的区别——理性的力量——指出参照"自然"划分而得出的人与人之间的区别。有些人比其他人更有理智，世俗的财富往往也会眷顾这些人。这种人注定要统治其他的人，因此他们需要居住在与众不同的建筑物中。理想城市是他们美德和理智的体现，他们的居所也应该反应这些品质。上流人士的房屋应该"远离庸俗聚合之地以及商贸之扰"（Alberti，1965，p.89）。它将是一个"小城市"。中心是一块庭院，也即把环绕在周围的房屋连接在一起的开放空间。这些房屋都按照不同等级的居住者——主人、妻子、孩子、亲戚、客人及仆人的功能需求而设计。公共房间、私人卧室，以及烹饪、存储和马厩的空间都依照规划和图纸上明确的比例，进行系统分配。这些人体内部所固有的比例，也同样铭刻在作为一个整体的城市之中。他们一再重申房屋传统的外部构造，是为了让人们可以从外部读取内部空间及社会的和谐状态，并使个体房屋对整体城市景观秩序性、规则性的提升做出贡献。

作为统治者的上流人士的房屋是需要被保护的。入口只有一个，并由看门人守卫。对于社会秩序可能不像其"自然"基础那么稳定等类似的担心，在阿尔伯蒂对公共建筑的提议中可以得到印证。他提议法庭等公共建筑要开设多个出口，以便在公共暴乱中提供逃生的通道。事实上控制以及潜在社会动荡的主题在整个讨论中一直出现。城市的防御不仅仅要针对外部因素，也同样要面对自己粗俗的下层民众。这可以根据不同的政体性质由不同的方式实现。如果是专制君主统治，则"整体应做到使每一个以任何方式支配城镇的地方都掌握在君主手中"。他的宫殿应当设立在在城市的中心，可以沿街展开视野，并且从城市的所有地方都可以看到，从而对所有人显示出他的权威。附近应该是堡垒，堡垒"必须与平整且可以直达的街道相连接，以确保驻守军队的行军路线，这样才可以攻击敌人，或者在被煽动、发生叛乱的情况下，攻打自己的公民及居民（Alberti，1965，p. 86）。在寡头统治的情况下，阿尔伯蒂建议把城市分成两个同心圆以分离社会阶层（1965，p. 83）：

……富有的人会期望更为开阔且更多的空间，因此更容易同意被排除在中心圈外，将城镇中心留给厨师、店主和其他商贸行业；这样所有属于特伦斯的寄生虫———恶棍歹徒，以及厨师、面包师、屠夫等会比他们没有和上层市民分开，减少一些危险性。

对于如何将这种状况与中心部的公共建筑相结合，目前尚不清楚，但这段文章从表面上看，像是对资本主义城市社会形态的一种辩解，在这里土地使用是由法令而非由竞租曲线的交点来决定。

我们可以把这种理想城市的理论化看作一种对景观的探讨，因为它对城市空间所采用的视觉和社会惯例（原则），与文艺复兴时期绘画中组织主题以及填充背景的方式相同，甚至在景观（*paesaggio*）一词被有意识的运用之前。理想城市将权力与想象相结合，"随之而来的视觉空间的霸气，来自于对人控制空间能力的信仰"（Martines，1980，p. 272）。在绘画中，尤其是在15世纪20年代之后意大利中部的学院中，宗教活动被描绘为发生在经典且具有明显城市气息的建筑背景中。克里维利（Crivelli）、巴尔多维内蒂（Baldovinetti）、皮耶罗·德拉·弗朗西斯卡（Piero della Francesca）、巴贝里尼木版画大师（the Master of the Barberini Panels）及弗拉·菲利普·利皮（Fra Filippo Lippi）等人都绘制过的《天使报喜》

(*Annunciation*); 维契业塔（Vecchietta）的《圣·贝纳迪诺的布道》(*San Bernadino Preaching*) 和拉斐尔（Raphael）的《结婚》(*Sposalizio*) 也都是在理想城市的背景下所描绘的神圣主题，在这些理想城市的想象空间里有棋盘路面、立柱、拱门和山形墙，这些空间不仅提供了易于辨认的透视法及消失点，也为模式化公民的表现提供了适宜的舞台，表现出绅士的美德和理性的尊严。作为赞助者的个人、艺术家以及观众被鼓励在最密集的场景和最神圣的事件中，通过控制图画的空间比例和线性透视来表现其权威。理想城市是理性与和谐的舞台。

如果说洛伦泽蒂的城市观在某些方面带有资产阶级的色彩，那么理想城市则完全不是。直到15世纪末，理想城市一直在绘画和建筑理论中占据着主导地位。之后理想城市理论与绘画的关系不再那么紧密。建筑理论的第二代规划师——塞利奥（Serlio）、圣米凯莱（Sanmichele）和文森佐·斯卡莫齐（Vincenzo Scamozzi）比他们的前辈更加严格。17世纪早期意大利绘画中出现了明显的田园排斥城市的倾向，但在1420年和意大利被入侵之间，绘画与城市化紧密相连，空间的概念和表现似乎介于纯粹的贵族视觉和资产阶级视觉世界之间。在前者中，等级和地位被视为一种自然特性，由出身决定，而在后者中则由经济力量来决定。作为一种人文主义概念的理想城市，其早期规划似乎在调解这些立场，通过强调所谓的理性和自然秩序的普遍价值。但是它们在贵族体制中逐渐转向真正的权力，成为一种专制主义原则的表述。我们可以从一个小的城邦国家乌尔比诺中看到，在该城市中宫廷具有相对较小的权力，弗雷德里科·达·蒙特费尔特罗（Frederico da Montefeltro）伯爵的居所成为 1466 年到 1472 年之间，一些最重要的文艺复兴时期人文主义者、画家和作家的聚集地。在这样的背景下最引人注目的是皮耶罗·德拉·弗朗西斯卡，他的《鞭挞》（Flagellation）是将神圣题材置于理想城市的完美典范，在他于乌尔比诺的工作室中，描绘出理想城市中完全无人和完美对称的景象。锡耶纳的建筑师弗朗西斯科·迪·吉奥吉奥（Francesco di Giorgio），一位主要的理想城市理论家及城市防御工事设计师也在此工作，还有之后的郎世宁（Castiglione）——经典文艺复兴时期宫廷行为手册《廷臣》（The Courtier）的作者。正是郎世宁提到在乌尔比诺的蒙特费尔特罗的宫殿像是"一座宫殿形式的城市"，而卢西亚诺·劳拉纳（Luciano Laurana）的设计完全履行了阿尔伯蒂所拟定的君主个人宫殿的描述。它的质量和高度与山顶小镇其他拥挤的房屋相比具有绝对优势，覆盖了大部分城区。宫殿对城市和周边的乡村有着开阔的视野，窗外的景致被精心打造的窗灯所包围，这些窗灯被布置在比例完美的房间中，类似于当代建筑绘画中的透视图。巨大庭院周围的各种组成构成一系列空间，给游客留下平静和完美有序的深刻印象。装饰也符合人文主义纲领：对理性、音乐和辩论等经典主题的无尽颂扬。但除此之外，与绘画中镶嵌的虚拟城市场景相结合，公爵的标志无处不在。蒙特费尔特罗来自一个古老的贵族家庭，他的家系与其他朝代，如马拉泰斯塔、斯福尔扎和贡扎加紧密相连（Rotondi, 1969）。人文主义和理想城市早在 15 世纪 60 年代就应用于乌尔比诺，为强大的贵族统治和封建价值观提供支撑。宫殿内部装饰中对军事成就和战争机器的强调，只是这一方面进一步的表现。

人文主义与农村

弗雷德里科·达·蒙特费尔特罗公爵最著名的画像之一是一副侧面像，其背景是马尔凯的一道河谷，河道在耕地上蜿蜒，周边点缀着间作的树木。与宫殿的乡村景色相结合，这幅画让我们注意到理想城市与其周边乡村的位置关系。建筑理论家们认为他们的城市应监督其从属领域（subject territory），但在他们的规划中，曾在洛伦泽蒂的壁画里表现得很清晰的城市与乡村的功能整合，被乡村的城市化所代替，成为一种通过在城市中发展起来的理性和比例原则形成的城市权力的延伸。菲拉雷特的浮雕就像完美的圆盘，是一种强加给被夸张嘲讽的农村地形的秩序象征。阿尔伯蒂主张为自给自足以及抵御外来侵略而"能够大幅开垦领土，对任何城市都是一种巨大的幸福"——这是一种完全使乡村隶属于城市利益的关系（Alberti, 1965, p. 68）。他指出城市应该立于高处，避开不健康的低地，但对其从属土地却具有支配性的开阔视野。宽阔的道路应该从城门尽可能直接向外辐射，使军队可以方便移动以及来访的市民可以在当天回到他们的庄园。阿尔伯蒂及其继承者们从多方面关注着乡村别墅。他建议要依据城镇房屋设计管理，以相同的城市原则建立空间组织。但注意力应集中在舒适和豪华上。其正式性要低于城市房屋。别墅首先是一个让人感觉愉悦的地方，一个观景台，在这里贵族们可以远离城镇政府的责任而得到放松。但这并非完全忽视了农业生产组织。阿尔伯蒂对庄园产出的酒、油类和谷物的妥善保存给予了极大的关注。大多数产品会在佃农和自由佃农（livelli）手中，别墅在这里起到收敛剩余的收集点作用，这些剩余以产品形式支付。因此从功能上讲，别墅实际上处于城市的位置。

实际上理想城市的理论家们对乡村的了解很少。和大多数人文主义者和城市居民一样，他们满足于那些轻视农村的老生常谈，例如城市培育好人，而乡间别墅培育好的牲畜等说法。

在人文主义抽象中将人作为智慧和理性的生物，从而远离意大利城市中紧张的社会关系，这之中暗藏的矛盾在他们对园艺的情感中表现得淋漓尽致。佛罗伦萨学院与郊区别墅园林相结合，仿照建立了普林尼（Pliny）等古典作家所描绘的封闭世界（Masson，1966）。早在文艺复兴时期，彼特拉克（Petrarch）就写下对园艺的热爱，并将园林作为一种适合于人文主义者思考的地方。阿尔伯蒂、菲拉雷特和马蒂尼，所有的理想城市理论家都讨论过别墅园林的布局和内容，特别强调草本植物、花卉和药草要按照颜色和气味带来的感官享受来选择和配置。借鉴中世纪对植物的药用实践和象征价值，他们对通道、苗圃和树木的修剪都引入一种严格的几何图案，这揭示出人类控制及宇宙和谐的理念——建立起一种眼睛和心灵统一的视觉秩序。无论是乌尔比诺的建筑师劳拉纳（Laurana），还是艾伊尼阿斯·西尔维乌斯（Aenius Sylvius）——后来的教皇庇护二世，沿着理想城市的思路对皮恩扎进行再设计者——都将修建园林作为其都市概念的一个组成部分。在这两种情况下，园林都是一个秘密的区域，一个可以引人幻想的地方，在这里可以避开城市政治或商业活动以及乡村的生产性劳动，在这里的劳作，除了偶尔的果树种植和给葡萄剪枝之外，都是智力上的思考或沉思。毋庸置疑，维持对园林所代表的有机自然进行控制的劳动是必须的。事实上还需要巨大的剩余劳动力来维持这一完美的处于中间位置的景观形象——处于农村和城市之间，从而也脱离了双方利益的地方。这种劳动的结果被用于乡间别墅的园林文化（*villagiatura*，即乡居假日），作为一种理性思维的产品，反映出个人与自然之间更宏大的、不需要通过日常工作干预等琐碎事物而直接表现出的和谐。在园林中，人文主义通过人与自然实现的和谐景象，逃避了生产性社会关系的对抗——这也是人文主义思想的本质。

富饶的自然和理性的人类心灵之间所产生的自给自足的统一形象，在文艺复兴的绘画中也鲜明地表现出来。自15世纪末期，在绘画背景中开始出现。特纳（A. R. Turner，1963，p.193）显然对他所讨论形象的意识形态采取了不加批判的接受思想，他这样写道：

> 文艺复兴时期的风景，无关它的独特形式，其存在都是为了服务于人类。其田野和树林都经过精心地打理，很少让步于荒野沟壑，尤其是峡谷和荒芜之地。这种经过"驯化"的世界给予居住在这里的人们物质和精神上的寄托。在最广泛的意义上，景观是人性化的。

我们从阿尔伯蒂的著作中了解到风景画里所画的是别墅和园林，我们可以认为这些园林的主要作用之一是提供这样一种印象——别墅花园，通常是封闭的或有着精心选择的可以远眺田野的角度，只是一个更大的但同样构成的乡村世界的片段。

虽然比例和线性透视等控制技术可以使对园林空间的描绘和对城市一样理性，但它们显然在描绘乡村的开放空间时遇到了麻烦。在这里没有几个形状是棱角分明的，也没有几根线条是笔直的，距离是扭曲的，而轮廓在空气和光的折射下变得模糊不明。

为了克服这些困难，人们制定了一些公约。其中最具特色的是采用高于被描绘场景的视点，并要围绕一些线性物体，如道路或河流来表现空间。皮耶罗·德拉·弗朗西斯卡的蒙特费尔特罗肖像画或波拉约洛（Pollaiuolo）的《圣塞巴斯蒂安的殉难》（*The Martyrdom of St Sebastian*）的对应部分都应用了这一技巧。它们依据单一收敛点的基本原则来构成图画空间，并通过去除天空，使得画家可以更好地控制光线和氛围。空间构成取决于线性透视技术，而不是空中视角和亮度。而后来的画家如列奥纳多·达芬奇和威尼斯画家乔尔乔内、乔瓦尼·贝利尼（Giovanni Bellini）则采用了天空和自然光的效果来创造现实主义的幻想空间。在15世纪中期的的翁布里亚和佛罗伦萨学院派的风景画中，空间构成是用于拉远场景，从而在无须详细描绘的情况下获得"愉悦的认同"。这样既表现了"人性化场景"，又消除了维持这样的场景而需要面对的生活和劳作（Clark，1956，p. 37）。在这些风景画中，古典建筑的片段用于提醒我们，它们的智慧和社会起源无疑都来自城市，因此赋予其意义的权力核心也是无须质疑的。景观是理想公民对良好秩序的一种看法——对那些大部分由他本人及其同伴所拥有的，与集约耕地直接相连区域的良好秩序的思考。

将城市空间扩展到园林式的乡村中，这种在绘画中构建和描述景观的方法，即美好景致（bel paesaggio），与意大利中部的美术学院密切相关。毫无疑问大多数画家很少与广博的人文主义思想有直接接触，他们的作品反应了以新的对象和技能来填充传统题材背景的要求。题材和媒介无疑都需要新的解决方案，但只有某些题材和技巧可以被赞助人接受，这其中就有"自然"风景和虚拟的真实空间。从作家阿尔伯蒂和后来的列奥纳多，我们可以看到画家的技能与学者智力活动的融合，而人文主义者们也在向君主和领主寻求赞助，如洛伦佐·德·美第奇（Lorenzo di Medici）。在 15 世纪末期，王公领主自身也在人文主义学院中接受教育。人文主义文化和政治权力形成的结盟相互支撑，在列奥纳多、拉斐尔和米开朗基罗的活动下，于罗马和佛罗伦萨的美第奇家族统治中达到顶峰。但在意大利文艺复兴的后期，是在威尼斯——无关其政治和经济结构以及较晚兴起的文艺复兴人文主义等情况——使景观的思想和艺术开辟出新的想象领域，并发展了其在建筑、绘画和园艺中的一系列技艺，这些在之后证明对西方景观传统具有深刻而长远的意义。

4. 威尼斯、威尼托与 16 世纪景观

在意大利文艺复兴的初期，人文主义者如库萨（Cusanus）、[102] 皮科（Pico）和阿尔伯蒂就主张以一种更加平面、更加成数学比例的体系来替代中世纪概念里垂直上升的秩序。这是他们生活于其中的、更适于流动社会和城市环境的、更为世俗的一种体系，其空间构成基础可以以线性透视作为最清晰易懂的图像表现形式。透视构成技术与土地测量以及制图之间的密切关联被众多学者提及（Rees, 1980; Harvey, 1980; F. M. L. Thompson, 1968）。在这一世纪末期，人文主义者、商人和航海家的世界以当时难以想象的规模不断扩展。非洲航线、印度航线，尤其是向西横跨大西洋——对新世界的发现，同时扩大了想象力以及商业用途。在接下来的几十年里，地图制作者如奥特里斯（Ortelius）和墨卡托（Mercator）——他们的作品现在已经可以被印刷、核准，并得到广泛的传播——设计出表现这种地面空间扩展的方式。哥白尼和伽利略向人们揭示出新发现的无限宇宙，人类的世界不过是一个庞大系统的一部分，这一庞大系统的控制中心在遥远的、无法抵达的太阳——太阳是构成空间的中心，也是遍洒人类景观的阳光之源。陆地世界的精神中心——罗马，不仅认为其权威受到了革新的挑战，其自身也受到了侵略军的洗劫。

这种在 16 世纪之交同时具有的不确定性以及被欧洲人占

领的新世界所具有的旺盛潜力，被捕捉在文艺复兴鼎盛时期的一些风景画中。例如在列奥纳多的《岩间圣母》(Virgin of the Rocks)、朦胧的《蒙娜丽莎》，以及更戏剧性地表现在阿尔特多费尔和奥特里斯的朋友彼得·勃鲁盖尔的《通天塔》(The Tower of Babel)、《亚力山大之战》(The Battle of Alexander)和《羊群的归来》(The Return of the Herd)等令人不安的画卷中。但在后来的景观概念发展中，意大利最有意义的景观都来自一个城市。这个城市通过远程贸易的扩展、商业资本主义、导航、印刷和制图建立起它的声望，但在16世纪仍然被夹挤在持续的贸易扩张和向风险较小且更容易的贵族土地开发转向的张力之中。这个城市就是威尼斯。

在1500年，有10万人生活在威尼斯的潟湖群岛 (the lagoon islands)——意大利最富有的城市以及西欧最重要的商业交易之都。自14世纪末击败了竞争对手热那亚之后，威尼斯成为了欧洲、地中海和亚洲贸易之间占据主导地位的仓储中心，并沿地中海东部的海岸和岛屿建立起一个海上帝国 (stato da mar)，并在意大利东北部建立起一块陆地版图 (terra ferma)。同时我们可以看到，威尼斯在某些关键方面是一个独特的意大利城邦国家，尤其在它与土地和农业的关系上。它的经济发展代表了近代欧洲早期意大利商业资本主义的最大成就，其画家、建筑师和城市规划师的造诣对欧洲景观理念留下不朽的贡献。在16世纪初期，当在陆地版图创建乡村景观时，威尼斯自身也被重新有意识地设计为一种符号景观，为那些继威尼斯之后商业迅猛发展的地区——英国和美国，提供了一个特色词汇。

威尼斯与景观

艺术史学家们对威尼斯和佛罗伦萨学院派文艺复兴绘画做出的区分，可以概括为颜色（*colore*）和设计（*disegno*）。后者意味着对绘画的形式结构，对现实空间、人物和其他物品的精确表现以及作品设计中对知性论证的兴趣。设计被视为佛罗伦萨学院的特色。颜色代表了对处理绘画材料技能的重视：各种媒介、笔法、完成度、对色彩和光线的控制、使用。其被认为是威尼斯画家对绘画的修饰手法而不是一种知识方法。将这两个术语简单翻译为颜色和设计，并声称佛罗伦萨的艺术创作属于知性而威尼斯的属于感性，显然夸大了两者的区别。但它提示出一些文艺复兴时期的评论家，如瓦萨里（Vasari）所观察到的差异。至于为什么威尼斯人对光和颜色有着出色的表现，而佛罗伦萨的艺术家却强调发明和设计，这个问题还没有满意的答案。镶嵌着诸多运河，坐落在镜子般广阔水域中的威尼斯，城市的灯光和反射常常被云彩遮挡，托斯卡纳山丘在夏日的天空下常常呈现出灿烂的景色。传统的马赛克装饰和拜占庭式的建筑想象可能与这种区别更加紧密相关。不管什么原因，对光与色彩的精湛运用是威尼斯的传统技艺，在其风景画和城镇建筑景观中产生了强烈共鸣，一直影响着后来欧洲景观的发展。

当我们观察乔瓦尼·贝利尼、乔尔乔内、提香或雅格布·德·巴萨诺（Jacopo da Bassano）绘制的风景画时，可以立刻发现这些作品是由光线和颜色统和着整体空间，控制着呈现于观看者的各种元素的相对重要性，并创造出安静沉思的氛围，给人一种人与所生活环境之间的和谐印象。这非常不同于皮耶罗·德拉·弗朗西斯卡和保罗·乌切洛基于线性透视的风景画构图，这些严格遵循消失点规则的绘画，描绘精准且外形锋利。据约翰·伯格（Berger, 1972）指出，光线和氛围，是风景画的核心。他认为这是因为天空不像土地以及土地上的产出那样，可被占为财产或形象地表现出来，因此风景画相对没有受到新兴资本主义新的产权关系的影响。狭义上可能确实如此，但天空及其影响本身就是一种强大的符号，是神圣或超自然的象征，因而它反应了与当时社会关系紧密结合的伦理道德问题。同时，光线效果可以用来构成空间和修饰亮度，或改变其下的景观特征（Barrell, 1980）。这种新开发出的构成、形成天空的技术，与对物体的技术不同，被称为空中透视（aerial perspective）——模糊轮廓、淡化远处的自然景象、改变落在物体上光影的色调——明暗对比（chiaroscuro）。列奥纳多对空中透视做了详细的研究，他认为其潜在的可能性使绘画成为一种超越雕塑和诗歌的艺术形式（Blunt, 1973），它被威尼斯画家和建筑师们巧妙地表现出来。

许多威尼斯风景画都可以辨认出所绘制的是它的陆地版图——威尼斯人在15世纪早期征服以及收服的，指向波河流域中心的手指状土地（图4.1）。这一地区的中心是威尼斯直接的腹地：丘陵、平原和帕多瓦诺、特雷维索、维琴蒂诺、维罗纳的低坡。这里是贝利尼圣母像的背景，也是《阿索罗》（The Asolani）——皮埃特罗·本博（Pietro Bembo）田园诗集的背景所在。卡斯泰尔弗兰科孕育了乔尔乔内，科内利亚诺

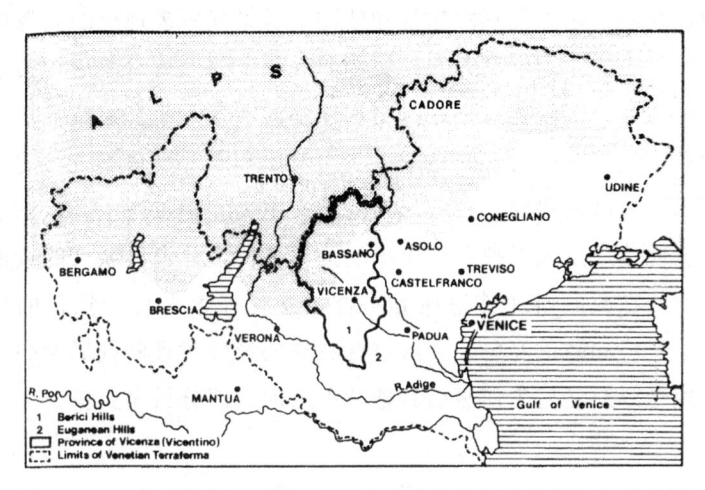

图 4.1 《威尼斯陆地版图》，16 世纪威尼斯在意大利大陆的版图

孕育了西玛（Cima），阿尔卑斯山的卡多雷乡村家园是提香一年一度从威尼斯出发旅行的归属地。在这些画家的风景画中重现了贝里奇和尤根尼山峦的圆形特征，山峦越过遥远的平原柔和地淡化成蓝色，地平线上阿尔卑斯山脉的黑色线条，经常在电闪雷鸣的暴风雨中被突出得更加锋利。这些画家都受到他们年轻时代物理环境的影响。但 16 世纪威尼斯风景画的氛围不仅仅意味着对颜色和色调的掌控以及对陆地版图绚丽土地的个人情感，它还表达了威尼斯和它陆地领土之间一种新的、高利润的关系，一种崭新的威尼斯贵族的体验维度。

在 15 世纪后期，尤其是 16 世纪，陆地版图/本土越来越多地为大都市提供粮食，并为资本提供了安全的投资形式以及新的地位获取方式。在强调对土地投资的过程中，威尼斯反映出之后在意大利所有城市中呈现的趋势。在这种情况下，绘画和诗歌的主题以及别墅建筑和装饰中对景观所表现出的兴趣或许并不会让我们感到惊讶，但阐明其特定的性质以及这种关系的确切本质还需要对之进行更加详细的考察。而且在威尼斯艺术和建筑传统中对丰富色彩、明暗对比和空中视角等技巧的强调，不应该使我们忽视威尼斯的人文主义和柏拉图主义，也不应忽视威尼斯人对按照想象中的经典范例设计自己城市的重视程度。在威尼斯和其他地方一样，景观理念来自于独特的社会、经济和政治经验。了解这些特殊的经验对理解威尼斯的景观感受以及之后为何吸引其他欧洲人的原因分析至关重要。

威尼斯共和国

与意大利北部的其他城市公社不同，威尼斯并不是乡村的中心。威尼斯由潟湖岛上的大陆流民组建，成为在民选总督统治下聚集在里阿尔托的一个联盟。直到 14 世纪早期，仍只是围绕威尼斯公国（*dogado*）、拉古纳尔岛及周边狭窄的海岸线划定的一块区域。这种与（城市经济和社会主要基础之一的）土地的分离是威尼斯在中世纪和早期现代意大利中独树一帜的原因及结果。威尼斯无疑是一个商人资本主义城市，从欧洲的地中海东部以及之外的长途贸易中获取财富（Lane, 1973）。这不仅需要商业和军事方面先进的航海技术，高度发达的金融机构以承担信贷额度、分散风险，还需要从封建秩序对商业生活的限制中获取一定的自由。威尼斯被作为一个非封建的岛屿插入在相当不同却同样都是非资本主义形态的西欧和东部伊斯兰之间。要维持这一位置，其关键优势在于没有任何来自从属乡村的封建残留封地势力的威胁，以及在帝国和教皇之间通过交涉获取自治的能力。同时，从威尼斯本土到伦巴第的便捷通道，可抵达德国南部、伊斯特拉和弗留利的森林，以及意大利其他商业中心的阿尔卑斯路线，为威尼斯企业的拓展提供了原材料、人力及贸易发展的可能。

缺少处于从属地位的乡村也意味着直到15世纪，作为财富和投资源泉的土地所有权，在威尼斯都是微不足道的。城市贵族压倒性地偏重于商业，而由工匠和手工业者组成的众多行会没有形成组织良好的平民阶层，缺乏足够的经济实力来挑战占据主导地位的商人寡头。13世纪90年代后期导致大议会（the Great Council）成员冻结的政治危机的部分原因是新旧商业财富之间的斗争。但这是一个政治问题，而非经济斗争，并通过扩大执政集团成员以及限制后人对权力的获取而得以解决。1297年的大议会冻结（the *Serrar del Consiglio*）清除了一些威胁到独裁专制的古老家族，并在寡头政治中纳入了一些新的富豪，且防止了其特权此后会受到稀释的危险。威尼斯贵族中财富的差异较大（Finlay, 1980），而且内部派系林立，因此避免了意大利其他地方的贵族与平民之间的紧张关系，这种紧张关系往往使得领主最终掌握政权。

威尼斯人自身也强调其机构的稳定性，并与其他地方的领主专制相比较，突出其共和制的美德。他们声称威尼斯的生存和繁荣是因为其政府达到了一种平衡，在（由300名贵族参议员中选出的）总督君主制，和2000人组成的强大议会的共和制之间的平衡（Bouwsma, 1968）。这就是被称作"威尼斯神话"的完美宪法制度的基础。15世纪威尼斯共和国统治着一个由海洋和陆地构成的商业帝国，但它是一个没有地域、语言或种族同质性的帝国。它由商业创造，它的整个存在依赖于城市中心——由威尼斯城市本身赋予其意义。很长一段时间，威尼斯与其领土之间是一种征服者的城邦国家和被征服/被剥削的国家间的关系，而非首都和地方省份之间的关系。其原因是在或多或少的垄断条件下，作为贵族投资的利润丰厚的海上贸易一直占据着主导地位。因此城市的共和体制没有为其外部财产做出任何改变，仍坚定地作为一个自治实体，采用着城市统治的方式。位于陆地版图的地方城市的这种状况更加明显，地方城市的统治集团只是简单地模仿、加入了与威尼斯相近的制度，再在这个结构的顶层加上了威尼斯总督和行政官。因此为了维护商业中心的霸权利益，威尼斯的政治发展受到了一定的制约。

然而，15世纪对陆地版图的征服在威尼斯内部以及威尼斯与其意大利邻国之间造成了冲突。莫契尼哥公爵强调在扩展原有陆地版图时，陆地的利益不应该影响威尼斯在海上贸易的历史使命。威尼斯对海洋和陆地投入的这种紧张关系在16世纪初期变得更为尖锐。由于担心威尼斯城市意在统治整个半岛，教皇联合了法国、西班牙和康布雷联盟来阻挠威尼斯的这一目标。1509年，联盟军队迅速穿越了威尼斯的陆地版图，威尼斯人担心其城市会被占领，于是通过巧妙的操作，利用联盟内部的分歧，成功拯救了城市并保全了他们的陆地版图，尽管遭受了十年军队掠夺的灾难。但战争带来的震荡以及迅速扩散的葡萄牙和西班牙在大西洋的航海知识引起了极大的关注，在威尼斯政治家和学者中对于未来威尼斯海洋和陆地之间的财产关系展开了一系列辩论。公爵、参议员和记者们热烈讨论其城市的独特使命以及在历史上被授予的独特位置。这是一种对应外部环境变化而不断进行调整的辩论氛围。他们强调威尼斯在意大利的地理中心性和物理隔离性——威尼斯是大海中的一座岛屿。同样他们也声称威尼斯和海样的结合，是面对意大利其他地方的领主统治或被异国占领的情况下持续共和主义的前提。从地理及体制上，威尼斯很幸运地拥有了维持其历史延续的自由。

威尼斯的人文主义在历史的编撰中表现得最为活跃。尽管与帕多瓦有着紧密联系——帕多瓦的大学是最早的人文学者的聚集中心，也是威尼斯贵族唯一认可的高等学府，尽管阿尔丁出版社（the Aldine Press）使得威尼斯在 1500 年就成为了意大利领先的出版中心，但在哲学和思辨运动中威尼斯比佛罗伦萨受到了更多的限制。在威尼斯社会生活的众多方面，国家及其机构的渗透或许是导致这一状况的根本原因。但历史可以为颂扬国家而服务，学者如 15 世纪后期的萨贝利科（Sabellico）和朱斯蒂亚尼尼（Giustianini）和后来的加斯帕罗·孔塔里尼（Gasparo Contarini）、保罗·帕如塔（Paolo Paruta），都用书面历史委婉地论证了威尼斯制度的持久性及完美性。他们的重点都是强调威尼斯的独特性，认为威尼斯城市继承了罗马的宏伟和美德。钱伯斯（D. C. Chambers，1970）称文艺复兴时期为威尼斯的"帝国时代"，在威尼斯城市传统的守护神——福音圣马可的象征之外，还添加了古典的海神和墨丘利（分别为掌管航海和商业的神祇）。16 世纪的威尼斯神话既是地理性的也是历史性的，它作为一种象征性的景观在威尼斯体制中得以展现。

作为景观的共和制威尼斯

地图制作

我们可以从 15 世纪后期的地图制作中领略到一些威尼斯人文主义视角。在那时，依据线性透视原则对单个城市的鸟瞰式地图，在富有的意大利收藏家中极为流行，例如曼图亚公爵在 15 世纪末期时就拥有一个庞大的收藏。在 1500 年，雅各布·德·巴尔巴里（Jacopo de Barbari）制作了一幅木制的超大尺寸、刻画详细的威尼斯鸟瞰图。这幅地图详细地表现出单体建筑、运河和街道，一直被视作对城市场景的精确记录。但它同时受到科学客观性/现实主义和威尼斯神话的强烈影响。舒尔茨（Schultz，1978）对其进行的详细的网格分析揭示出地图存在着严重失真，夸大了城市的中心功能和象征性节点的作用：圣马可是城市的行政和纪念活动中心，里阿尔托是商业和金融中心，阿森纳是军事工业中心。正是这三个中心在 16 世纪经过桑索维诺（J. Sansovino）组织实施的建筑计划的一系列渲染，成为一个理想城市，展现出贵族心目中的威尼斯形象。

巴尔巴里的地图是一幅象征性的景观。威尼斯漂浮在开阔的潟湖中心。大海和潟湖间的分界线被扭曲，圈起一个圆形水域，北部由阿尔卑斯山线护卫。海神尼普顿和商业之神墨丘利分别坐镇于圣马可盆地和威尼斯的中心，以保护这一"商业中心"。这两位古典神祇都表明了地图的目的：将威尼斯表现为商业的中心以及海洋的伴侣。这幅地图表现出传统世界地图（mappae mundi）的特点：加入神圣智慧对所创世界简要及典范的描述。这些世界地图由中世纪晚期的威尼斯制图师绘制，其中一幅长期展示于阿尔托的公共凉廊之上。在这里，中世纪具有道德意义的地图与（作为海上商人必备工具的）表现了实际地形的实用制图结合在一起。这样的结合向我们展示了信仰与理性的结合，以及实证知识与类比逻辑的宇宙信仰的结合，而这两者也是人文主义模式的根基，赋予其道德以及思想的力量。巴尔巴里的地图所绘制的，

> 是威尼斯联邦，而不是实在的城市：威尼斯是欧洲最重要的贸易和海上力量。她的物理特征是国家的物质体现，就像墨丘利和海神尼普顿是她的守护神的化身一样。雅格布的版画是威尼斯城邦的视觉隐喻，和代表威尼斯的熟知符号——圣马可的翼狮及拿着天秤和正义之剑的女性形象一样，代表了被神圣保护和公正统治的共和国（Schultz，1978，p. 468）。

该地图将威尼斯表现为一座理想城市，但不同于马蒂尼的理想城市计划，或是皮耶罗紧凑而精心布置的城市空间形象。该地图通过将一个真实、可识别的城市表现为理想城市，颂扬了威尼斯神话——威尼斯已达到了在其他地方人文主义学者和建筑师们只能渴望的完美。这种意图很难通过再造阿尔伯蒂理论概念中完美的几何形状表现出来，因而在地图中加入了借鉴人文主义的拉丁铭文、古典神祇以及绘制于边缘的维特鲁威风纹。以人文主义思想为支撑，描绘出一个具有商业自信的共和

国,因此巴尔巴里的地图是旨在颂扬威尼斯神话的一种政治文化整体的制图表达。宗教和仪式在日常生活中对威尼斯的各个阶层均强化了威尼斯的这一形象。约翰·缪尔(John Muir,1981)详细调查了国家节日的文化表达,如总督"与海的婚礼"、狂欢节和圣马克广场游行。这些仪式利用日常生活节奏中的象征意义——出海返航、季节循环、出生和死亡——在威尼斯的传说中推进着国家机构的合法化。

城镇景观绘画

同样的意图也通过詹蒂莱·贝利尼(Gentile Bellini)、维克多·卡尔帕乔(Victor Carpaccio)和乔瓦尼·曼苏埃蒂(Giovanni Mansueti)对当代城镇景观绘画形成影响。他们的城镇风貌成为那些经常为威尼斯大学校(the *Scuole Grande*)绘制的宗教绘画的背景,这些风貌可与洛伦泽蒂对锡耶纳的视点互相比较,来对比他们创建的繁华、拥挤的商业城市。这些大学校是威尼斯的独特机构,是一些独立团体,可以支配大量资金,以法规为支撑致力于提高其成员的物质和道德福祉。会员不受阶级或收入限制,贵族不被排除在会员之外,但禁止其从事管理工作(Howard,1980)。尽管如此,这些团体还是与国家紧密结合在一起。它们的制度成为议会和参议院的模本,它们参与各种公众仪式,其领袖来自富裕的非贵族家庭。它们在城市统治者和其他弱势社会群体之间起到调节社会和道德秩序的作用。其大厅的装饰画一般为与神圣的守护神或其他适当的虔诚主题相关的生活或奇迹,如圣厄休拉的传说。这些奇迹往往被认为发生在威尼斯,就像那些由圣十字架碎片为圣乔瓦尼福音大学校创造的奇迹一样。这些神圣事件都被表现为随意发生在一个活跃的城市背景下。与佛罗伦萨绘画和建筑相比，在其构图中线性透视不再是一种严格的维系绘画空间的工具，服饰和船只都极具装饰性，具有丰富的色彩。如果说这里有更多传统的、非正式的，或许资产阶级城市表现出的强烈元素，那么通过更仔细的观察可以发现占据这一空间的那些人物的演戏式的姿态和优雅的自我意识——这些在其他理想城市画作中所表现出的特点。其中即使贡多拉的船夫都是高度模式化的，穿着奢华，一点也不像劳作在一个活跃城市中的运输工。在这些拥挤和虔诚事件的背后，是国家权威和社会秩序的体现。

之后，个体守护神和表现出严格地位序列的学校主要成员，被从城市生活事件中移除，转而颂扬宗教奇观。绘画结构和景观中出现的人物都具有一种更典型的文艺复兴特点。人们长期普遍认为许多人文主义思想和文艺复兴绘画的特点在威尼斯的发展较晚。其原因可能与威尼斯贵族持续的商业参与、共和主义和虔诚的宗教实践有关。宗教机构一直稳固地掌控在国家手中，使得多位教皇感到沮丧，"传统的宗教信仰在起作用，荒谬地纵容了商业和政治上的残酷，但没有理由丢弃那些起作用的力量"（Bouwsma，1968，p.72）。

16世纪的威尼斯：城镇风貌与景观

在之后几年，康布雷（Cambrai）危机、君士坦丁堡被土耳其人占领、葡萄牙和西班牙大西洋贸易航线的开通带来的现实和感知上的动荡，使得威尼斯统治阶级的态度发生了明显的转变。虽然城市从战争破坏中很快得以复苏，香料贸易的利润

113 至该世纪末为止并未发生下滑，但威尼斯的海上商业地位却不断衰弱。国际收支平衡发生赤字，公共债务增加，至该世纪末，通货膨胀、银行倒闭和土耳其对地中海东部的渗透相结合，引发了真正的经济危机（Lane，1973）。但在此很久之前，创新的衰退（例如在海洋技术方面）、对高风险长途贸易投资意愿的降低就在贵族中引发了明显的不安。这一投资变化的另一面是流向土地的资本增多，无论是在本土的城市房地产还是农业庄园。16世纪的威尼斯是租金经济的说法虽然不能定论（Woolf，1968），但对于威尼斯人自身，从记者和政治评论家的评论中可以看出，这一方向的趋势似乎相当明显（尽管中间也曾出现过短暂的制造业繁荣）。威尼斯贵族对地位和等级的自我意识越来越强烈，他们采用拉丁化的名字，长时间地享受乡居假日，沉迷于对古典人文主义和对新柏拉图（Neoplatonic）文献的热情。这些转变在更理想化的城市场景——对土地的态度中，以及在乡村变化的社会和经济关系中表现得更为明显。

城镇景观中的建筑干预

巴尔巴里的地图成为之后许多威尼斯鸟瞰图的模型。它们越来越一致地把城市作为一种视觉统一体的表现——一种景观，并揭示出将现实城市变形为理想城市符号的意愿——这些地图比巴尔巴里的地图更关系密切地对应于理想城市的第二代以及更正式的规划，其中许多规划都出版于威尼斯。在这些地图中海岸线更多地被修改为圆形，城市地区与线性模式相比被压缩得更为紧凑，在某些情况下圆形地图会因聚焦于城市中心——圣马可广场而被正交分割。拉穆西奥（G. B. Ramusio），这类地图的绘制者，发布了对新世界中新发现城市的极富想象的理想规划，其中值得瞩目的有奥雪来嘉和墨西哥城。两者都表现为对称的、集中式的理想城市，被隔绝在一片水域之中。在具有潜在完美性的新大陆上发现与威尼斯相同的形象，进一步加强了对威尼斯神圣完美的信念（Cosgrove，1982a）。

或许 16 世纪将威尼斯作为理想城市描述中最引人注目的是由艾维斯·科纳罗（Alvise Cornaro）为提高城市防御提出的一系列建议。科纳罗是一位出身于威尼斯最具声望家族中的人文主义领袖。他在帕多瓦庄园的凉廊是最早建于威尼斯本土的纯古典维特鲁威建筑，他还密切参与了新组建的国家土地复垦和水资源保护机构（分别为 the *Provveditore ai beni inculti* 和 the *Provveditore alle acque*）。在1565年他提出在威尼斯周边修建完整的带堡垒的圆形城墙，并将大面积潟湖排水以种植城市所需粮食的计划。他的计划是工程技术、国家干预和人文主义理想相结合的完美例证。对自然的实际控制产生出完美的几何形式——是宇宙规则的现实体现，并因此证实了其有效性以及与世上事物的相关性。科纳罗的计划仍是一种纸上的景观。但在1480年至1580年的一个世纪间，威尼斯的理想城市象征通过一系列建筑计划，在庄严的建筑词汇中得以实现。它主要聚焦于巴尔巴里地图中所强调的三个节点：圣马可、阿尔托和阿森纳。在建设中，雅各布·桑索维诺和安德烈亚·帕拉第奥（Andrea Palladio）深度借鉴了古罗马的宏伟建筑（Tafuri，1980；Howard，1980）。

在威尼斯的行政中心（参照图 4.2），围绕着圣马可广场

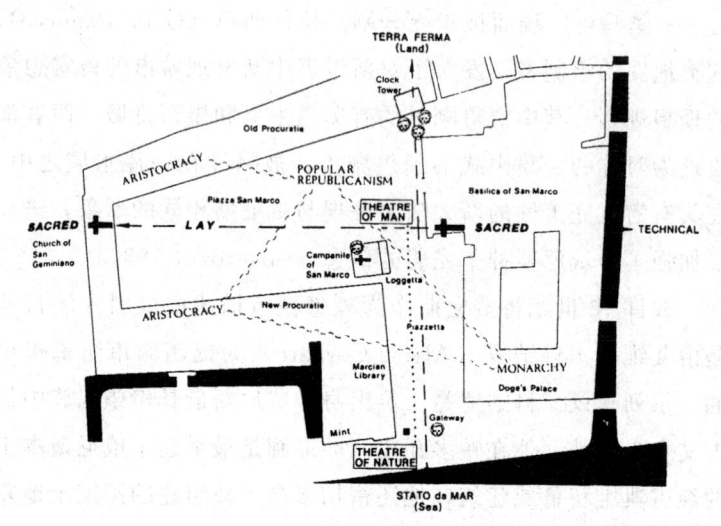

图 4.2 圣马可广场的结构符号(经许可转自 *The Journal of Historical Geography*, Vol. 8, No. 2, p. 150. Copyright: Academic Press Inc. (London) Ltd)

巨大的开放空间以及面朝潟湖同样让人印象深刻的小广场,聚集着各种政府建筑。在广场的最前方是圣马可教堂,收藏着威尼斯意象的根基——《福音书》作者的遗迹。作为其象征的翼狮伫立于小广场入口的立柱上,并出现在广场的各个部分。圣马可并不是威尼斯的总教堂,主教居于阿森纳之外的城市边缘一座不知名的教堂。圣马可大教堂是总督的私人教堂,有着自己特有的适于作为国家象征的仪式和礼仪。与教堂连接在一起的建筑是君主的居所——总督府。在 1483 年增加了一个经典的侧楼,但主体正面在 1577 年的大火后进行了重建,当时曾有一些贵族领袖强烈要求按照古典路线对整体建筑进行完全重建。这两种思路都存在于中心区的人文主义构成中,但主要是在城市官方建筑师雅各布·桑索维诺的规划下,16世纪整个建筑群与空间的氛围转化为对罗马广场的重现。沿着主广场的南北两侧,于1513年和1590年修建的立柱长廊为中间的开放空间提供了有力的古典线条,是为代表贵族的行政官邸大楼（procuratie）而建。之间规整的广场空间代表着讨论场所、颂扬共和美德的露天剧场,以及展现城市最庄严仪式的地方。与另外两组建筑群一起构成了一个统一的整体。修建于1496年的钟塔（orologio）位于通往里阿尔托市的主要商业街——默瑟里亚（merceria）的入口,在圣马克翼狮的威仪下掌控着公共时间。其简单的矩形几何结构也有助于对公共空间的掌控,并提供了一种视觉上的支点,将视线引向威尼斯的入口——开放的潟湖水域。这条轴线是由大教堂前的立杆和水边的两个立柱而定。为完成这条轴线通过的第二个开放空间,圣索维诺为圣马可的独立**钟楼**设计了一个凉廊（大议会成员非正式的聚会场所）,还设计了面对总督府的马尔奇安图书馆以及与其相连的造币厂。通过这些措施以及对这一地区各种杂乱摊位和其他临时建筑的清除,圣索维诺创建出两个连续空间,相交于教堂之前,将所有的建筑统一在一个单一视觉的、象征性的单元中——被我们今天视为一种城市设计的杰作。

圣马可盆地中的潟湖水域成为城市景观设计中不可缺少的部分。安德烈亚·帕拉第奥设计的坐落在圣乔治马焦雷的教堂,占据了整个开阔水域中一个具有战略意义的岛屿,将其变成一处波光粼粼的城市拓展空间。在16世纪作为漂浮的世界剧院（teatri del mondo）,其圆形的建筑将人文主义的宇宙幻想表现在三维空间之中，对其意义进行过积极地挖掘。这些均是贵族如路易吉·科纳罗和丹尼尔·巴巴罗等为舞台戏剧而设计的布景。将这种宇宙和谐的智慧表现于"自然剧场"——对潟湖的一种称呼，揭示了人类理智与自然秩序创造的统一。圣马可广场的构成原则是在城市中心表现出威尼斯共和典范的具体视觉象征，其以人文主义理论为基础，以罗马帝国式建筑为表现，通过各类政府机构而得以实现。对城市空间的公共干预由参议院及其委员会授权，尽管对古典主义的利弊经常会有激烈争论，但对圣马可城镇景观的象征含义及意义却存在着广泛的共识（Tafuri, 1980）。

　　阿尔托是威尼斯的商业中心，是市场、仓库和金融机构的所在地，是其城市繁荣的基础。如果依据塔夫里（Tafuri, 1980）所述，圣马可是智慧和辩论之地，阿尔托则是功能聚集之所。在1514年的火灾后，人文主义贵族支持理想城市理论家如弗拉·焦孔多（Fra Giocondo）以及后来的帕拉第奥的规划方案——依照古典空间的几何线条来重建市场。规则的开放空间和格状街道两旁的托斯卡纳凉廊，本可以使阿尔托成为理想城市规划中的第二个街区。但就像1666年大火后对土地的商业需求以及复杂的所有权使得克里斯托弗·雷恩（Christopher Wre）和约翰·伊夫林（John Evelyn）重建伦敦的计划受阻一样，人文主义建筑师的宏伟计划被阿尔托要照常维持营业的需求所阻碍，一种更适合于商业的更为零散的方案获得了通过，从而使阿尔托保持了其中世纪的形态。桑索维诺设计的新工厂（*fabbriche nuove*）——阿尔托中央市场仓库——是一种由私人资本而非国家出资的联合风险投资项目。其设计简洁，没有采用厚重宏伟的装饰，这使得它区别于圣马可的形象及所具有的象征意义。在这里没有采用正式的古典方案暗示了威尼斯16世纪中期所显现的学习和管理，与贸易、商业和工业等次要专业间的地位差异。

另一方面，阿森纳无疑是技术之地、火神之所。这是一个巨大而复杂的造船和修理厂、军械车间，以及绳索和帆篷的工厂。其工人由国家付薪和安置，是威尼斯军事安全的保证。直到15世纪末，阿森纳一直可通过运河和周边途径与外界相连，与其说它是一个独立地区，不如说是城市的一个专业功能区。但1539年在参议院的命令下，阿森纳被一道10英尺的高墙包围，只留下一条古典的、精心装饰的通道。塔夫里（Tafuri）认为这不仅仅是一种安全措施，更是一种将粗夷的机械工艺隐藏于高雅目光之外的方法。而依据阿尔伯蒂对城市军事管制的论述，我们也不能忽视这种隐藏的作为国家威吓手段的技术力量的影响。

这些16世纪对威尼斯市容的各种干预还包括一些私人项目。沿着大运河而建的文艺复兴时期的巨大宫殿、朱代卡及周边岛屿上的别墅和花园，都揭示了对黄金地段的占用，以及城市空间的很大一部分已成为富有贵族家族——格瑞提、康达里尼、洛雷登及其他家族的展示空间（Howard，1980）。和公共建筑一样，在这些建筑中也有着对土地投资价值的敏锐判断。16世纪威尼斯整体的建筑环境是把城市作为一种视觉整体，是一种反映社会和政治完美愿望的景观。威尼斯**即是**一个理想城市，是古罗马的合法继承人，有着优越的历史，因此不需要从理论上彻底重构城市空间。将新维特鲁威（Neo-Vitruvian）

建筑融合到现有的城市形态中,仅仅证实了人文主义历史家的著作和公共仪式中那些详熟和颂扬的事情。

威尼斯与本土:土地与景观

提出沿理想城市的思路,对威尼斯城市空间进行大范围改造的计划,与那些比较保守的旧贵族家系相关,例如隆吉家族。文艺复兴时期他们在威尼斯的政治观点与科蒂、乔瓦尼家族相对立——这些新近成立的小家族担心公共政策掌握在小型秘密的十人议会(Council of Ten)手中,会对威尼斯的共和自由带来威胁(Finlay, 1980)。这些新近成立的小家族呼吁恢复更为开放的政府,并恢复城市对商业和海上贸易的支持。他们的主要担忧之一是在威尼斯本土,投资转移到了土地。前面提到的他们的两位对手,路易吉·科纳罗和丹尼尔·巴巴罗分别在帕多瓦诺和特雷维索拥有大量的房地产。这些拥有大量土地的贵族是主张通过引流和复垦在陆地版图扩展国家利益的积极辩护者。在这一时期,土地利益、政治上的保守主义和人文主义思想之间有着密切联系,虽然在政治改革和城市形态的斗争中,乔瓦尼家族似乎占据了优势,但他们却未能改变威尼斯向土地投资的大趋势。在威尼斯的陆地版图上,现有1400座别墅被列为古迹,其中14座建于14世纪,84座建于15世纪,整整250座建于16世纪。威尼斯的土地投资并非始于康布雷危机(the Cambrai crisis)之后,而是已经存在了很长一段时期,而后受到刺激——例如15世纪早期,在被强夺之后,出售了之前的斯卡利杰和凯勒雷斯。但威尼斯在之后的一个世纪获得了新的动力，被一些历史学家作为威尼斯经济从以商业为基础到以租金为基础的根本性转变的证据（Pullen, ed., 1968）。但这一证据却是不确凿的，即使是在15世纪20年代，威尼斯本土已提供了近30%的国家收入，而且这一比例直到17世纪初期都没有明显增加。直到16世纪末期，海上贸易投资水平都没有明显的降低，而且16世纪国家对土地投资比例在总开支中仍然维持着较低的比率，但公众对土地改良的兴致却在不断增加。

在1558年设置了国家办事处以监督荒地开垦、灌溉和排水，在1574年设置了类似的办事处以统筹公共土地开发。在1550年至1650年间，在威尼斯本土有20万块土地被开垦为农业用地。但我们依旧认为这是一个从仍然强劲的商业资本主义向不断增长的土地和财产投资的经济转型，而不是为了确保货物生产，直接向制造业基地的转型。除了短暂繁荣的羊毛生产和丝绸、玻璃等成熟奢侈品的制造，工业不是威尼斯资本所偏好的方向。

土地投资，无论是公共的排水、填海或水力调控形式，还是私人的庄园种植形式，都对应于一些因素。收购、销售教会的以及公共的土地有助于为迅速增长的公共债务提供资金，却牺牲了教会和乡村的农民。面对土耳其对传统东地中海粮仓的威胁，谷物的自给自足成为一个超过10万人口城市政策的关键因素，而新开垦的庄园可以增加税收。通过农牧业相关著作的出版和广泛传播，贯穿整个16世纪，威尼斯都表现出明显的农业意识。例如艾维斯·科纳罗在《有节制的生活》（*La Vita Sobria*）中，将农业易获取收入和优雅的生活方式与高风险收益和有个人安危的海运贸易相对比，对"神圣的农业"高唱赞歌。他的写作风格是自我放纵和贵族式的，只表现出对秀美景观的欣赏，而完全没有感觉到其中的剥削和控制：

> 我的居所在帕多瓦……有着为夏季和冬季修建的各类建筑，还有潺潺溪流穿过花园。春天会去我在尤根尼山峦最美的地方修建的居所，在那儿住一段时间，那里有喷泉、花园和舒适的家；在那里我还可以做一些适合我年龄的轻松愉悦的活动，如狩猎等（Cornaro，1935，p.47）。

如果土地持有是一种投资，那么它带来了一种贵族式的态度以及对劳作的鄙视，特别是对农民——他们的土地被贵族地主以债务租赁（debt leasing）的方式征用——所付出的劳作的鄙视。在所有关于良好农牧业的讨论中几乎都没有农业改良——轮作、种子改良、育种等新技术——的证据（Sartori，1981）。地主收入的增加来自对农民更加严酷的剥削，通过更为严厉的租赁合约，引入玉米等更便宜的农民口粮，因为小麦和水稻的种植是为了供给城市市场。"神圣农业"的思想强调的是乡居假日的乐趣而不是地主对土地及其工人的责任。

乡居假日的传统在威尼斯由来已久，特别是在人口密度较低的潟湖岛屿。巴尔巴里的地图显示出在城市南部的朱代卡有大量的休闲之地（delizie）、别墅和花园。这些是夏天的避暑之地，在这里贵族们经常与他们资助的人文学者及艺术家们进行对话。在15世纪的最后几十年，在这样的氛围中发展出一种浓厚的贵族和宫廷文化。它成为了布伦塔和威尼斯本土富有的贵族们别墅生活的典范。例如皮埃特罗·本博在1476年将他的岛屿别墅描述为有着各种装潢和绿色装饰的天然剧场。通过房屋的门廊和凉廊，有一条主要通道，通道两边围有树篱，侧面是有序的葡萄园和果树，通道通向浓密的树林，灌木丛中隐藏着楼阁。其用意是使一种物体的边界消失在另一种之中，从而暗示文化融入自然的不可见通道。不像佛罗伦萨的那些有着几何形状的正式花圃，威内托大区的别墅花园强调较为随意的过渡。但正如里奥奈洛·普皮（Lionello Puppi，1974，p.87）所言，"倾向和日常生活的逻辑、世俗的牵绊与激情分离——这些是属于城市的。宁静的冥想、高雅的智力活动需要一个隔离开的庇护所，才能达到幸福、宁静的自然状态"。

这种别墅文化所青睐的媒介是诗歌（poesia）。从彼特拉克、维吉尔和柏拉图那里汲取灵感，伴有音乐的抒情诗，成为了以皮埃特罗·本博为首的一批年轻贵族间的时尚。本博与佛罗伦萨学院及它的新柏拉图（Neoplatonic）哲学——博学、理想主义和大量的符号象征——有着密切的联系。本博与其同阶层的人一起，包括阿尔丁出版社的创始人阿尔多·毛里齐奥（Aldo Maurizio），于1500年创建了新学院（Neakademia）来研究希腊文献。但他的诗歌是优雅的托斯卡纳语，以彼特拉克和博卡乔（Boccaccio）为典范——本博认为他们发展出的纯正的意大利语，适合于高雅的抒情诗。其作品的背景是别墅花园，一个惬意和令人满足的地方，可以在最小的农业干预下使人们得到满足的友好、顺和的自然。诗歌《阿索罗的人们》（Gli Asolani，1505）的背景设置在阿索罗宫廷花园，阿尔卑斯山脚下特雷维索北部的一个小镇，流亡的塞浦路斯女王——卡特琳娜·科纳罗的宫廷。这里孜孜不倦追求的是精致造作的宫廷生活和礼仪。本博的诗歌展现出理想的爱情对白。诗人通过完全的自我牺牲来赞美他的女神，为她的纯洁和美丽甘愿牺牲自己，从而表现出一种可以激励一切的神圣的爱，将人类纳入神圣秩序的和谐之中。其语言、姿态和动作都是高度模式化的，保持着一种被认为适合真正贵族精神的社会乌托邦形象。

这种状态只有那些愿意且能够把自己整个生命都献于它的人们才能够达到。神圣和完全包容的爱与庸俗的爱——感性的、异常的、非理性的动物和凡人的爱情——不同，这种对比在提香的《神圣与世俗之爱》（Sacred and Profane Love）中表现得非常明确，两个维纳斯对坐于截然不同的背景之前，一个穿着衣服，一个裸体。这种社会影响在当时是相当鲜明的，有些人甚至进一步对爱进行分层定义，每一种适合于一个特定的阶层。而完美的爱只有最高的社会群体才能实现。所以并不奇怪本博后来会与乌尔比诺宫廷联系在一起。郎世宁在1528年发布的优雅贵族礼仪以及宫廷应完全臣服于君主意愿的权威手册的背景正是乌尔比诺宫廷。柏拉图主义和彼特拉克主义（Petrarchian）文献中的崇高理想背后，隐藏着尖锐的阶级意识，以及与阿尔伯蒂早期人文主义中一样强烈的与权力和权威的联系。

本博典雅派的新柏拉图人文主义，与带有强烈的公民和资产阶级精神的早期人文主义相比，较少强调宇宙和谐的理性、均衡和数学基础。纯爱带来的神圣和谐，更多的是一种个人感觉或经验，将其与自然及其他事物融为一体。

像所有的乌托邦一样，《阿索罗的人们》创造的是环境也是社会。自然充满了爱，和谐的音乐飘过凉廊，一直飘散到绿色的草场和林中空地。这样的环境在 1502 年威尼斯出版的圣纳扎罗（Sanazzaro）的《世外桃源》（Arcadia）中得到完美体现。让人们想起维吉尔舒适的田园世界，青春、永恒、沐浴在金色阳光下象征爱情的翠绿草坪。圣纳扎罗敏锐地意识到在创造世外桃源般的生活环境中景观元素的重要性。

> 没有人怀疑一座绿植环绕、从自然的岩石中喷涌而出的喷泉，会比其他那些由白色大理石制成、镶嵌着璀璨黄金的艺术品喷泉，更让人赏心悦目（引自 Burke，1974a，p.156）。

所有事物中的美，与其如佛罗伦萨人认为的那样，是规则和几何比例的作用，不如说是来自一种神圣完美的优美和高雅（grazia）。作为乌托邦，世外桃源的形象否定了真实的历史，并掩盖了形成历史的真实社会关系，是对逝去的黄金时代的一种做作的怀旧。在 1499 年阿尔丁出版社出版的卓越的文学和建筑幻想作品《寻爱绮梦》（The Hypnerotomachia Polifili）里，恋人们梦的背景是古典建筑的废墟，其作者科隆纳（Colonna）"以一种真实的感觉描述出它们的衰败，使它们成为在时间流逝中，反映人类生命和爱情脆弱的缘由"（Blunt，1973，p.42）。这是威尼斯统治阶级特有的虚幻世界，被他们作为比商人更优雅、精神上更优越的生活方式来推崇，但为了维持它的虚幻构成，必须要否定威尼斯农村现实的社会和经济关系。相比之下，在威尼斯教区的牧师（rettori）、威尼斯本土的管理者的报告中，这样的现实却表现得非常清晰。农民被剥夺了他们传统的公共权利，土地被贵族地主通过债务控制，他们的住房、饮食和健康都日渐受到损害（Tagliaferri，1981）。

　　本博想象的世界通过威尼斯艺术家乔瓦尼·贝利尼、乔尔乔内、提香和保罗·委罗内塞（Paolo Veronese）等的绘画在视觉上得以展现。他们率先在绘画中捕捉到文学里世外桃源的氛围，他们的作品是欧洲传统风景画的发源，其对风景画感知和绘画方式的影响从克洛德·洛兰一直到18世纪的英国和19世纪的美国。正是他们赋予了威尼斯在意大利传统中的特殊意义，其中一部分通过对绘画技艺的开发（混合颜色、使用光影来表现表面和深度，协调氛围）表现出来。然而如果像克拉克（Clark，1956，p.37）所说的那样，"若没有最卓越的风景画家之一、天才贝利尼的出现，威尼斯人不会在风景画上有这样出色的表现"，则忽略了贝利尼技艺应用时的文学、哲学、社会和经济环境。虽然贝利尼最出名的也许是他的宗教题材绘画，特别是在洒满柔光的风景中光辉四射的圣母，因各种精细描绘的植物、动物、鸟类和地形地貌而别具一格。这些绘画的虔诚感看上去既表现出传统的宗教情感，也表现出同样浓厚的新柏拉图主义爱的理念。贝利尼富有寓意的绘画揭示出他对新柏拉图主义的热情，他的一幅作品是本博一位密友性感的裸体画像，背景是威尼斯本土翠绿的风景。他在1514年为费拉拉公爵绘制完成了一幅《酒神祭》（Bacchanal），后来由提香修改，添加了半人半兽的萨特、牧羊神之笛和醉酒的年轻贵族，对宴会中半裸的女子，不再只是多情的挑逗（见绘板3）。

　　贝利尼开创了表现威尼斯本土乡村风景的一系列技艺，摒弃了佛罗伦萨视角所施加的传统高位优势点和线性结构的画像

绘板 3. 乔凡尼·贝利尼：《诸神的盛宴》（National Gallery of Art, Washington, Widener Collection）

空间。地面视角允许大面积的天空出现，提供了可以照亮整个画面的强烈光源。人物形象多为正面或有着鲜明的轮廓，在宁静的风景中休息。景观是一系列不同亮度和阴影构成的和缓起伏的圆状山丘。远方是阿尔卑斯的山脉线。不同色调从整个画面和水平方向带来强烈的进深感，强调了人的感觉与自然世界之间宁静的融合。静止的空间和强烈的光线是呈现美丽和圣洁的技术手段，等同于绘画中的优美、高雅（grazia）——很难以书面规则呈现的万物之美，只能从神圣的爱中表现出来。特纳（Turner，1963，p.60）醉心于这些技巧的完美应用，称在贝利尼的绘画中"圣迹被设置于日常生活，在那些几乎被忽略的场景中"。实际上它们是远远离开日常生活的景观，只是一种想象中的和谐，没有粗俗的佃农或自由佃农在努力支付他们的地租，也没有艰苦的工作打破人与自然的和谐平静。也许偶尔会有牧羊或牧牛人出现在远处，毫不引人注目地融合在金色的光辉之中，但贝利尼人文世界的生命力是想象的神圣之爱，远离了生产性农业生活的的残酷事实，只是满足了贵族们作为城市资产阶级在农村庄园享受放松生活的理想。

　　贝利尼的学生乔尔乔内，与本博的文学世界和阿索罗宫廷有着更加直接的关系。他的作品实现了情绪与自然更加微妙的融合。无论是人物还是景观都充满着一种梦幻般的质感，暗示了神圣之爱的真实体现。著名的《暴风雨》（*Tempesta*）描绘出一位哺乳的女性，一位衣着华丽的牧羊人或是士兵看向她。在他们之间和背后是林木环绕的复杂景观，怪异的闪电照亮木桥远方威尼斯本土城镇的轮廓。古典式废墟成就了神秘的场景。这幅画中让人无法释怀的情绪，以及其不为人知的主题，使它成为了威尼斯最神秘的风景画之一。X光显示士兵站立的地方最初是一个在溪水中裸浴的仙女。哺乳的妇人几乎半裸，没有装扮成令人信服的吉卜赛人，这一证据支持了这个场景取自希腊古典故事中的婴儿帕里斯（Paris，帕里斯曾被牧羊人的妻子哺乳）的论断，是一个适合于田园绘画的主题（Wilde，1981）。但超越古典叙事，这幅画的意义在于它唤起人类情感与自然世界表现、行动之间一种完全对应的情绪，是一种绘画的诗歌（*poesia*）。乔尔乔内的《三哲人》（*Three Philosophers*）和《三圣贤来朝》（*The Adoration of the Magi*）也是同样的，丰富的具有生机的背景和神圣事件一样，都是表现主题的重要部分。一位哲人梦幻般地凝望着一株无花果树，探究着耶稣基督降临时自然世界的征兆。《沉睡的维纳斯》（*The Sleeping Venus*）——其中的景观部分由提香完成——堪称为一首纯粹的诗歌：古典神圣之美的形象悄然躺卧在美景之中，除了观画者无人知晓。景观是被精心打理的，却没有一点人类劳动的干扰，除了可能对砍倒树木已然发芽的新生命挽歌的象征。通过将人物的情绪与景观相结合，乔尔乔内和提香直接应和了年轻贵族的心意。他们中的许多人已经开始依靠租金，而不是商业生活，他们中的一些人后来成为安德烈亚·帕拉第奥的赞助人。安德烈亚·帕拉第奥是一位建筑师，他比任何人都成功地将威尼斯人的理想景观实现在他为威尼斯本土别墅所做的设计中。

有一位 16 世纪威尼斯画派的画家却与众不同。雅格布·巴萨诺被伯纳德·贝伦森（Bernard Berenson，1956，p.32）称为"第一位按照乡村实际绘画的意大利人"，没有雄伟、有力的线条，也没有借鉴维吉尔的诗歌。巴萨诺的对象是在他居住的特雷维索北部山麓小镇周边乡村生活的人们。其主题往往是宗教类型的，其中人的参与具有一种感性的情绪。例如在他的《天使向牧羊人报喜》（*Annunciation to the Shepherds*，见绘板 4）中年轻的牧羊人，与之后卡拉瓦乔的塞维利的顽童颇为相似。但其所绘的景观缺乏贝利尼和提香那种严谨的结构，也缺少他们那样的光彩。他的绘画具有一种黑暗、沉思的情绪和令人不安的行为造成的风格主义（mannerist）特征，通过与叙事主题没有联系的忧郁或冷漠的个体行动突显出来。在他的《乡村景象》（Rustic Scene）中一位播种人从一群明亮的挤奶女工身后通过，其尖锐、黑色的形状与阴暗的背景融合在一起。《基督在以马忤斯》（Christ at Emmaus）中的背景是一个客栈，位于一旁的店主明显以一种毫不关心的目光看着耶稣和他的门徒，看上去更关心账单或是为下一位客人清理出桌子，而不是此刻发生的神圣事件。巴萨诺的这种略带颠覆性的风景画是不同寻常的，他是为威尼斯市场作画的商业画家而不是为贵族赞助人作画——这或许可以解释他与其他画家在流派风格上的不同。显然他和像莫兰德（Moreland）、库尔贝（Courbet）和梵高（van Gogh）一样的画家一起，以不同寻常的真实和深度来观察思考农村的生活状况。

帕拉第奥的景观

16世纪威尼斯陆地本土的农村状况越来越多地被城堡别墅所决定，城堡别墅既具有地产中心的作用，也作为一种崇尚、追求诗意的场所。诗歌和理想城市的抽象理论在16世纪人文主义中并不是相互排斥的。他们在安德烈亚·帕拉第奥的别墅设计中得以调和。帕拉第奥与一些有着庞大地产的威尼斯贵族关系密切，其中科纳罗（Cornaro）和巴巴罗（Barbaro）一直在威尼斯推广着理想城市思想。作为继桑索维诺之后的威尼斯官方建筑师，帕拉第奥给威尼斯城市景观增添了许多重要元素。圣·乔治·马吉奥莱教堂和雷登托雷二世教堂是他对城

4. 威尼斯、威尼托与16世纪景观　　*151*

绘板4. 雅格布·巴萨诺：《天使向牧羊人报喜》（National Gallery of Art, Washington, Samuel H. Kress Collection）

镇景观的重要增添。两座教堂都规划为可越过开阔水域从远处看到，两者也都被作为从地平线升起的重要的、庄严辉煌的地标建筑。它们的正面，正对着城市的中心，其华丽的聚焦作用使它们在本质上成为一座剧场——高度布景式的引人注目的装饰，更类似罗马的凯旋纪念碑而不是谦卑的基督徒们敬拜和感恩的地方。这些都向我们展示出威尼斯宣称的与古罗马的关系——帕拉第奥为迎接法国亨利二世在丽都设计的凯旋门所颂扬的主题。帕拉第奥亲自研究罗马遗址掌握了第一手资料，并绘制出巴巴罗对维特鲁威释义的图纸。鲁道夫·威特科尔（Rudolf Wittkower, 1962）证实了在威尼斯教堂设计中帕拉第奥使用了复杂的平衡比例，且熟知人文主义的宇宙理论和理想城市方案。事实上，帕拉第奥的早期声誉建立于城市，而非乡村建筑，因此他对城市景观的贡献是一个显而易见的可供研究的出发点，因为它表现出许多帕拉第奥后来在乡村别墅设计中的成就，以及其与农村景观的关系。

帕拉第奥是被詹·乔治·特里西诺（Gian Giorgio Trissino）"发现"的，在他于特里西诺的乡村别墅——位于威尼斯本土城市维琴察附近的克里科里的别墅——做石匠的时候。特里西诺是帕拉第奥的早期人文主义导师和赞助人。特里西诺是主宰维琴察社会和政治生活的一个小型贵族集团的主要成员（Ackerman, 1966）。他出席了16世纪早期佛罗伦萨学院的一系列会议，和皮埃特罗·本博一起，是精炼、纯化意大利语的支持者之一。更为广泛的意识形态方案的一部分，是将维琴察贵族重新界定为致力于人文主义理想的上层阶层，并将其成员的美德（*virtù*）作为其贵族品性（*nobiltà*）的一种职责。在16世纪中叶，通过克里科里他所开设的学院，特里西诺培养了许多维琴察年轻贵族，并将出身低微的帕拉第奥也纳入这一群体。其中的课程包括古典研究、意大利语、柏拉图哲学、数学、音乐、地理、历史和体育健身，是为地方统治阶级开设的全面的人文主义课程。其所灌输的贵族意识从这些学生之后的行为中可以明显看出。在 1567 年，与威尼斯本土的其他城市一样，维琴察的贵族议会也仿照威尼斯，封闭了其他任何可以进入其阶层的通路（Ventura，1964）。因此此后的成员是世袭的，也是不可剥夺的。公民和公民特权只属于那些在维琴察至少居住了 100 年的家族，并且至少上两代人与手工艺术没有任何关联。这些精英们对维琴察的内部事务具有专属的政治控制力。其成员的财富主要来自乡村土地，在那里他们成功地排除了威尼斯人的渗透。在精英群体内部是更小的一部分人掌控的核心委员会。共有 71 个家族控制了议会 73% 的选票，而其中仅仅 36 个家族就可以控制多数选票（52%）。这些家族的名字作为最大和最古老的地主阶层出现在维琴察的地图上，其中有巴尔巴拉尼、蒂内、达·波尔图、基耶里卡蒂、瓦尔马拉纳和特里西诺。

在威尼斯的政治主权下，维琴察的统治家族们被迫默许了维琴察作为地方辖区的状态。特里西诺的一位祖先曾在康布雷战争中率领一部分贵族将维琴察与帝国军队结盟，因此许多人仍对威尼斯统治持有怨恨。有记录表明，有农村地区反对维琴察贪婪的财政管理，上诉要求由威尼斯来直接统治；以及尽管首府反复尝试环绕都城建立永久性的防御工事，地方贵族总是可以通过拒绝提供相应的财政支援而轻松否决这些提案（Hale，1968）。这种寻求独立的贵族控制的愿望或许可以解释他们对一位本地培养的建筑师的热情接纳——无论是对城市中的市政建筑，还是私人宫殿的设计，以及这些建筑所采用的帝国风格。

154　社会形态与符号景观

绘板 5. 安德烈奥·帕拉第奥:《维琴察法理宫凉廊(大教堂)》

4. 威尼斯、威尼托与16世纪景观　*155*

　　1548年，由特里西诺的弟子组成的议会，投票决定接受还没有经验的设计师帕拉第奥提出的计划，依照古典路线重建位于维琴察中心的议会大楼的凉廊。帕拉第奥的提议是在与当时著名的北意大利建筑师的竞争中获得通过的，这些建筑师中有塞利奥、朱里奥·罗马诺（Giulio Romano）和圣米凯莱（Sanmichele）。帕拉第奥的建筑设计（并将大教堂命名为法理宫）是将城市建筑设置为剧场的一个完美案例（见绘板5）。它将一个位于空旷广场的孤立建筑修建成为对一系列视觉协调空间的控制要素。他设计了两组连续的拱门，一组凌驾于另一组之上，均由巨大的半身柱构成。这些半身柱将为凉廊提供结构性支撑的大立墩隐藏起来，并连同每个拱门的双柱，将巨大沉重的建筑结构转变为轻巧的装饰。原建筑是一种不规则的形状，现在修建了一系列精巧的空间设计、比例匀称的拱门、装饰线和飞檐将这些不规则隐藏起来。最终形成一座展示建筑明暗对比的杰作，立柱、半身柱使凹壁处的阴影和白色石料的反光更加突出。帕拉第奥的设计是对罗马建筑的一种不朽的解说，是从艺术和文化两方面使维琴察独立于威尼斯的积极宣言。

　　这个凉廊对维琴察中心部形态的影响也是显著的。依据凉廊的设计，周围的空间被分成三个不同的广场，一边对应一个。这使得广场之间具有视觉上的围栏效应，并通过古典威严的外观对其内部实施控制。其中最大的——在大教堂北侧的领主广场——展现出理想城市中广场的形象。它的尺寸符合城市理论家们对这样的广场所提出的宽度和高度要求，其周边亦环绕着适合于这样一个位置的建筑：议会会议厅、行政长官和军事领袖的宫殿、教区教堂和监狱。后来帕拉第奥在广场对面设计了第二组拱形凉廊，如果完成的话，会进一步加强维琴察中心与他在《建筑四书》中所描述的古典广场的对应。

  足够宽广的空间被保留在城市中……那里是人们可以聚集、散步、讨论和交易的场所；这些地方也承担着重要的装饰作用——在路的一头，可以看到一个宽敞、漂亮的空间，从中可以看到一些美丽的建筑（Palladio，1738，p.72）。

那些聚集在领主广场的人们——除非是属于建造这些建筑的统治集团——必然会有我们今天仍然能感受到的，被其建筑表现出的权力和权威淹没的感觉。帕拉第奥无疑取得了一个技术上的胜利，并对古典主义做出了全新的解释。同时他也成功地阐释了贵族们自负、傲慢的权力，甚至对威尼斯形成一种挑战。因为在威尼斯，总督府仍然保持着守旧的哥特风格。

同样让人感觉盛气凌人的建筑是1550年到1580年为维琴察贵族修建的私人宫殿。这些宫殿排列在市中心狭窄的街道上。它们的目的是吸引目光，使人们的思想适应于空间秩序、古典意象和建筑平衡中的人文主义符号。

  在这样的背景下，个人干预达到一种独特的统一，出现了赞助人——雇主这样的身份，同时也因为对这一期间视觉效果进行诠释的建筑师——帕拉第奥，将他们的宫殿和别墅中的均衡可视化，成为适合于绅士——血统高贵、具有特殊道德地位的公民或是具有极高尊严的人们——的理想世界（Zorzi，1964，p.14）。

这正是16世纪维琴察的宫殿所要传递的形象。但这与它

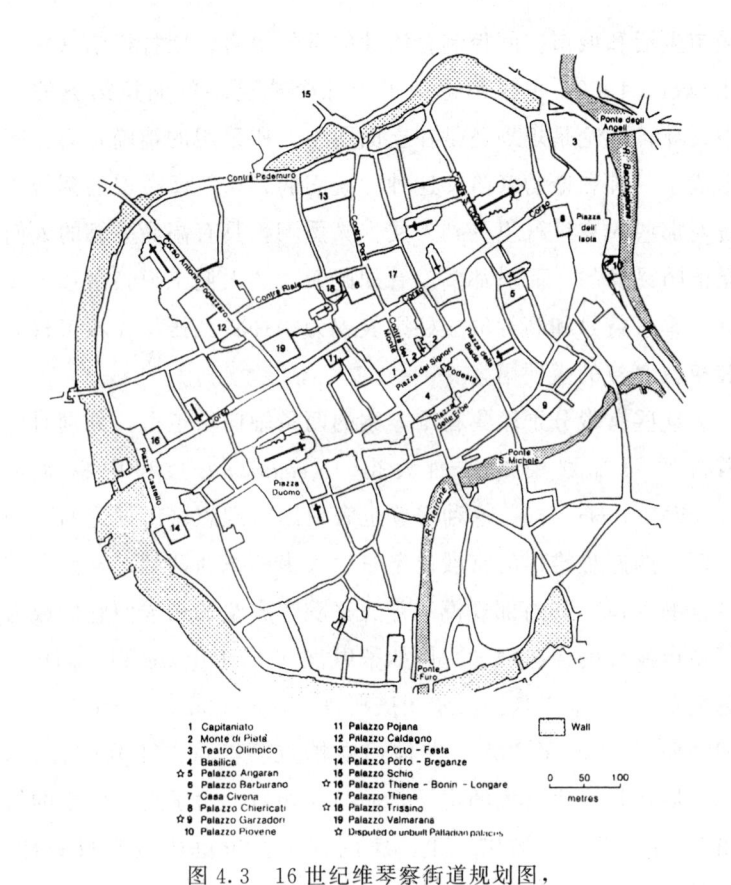

4. 威尼斯、威尼托与16世纪景观　*157*

图 4.3　16世纪维琴察街道规划图，
标示出安德烈亚·帕拉第奥设计的建筑位置

们主人的历史形象格格不入——那些好斗、无趣、不满却又极其富有的年轻贵族。1619年维琴察20个月中就报道了300起谋杀案，再加上许多贵族家族的个人仇杀，维琴察被视为16世纪威尼斯大陆的休斯敦。这些宫殿所表现出的是这一集团对城市生活和城市空间控制合法性的符号语言。威特科尔（Wittkower，1962）也详细记载了十几个或更多的帕拉第奥的宫殿设计，无论是规划还是在立面图中，所采用的精确几何比率形成了一种和谐的音阶。这种"凝固的音乐"所传递的渊博语言对那些在克里科里受到人文主义熏陶，具有高尚品德的人们是清晰易懂的。而对那些没有如此荣幸的人们来说，徽章、纹章、军事符号和高耸的立柱则表现为一种将其排斥在城市权力和权威之外的生硬语言。

这些宫殿分别聚集在维琴察的两条轴向街道上，分别对应着古罗马规划中的东西大街（decumanus）和中枢大街（cardo maximus）。这种安置也表现出对理想城市理论的一种实现。两座最雄伟的宫殿位于东西大街的东西两端，掌控着维琴察的入口。其内部规模和开放庭院旁齐整的构成使它们成为了城市设计的经典理念。例如蒂恩宫（the Palazzo Thiene）规划覆盖3800平方米，波尔图庆典宫（the Palazzo Porto-Festa）规划面积2100平方米。在描述中帕拉第奥认同于阿尔伯蒂，称"城市是一座巨大的房子，而与此相对，房子是一座小的城市"。在这些"小城市"里，家族首领在家庭中具有权威性，与其所属集团在城市中具有权威一样。

在奥林匹克剧院永久舞台的设计中，帕拉第奥和他在维琴察的赞助人明确表现出实现理想城市景观的观点。奥林匹克剧院是专为上演人文主义学院的戏剧作品而建造的。为促进在克里科里习得的理念和价值观，由维琴察贵族建立的人文主义学院，其宗旨是"所有科学，尤其是数学，才是所有事物以及高贵正直灵魂中真正的优雅"。奥林匹克剧院的舞台布景由街道组成，以夸张的透视随着与观众距离的增加而缩窄。其建筑是对罗马城市富有想象的华丽再现，有着巨大的立柱和大量雕塑。不难看出在这座剧院上演的崇高的悲剧与学院成员自我形象之间的距离是微小的。在这里可以再次看到透视法、剧院和城镇景观将视觉与意识形态及贵族的实际控制结合在一起。

与威尼斯不同，维琴察的贵族集团内没有反对古典人文主义贵族思想的团体。由于坚定地关闭了新进阶富人阶层掌握权力的通道（例如那些从繁荣的丝绸贸易中获取财富的家族），因此在维琴察可以享有完全的文化霸权。由于受到作为地方的级别限制，对于任何超越他们地方贵族身份表达的可能——例如传统的军事行动或宏大的公署——维琴察的统治阶级必然会觉得是一种极具吸引力的替代，特别是当这些建筑被一位当地建筑师如此具有创造性地表现出来时。更实际的是在食品价格快速上涨和通货膨胀时期，这些从地产创造的财富，在城市土地和建筑中发现了一个安全的避风港，虽然这些宏伟的建筑概念在实际中依据设计建设完成的数量有限。这也表明它们过于雄心勃勃，以至于资源耗尽或是其后代不愿再完成他们父辈的工程了。

在某些方面，维琴察的建筑不像在绘画与文学中已确立下来的非正式的、新柏拉图思想，而是一种保守的、正式的人文主义认知和对空间的线性透视。这部分可以由维琴察的地方性来解释。当然也归因于特里西诺以他的人文教育模式打下了坚实的基础，或者说他提供了一种贵族式接受智慧的方法。另一部分原因是把城市作为景观更容易按照固定的几何规则加以制约，比那些建立在农村地貌、用于休闲和享受优雅之美，而不是追求均衡的城堡别墅更容易约束。再次需要说明的是，帕拉第奥的个人作用也不能被忽视，他的借鉴直接来自罗马，且他是在现实中进行建设，而不仅仅是一种哲学倾向。不像科纳罗或本博，甚至他的朋友丹尼尔·巴巴罗，他需要做出可行的设计方案来维持自己的生计。但除此之外值得一提的是，作为一种代表罗马权威的诉求，维琴察以自身的符号模式挑战着威尼斯，因为以文艺复兴时期的思想方式来看，地位越高的人越会采用纯粹的古典主义。帕拉第奥在维琴察的作品可以看作一种从威尼斯争取自治的斗争，在其他任何更直接的挑战都不切实际的情况下，在文化方面发挥了它的作用。

帕拉第奥的乡间别墅

投资于维琴察城市宫殿的财富，产生于周围乡村的农业庄园。与威尼斯贵族一样，维琴察贵族每年也会在这些庄园别墅居住一段时间，一边监督管理一边享受乡间别墅的轻松生活。他们雇用了与修建他们城市宫殿相同的建筑师来设计这些乡村的休闲之所，这些帕拉第奥在威尼斯本土设计的别墅被后来的观察者视为威尼斯16世纪景观视觉的最高成就。

这里，景观和建筑第一次在西方建筑中融合在一起。在这里，房屋的主轴第一次一直延伸到自然中，或者说从外部观察的话，在视线的终点会看到房屋楼台像画卷一般展开（Pevsner, 1957, pp. 161-162）。

正如在《建筑四书》中对别墅的描述所揭示的，将建筑和景观融为一体是帕拉第奥设计中一个有意识的元素。它同样反映出房屋与周边农村地区的功能整合，因为帕拉第奥的别墅设计不仅仅是为了娱乐和放松修建的观景楼，这些建筑也充当着农业经营的管理中心。例如戈迪家族——维琴察寡头集团中最强大的家族之一——在城市中心有着宏伟的城市宫殿，在维琴察的三个地区拥有地产，这些资产在 16 世纪被不断地扩大和巩固。帕拉第奥为他们在城市北部阿尔卑斯山麓的卢戈设计了一座乡村别墅（见绘板 6）。在 1541 年，戈迪家族为报税记录了大约 178 块土地和大量的自由佃农以及农民们以自己的一两块土地为担保所欠下的债务（Cosgrove，1982b）。戈迪家族不停地购买、出售和交换土地，以修整大型、整合的地块，从而进行统一灌溉和改良，其目的或许是为了水稻栽培。

在他们 1541 年的报税中，戈迪家族将他们在卢戈的别墅描述为"公路旁的一座房屋，带 14 处果园，位于洛尼托山谷。价值 1600 个达克特金币……每块土地大约价值 22 个金币"。这一描述对建筑特征的提示很少，除了指出其具有极高的估值。帕拉第奥自己的描述则更为客观：

> 在维琴察的洛尼托的这处建筑，属于吉诺罗莫·德·戈迪先生。建于风景秀美的山丘，附近有一条河，可以作为鱼塘。为了使这个地方适于别墅使用，花费巨资开辟了地下室，之上是庭院和道路。中心建筑是主人及其家眷的居所。主人房间高于地面 13 英尺，并有吊顶；之后是粮仓，其下……是地下室，用于制造葡萄酒或作为厨房以及其他类似用途……（Palladio，1738，p.52）

136

162　社会形态与符号景观

137

绘板 6. 安德烈亚·帕拉第奥：《维琴察卢戈的支迪别墅》

戈迪别墅的时间可以追溯到 1542 年，是帕拉第奥最早的别墅设计，但它包含了之后所有共同元素的萌芽。帕拉第奥的别墅设计有一个中央居住区，后侧两方是两列柱廊，集合出农业经营必要的空间。这些柱廊表现出一种统一的外观，经常有一定的弧度，好像要拥抱它们所在的乡村一般。生活区在一楼的主厅（piano nobile），有着居高临下的视野，周边围有凉廊。戈迪别墅和许多其他别墅一样，其中花园紧挨着别墅设置在别墅的前方，由树木或雕像将视线从花园中的种植区引导至田野，协调着生产和娱乐空间。这是与诗歌媲美的建筑，他为丹尼尔·巴巴罗在马塞尔设计的别墅可能将之表现得最为完美。视觉错觉对景观实际控制的补充，被保罗·委罗内塞（Paul Veronese）绘于别墅内墙田园景色的视觉陷阱（trompe-d'oeil）进一步增强。普皮这样描述了别墅的设计意图（1972，pp. 107-108）：

  （其意图）是对这些地产发展和成果的个人控制，在整合自己住所和大幅度增长的服务的同时，他们明确地通过强烈的**视觉**鸿沟来强调他们所享有的特权差异。换句话说，乡村居所的构成倾向于将严格的阶级分化表现为可塑的、具体的形式，罗列出并美化贵族崇高的尊严……高于**机械的**、从属的、无价值的工人阶级。

别墅的**都市**风格强化了这一意识形态的作用。在外部和内部设计中，与他对维琴察宫殿和威尼斯教堂的设计一样，帕拉第奥采用了一贯的和谐均衡体系。和对城市一样，同样的人文主义认知权威也施加于乡村。罗通达别墅——所有别墅中功能最少的，也是之后帕拉第奥流派中最受推崇和最常被借鉴的设计——无疑是以几何比例作为设计的原则。这座建筑结合了两种基本的几何图形：立方体和圆形。对此帕拉第奥这样评价道："圆形和方形是最美丽、最规整的形式，其他均在此基准之上。"（Palladio，1738，p. 81）罗通达别墅的四个侧面完全对称，每一面有一列柱廊，顶部是一座圆顶（在帕拉第奥的图纸中是一个完美的半球）。圆顶的象征性是明确的。

> 它只由一个边界封闭起来，在之中既没有始点也没有终点，每一点都和其他点无法区分，每一点都有与其他点相同的特色，这些一起构成了整体形象；总之在所有部分中都可以找到终点，且至中心的距离相同。它非常适合于展示神的公正、均一和无限的精髓（Palladio，1738，p. 82）。

罗通达别墅似乎是一个纯粹的、中规中矩、受到规则约束的美的展示，一种抽象的几何学，远离了诗歌。实际上在对自己设计的描述中，帕拉第奥罕见地提供了一份书面声明，声明其有意识地将景观作为一种随意、不规则、易变的、带来视觉愉悦的源泉，即那些贝利尼或乔尔乔内在绘画中所捕捉到的感性认知。

> 这里是可以找到的最令人愉快的地方了；因为它是在一个小山坡上，交通便利，一边被巴基廖内河（Bacchiglione）灌溉……另一边由最令人愉悦的起伏环绕，使

它看上去像一座宏伟的剧院。土地都已开垦，盛产最上好的水果和葡萄酒。因此，它可以从每一个部分都享受到最美丽的景色，其中一些受到限制，另一些得到进一步的扩展，还有一些融于地平线中；在其四个侧面都设有凉廊（Palladio，1738，p.41）。

帕拉第奥的景观设计在梵佐罗的埃莫别墅达到了顶峰。埃莫别墅是为威尼斯贵族莱昂纳多·埃莫设计的。埃莫家族主要从事土地开垦、灌溉以及新作物的引进，例如玉米——一种提供给农民的廉价主食。这座帕拉第奥为他于16世纪60年代初期设计的别墅坐落在一个80英亩的巨大花园之中。其主居住楼阁的两旁分列带有11个拱门的拱廊，由宽阔的铺装坡道和台阶通向正门。由吉奥万·巴蒂斯塔·泽落蒂（Giovan Battista Zelotti）主持装修的内部装潢极为奢华，从处于高位的正门看到的景观，由排列的绿植一直引向肥沃的田野。同时这些绿植也可以有效屏蔽花园之外庄园工人的居所。

帕拉第奥设计的景观成功地将构成威尼斯贵族思想中对人类生活和景观认识的两种文化元素——理性的人文主义和贵族式田园诗歌——结合在一起。与其相关的透视法、概念和技术成为别墅建筑结构中的固有特性，也是决定其内部和外部特定视觉角度的基础。沐浴在金色神圣之爱光辉中的优雅的人类灵魂与自然之间和谐的、近乎神秘的相互作用，表现为建筑空间中纯粹的几何形状、田园装饰的墙壁，以及从窗户和凉廊可以看到的物产丰富却精心选择的农村场景。

透视法中对于空间理性而精确的秩序是一种个人主义的、

都市的，也是一种潜在的民主，在其中所有人原则上都是理性的。它出现于北意大利相对先进的商业资本主义城市的专业群体中。首先对这一概念进行阐述的早期人文主义是一种完全不同的文化——不同于欧洲其他国家的地主封建统治阶级构建其统治合法性的基础：例如普世的基督教教系、家族血统、头衔、战争和骑士精神。人文主义者向传统当权者的呼吁，给予其思想一种超越时间和特定阶级利益的普遍性。但随着意大利资本主义的摇摇欲坠，随着城市成为一个个小的专制君主的领土，随着外国军队粉碎了意大利寡头们的信心，随着资本以土地和资产作为最安全的投资，人文主义走向不同的结局。带有诗意倾向的、新柏拉图普世和谐的思想是保守的——对农村怀有偏见、怀旧、有学识和贵族化意识，起源于贵族的别墅花园以及城市君主的宫廷。其与早期的、更具有资产阶级特性的人文主义在认知上存在着一定连续性，对两者进行严格的区分是错误的。最好以伯克（Burke）的"偏差"体系来看待它们。然而随着时间的推移，人文主义越来越强调贵族、血统和优雅的感性。这在日益严格地把城镇景观作为理想城市的理论编撰中表现出来，正如我们在圣米凯莱或斯卡莫齐的作品中看到的那样。在这个国家中，这种思想随着对景观的热爱，以及优雅的、世外桃源的田园生活的设定而盛行。把世界看作景观，将景观修建成为一种与人以及自然关系的隐喻，是更为宽泛的意识形态的一部分。但无论是在威尼斯（在某种程度上执着于商业和共和传统），还是在维琴察（相比之下深陷第二次封建主义的社会关系），文艺复兴时期意大利的景观理念，在其应对社会权力/控制的变化和转移中可以得到最好的理解。无论是客观的或唯心的偏差在城市或农村实现，从感觉和认知两方面看，景观理念都保持着一种对视觉场景的占有，而不是一种对自然而丰富的人类生活的积极参与。

5. 四季与田园牧歌：英国和美国景观之基础

142　　知性人文主义和文艺复兴时期对古代的推崇，再加上意大利统治阶级文化中日益增强的贵族化特性，使景观思想具备了坚实的古典理论基础和参照。悠闲的人类生活和甘愿奉献的、富饶的自然之间的和谐，田园林地间乡村的朝气和纯真，作为道德和社会有序的地产象征的神圣农业所表现出的明媚景观，这些黄金时代的思想来自贺拉斯和维吉尔。神圣农业（*Santa Agricoltura*）是应对贸易减少、创业技能衰弱、外国势力支配，以及依照希腊和罗马文献模式进行改造的道德要求的一种实际反应。

　　中世纪欧洲的另一个巨大的经济核心区佛兰德斯，在16、17世纪则展现出另一种画面。这一地区在欧洲资本主义中比意大利更具有中心地位，其典型的景观表现也相应不同。事实上在佛兰德斯以及后来的荷兰，景观"理念"很难讲述，因为我们面对的不是像意大利文艺复兴时期的宇宙论那样统一、连贯的知识理论，而是一种对乡村和城市生活的现实表现——基于直接、仔细的观察——的现实描述，这使得其大部分都不具有理论，从15世纪末16世纪初的林堡（Limburg）兄弟的哥特式景观，到凡·雷斯达尔（van Ruysdael）、霍贝玛（Hobbema）的乡村全景，或17世纪的贝克海德（Berckheyde）

和范·德·海登（van der Heyden）的城镇景观。但与南部受古典影响不同，北部的景观具有一种明显的形象来源，即四季与劳动的表现。我在前面已明确指出我们在地球上未异化的生命基础如何与文化生产的主题保持一致。大自然的四季变化在欧洲的西北部尤为明显，每个季节都有其典型而不变的农业劳作——耕犁、耙地、播种、割草、收割、修剪——形成鲜明的由土地粮食生产的成败主导的文化结构。这是一项百分之九十的人都要参与的活动，且人们的世界观仍然保持着强烈的万物有灵论。这些可以从民间故事、中世纪教堂的石雕和木雕、彩色玻璃/木刻/诗篇的插图中被发现。由于缺乏南部那样强大的古典主义复兴，直到19世纪这一主题一直为北部景观提供了一种形象线索（Rosenthal, 1982）。

18、19世纪英国和美国的景观理念同时借鉴了以上双方的传统，将其纳入为日益发展的资本主义社会所需要的重要文化生产和复杂意识形态领域中。在研究这一过程之前，我们需要简要概述一下它们的直接起源。这也是本章的目的：进一步突出17世纪低地国家和意大利作为发源地，对之后18、19世纪盎格鲁-撒克逊景观理念的重要影响。

低地国家的景观

该地区在1400年从北海沿线，在敦刻尔克和安特卫普之间扩展内陆范围，南部和东部地区囊括城市布鲁日、根特、鲁贝和鲁汶，其贸易和制造业在规模和意义上可与北意大利相媲美，尤其是纺织品。其内部和外部商业链接的复杂性，以及丰富的文化生产也与北意大利不相上下。虽然其城市缺少意大利公社那样远离帝国统治的有条理的自治，但无论是从对市场和长途贸易的封建制约还是从行会势力，佛兰德斯城镇都享有一定的自由。事实上中世纪欧洲最集中的贸易联系以及空间相互作用正是发生在佛兰德斯和北意大利之间。这两个城市化地区所具有的财富和复杂性也不可避免地使它们容易受到邻近国家的掠夺，在近代都遭受到中央集权君主派出军队的破坏性攻击。

这些巨大、富有的佛兰德斯城市与其重要的市民阶级，无论在世俗中还是在宗教建筑中都展现出他们的财富和公民自豪感。在根特和布鲁日的市容中，宏大的哥特式纺织会馆、行会会馆和市政大厅都可与大教堂匹敌。在之后的阿姆斯特丹、乌得勒支和哈勒姆，市政大厅和广场是被倾注了大量的关注和热爱，充满公民自豪感的建筑。强调个人奉献和以工作实现救赎的新教（protestantism）会在低地国家被普遍接受也许并不奇怪，或许就像再洗礼派（anabaptism）以及其他激进加尔文主义（calvinist）在新独立的联合省中占据着主导地位一样，虽然在宗教的宽容度上反映出商业国家的实用主义。统治城市的市民阶级也资助艺术：挂毯、石木雕刻，以及从15世纪开始的油画、肖像画等新的技艺。事实上正是在佛兰德斯，油彩首先被使用。部分是由于油彩缓慢变干的特性，可以让佛兰德斯画家实现他们想展现的细致入微的细节。例如扬·凡·艾克和之后的彼得·勃鲁盖尔（Pieter Bruegel）的作品，延续了起源于手稿和哥特式窗饰线中对线条而非"块与面"的传统偏好。油画在一定程度上使自然主义成为可能，满足了世俗资产阶级表现可认知的、现实世界的愿望——安特卫普和阿姆斯特丹的商人们认知自己，并使其在物质上的成功转化为可以看到的有形的世界。

佛兰德斯城墙外的农村地带，在形式上是由贝里、布拉班特和佛兰德斯的封建领主保有，但实际上从中世纪后期被城市资本不断渗透，逐渐出现了新的更加市场化的农业，在黑死病之后的几十年中，逐步建立起资本主义租约，新的农业技术也不断地开发出来（Huggett，1975）。城市资本是大规模开垦和排水工程至关重要的资金来源——应对开拓斯凯尔特河口、沙丘后部的浸水土地以及沼泽所必需的工程。在这些开垦的土地上，首创出一些最早的现代农业技术——漂浮草地、作物轮作、种子钻孔及改良的牧草种植；这些在伦巴第也同时进行着，通过两个地区间紧密的贸易联系而相互促进。之后在17世纪的荷兰，城市商贸资本也以同样的进程改进了农业，建设出不朽的水利工程，为大量的低地排水，开拓出数千英亩富饶的土地，创造出堤坝、风车这样合理的景观模式，和进行着相似土地复垦工程的波河河谷以及威尼斯附近的潟湖相同。

15世纪后，城镇和乡村都可以在绘画中找到自己的镜像。在佛兰德斯与意大利一样，最初都是作为主流宗教题材的一种辅助元素。一个广为流行的早期技术是在主体绘画中通过一个窗口展示出另一个不同空间的景色。就像在罗伯特·康平（Robert Campin）的《圣母子》（*Virgin and Child*）中，我们可以通过一个窗口看到让人想起艺术家自己的布鲁日小镇景象，其中房屋轮廓分明，有着阶梯式的山墙和细致入微的开窗，街道上是从事日常生活的居民——在托运货物的马匹上，或在铺设屋顶，等等。遥远处是丘陵起伏的乡村，显然不是布鲁日郊区，但仍然描绘得细致入微。类似的细节描绘也出现在凡·艾克或杰勒德·大卫（Gerard David）作品的背景中。这些城镇风貌和自然景观与布鲁内莱斯基、皮耶罗·德拉·弗朗西斯卡或乌切洛开发出透视技术、创造理想城镇风貌是同一时期，却与意大利的表现截然不同。不是在画面里强行加入一种理论统一的空间，以达到单点透视结构的深度；而是提供了一种基于经验的小风景画面，可以通过墙上的一个窗口看到外部场景，不需要暴力破坏即可与主画面分离。这些风景看上去与我们实际在当代佛兰德斯城镇所看到的景致非常相似，虽然其精确的细节以及没有采用空中视角的技法，给人留下一种不真实的玩具城的印象。但在某种程度上，它们将观众融入一个活跃的世界，就像洛伦泽蒂的锡耶纳壁画使我们参入其中一样，虽然使观察物体与观察者之间产生距离和分离的窗口技巧是景观理念的一种特性。正是这种佛兰德斯城镇及景观的活跃的流派特征，将它们与文艺复兴时期意大利的理想化空间类型区分开来。由于这种自然主义，以及缺乏理论构成，佛兰德斯和荷兰画家的作品长期被认为劣于意大利画家。约书亚·雷诺兹爵士这样评价荷兰绘画：

> 它们的优点往往只在于对真实的表现，无论它们应得到怎样的赞美，无论它们给眼睛带来多少愉悦，它们对图像的描述都是低劣的。这种流派的作品只是针对眼睛；因此并不惊讶，这种专为应对一种感官满足开发的技法，应用到另一种感官时会不恰当（引自 Brown, 1972, p. 41）。

而今天，以我们对过去艺术品更加清醒的学术判断，这些作品无疑更具有吸引力。

乡村景色也开始出现在佛兰德斯画家的作品中。早在14世纪后期，林堡兄弟就以季节性劳动为主题来颂扬贝里公爵在其庄园中引入的宫廷和骑士世界。这些作品的细节表现得细致入微，很显然这些微型画完全可以被制成全尺寸的装饰画。在之后的15世纪，佛兰德斯画家利用同样的小窗技艺，将许多容易识别的景观融入他们的画作，有农庄、道路、田野和树篱，并采用季节性主题，以实现作品的真实性以及与熟悉的常规景象相结合的双重目的。随着时间的推移，小窗变成了更广阔的视野。15世纪后期的画家如希罗尼莫斯·博世（Hieronymous Bosch）和约阿希姆·帕提尼尔（Joachim Patinir）作品中的景观，结合了象征和荒诞的元素：将扭曲的地形、可怖的天空和邪恶的植被引入日常的农业劳动。两位画家在作品中都将圣杰罗姆置于不堪忍受的荒野，且景观都由两部分构成，一部分是观察入微的庭院元素，如农舍和动物；另一部分是令人不安的思索，显示出远远超越人类控制和秩序的自然（Bazarov，1981）。原来的小窗可能已经打开，整个绘画变成了一幅景观，但对基于写实的熟知的现实世界的参与，与地形、天空和植被的幻想所带来的距离之间的紧张氛围，表现出强烈的超自然性，而非自然世界。

然而，强调佛兰德斯景观的经验主义以及其缺乏古典、理论参考，并非是忽略它在16世纪的科学和知识进步的意义。正如佛罗伦萨人对托勒密网格坐标（the Ptolemaic grid co-ordinates）的发现和制定棋盘式理想城市的布鲁内莱斯基透视间的密切关联,我们可以观察到在之后一个世纪中佛兰德斯人在地图制作和景观艺术之间建立起的直接联系,以及勃鲁盖尔的全景绘画中所表现的更广泛的宇宙联系(Rees,1980)。

1533年,鲁汶的耶梅·德·弗里斯(Jemme de Fries)发表了三角数学可以用于地形调查和地图绘制的第一篇论文。他可以说是16世纪佛兰德斯传统地图制作中的一部分,从雅各布·范·德文特(Jacob van Deventer)一直到到杰拉德斯·墨卡托(Gerardus Mercator)和亚伯拉罕·奥特里斯(Abraham Ortelius),这一传统最终超越了鸟瞰式经验技术,推动了科学的地图绘制——实景图以及路线图,并挖掘出新的测绘科学以及数学的精确性,最终打破了制图和绘画之间的链接(Harvey,1980)。到17世纪,阿姆斯特丹取代威尼斯成为了欧洲的制图中心。这类工作的需求不仅来自航海家,也同样来自土地所有者,他们需要对其土地进行精确地测量,并记录在案,从而避免买卖时的纠纷,后者的需求与在土地市场没有诉求的封建土地所有者截然不同。最伟大的16世纪佛兰德斯地图制作家之一奥特里斯的世界地图集刊发于1570年。奥特里斯最亲密的友人之一是老彼得·勃鲁盖尔(Pieter Bruegel the Elder)——一位将佛兰德斯绘画的传统主题和技艺与哥白尼世界观以及新的制图方法相结合的风景画家。

彼得·勃鲁盖尔于1525年生于布雷达,后居住在布鲁塞尔,从许多方面来说都是一位传统式画家,几乎可以说是中世纪的,他迷恋拥挤的场景、怪异的风格及偶发事件。尽管经常在意大利旅行,但仍然拒绝采用经典的理想化结构。他的作品,尤其是他的风景画,无论版画还是雕刻,都广为流行,其买者多为商人、有技艺的工匠和富裕的农民。他打破偶像主义的世俗思想使其绘画不适合于教堂。其最具特色的景观是视野广阔的宏大全景，充满着日常的生活细节。在《伊卡洛斯的秋天》(*The Fall of Icarus*) 或《绞刑架下的舞蹈》(*The Magpie on the Gallows*) 中，

> 世界的丰富多彩都展现出来……艺术家的目光掌握着整体，他看到所有事物的同质性和独立性。他捕捉到这个世界的整体性，从而让我们洞察到宇宙系统自身的结构——因为它不可能从下往上识别，他使观者重温建设世界者的欢乐 (Rees, 1980, p.77)。

里斯认为勃鲁盖尔是自从托勒密以来第一次以艺术形式，为我们提供了墨卡托和奥特里斯世界地图中的设计：对哥白尼宇宙观的认知——从中世纪的、以地球为中心的、纵向组织和等级划分的世界观，转变为崭新的、水平的、以太阳为宇宙中心旋转的地球认知。观察者以全能的视角位于地球上方，掌握着无限延伸的景观，超越平原、海洋、港湾和岬角，直到它们消失在模糊、凸起的地平线。然而，虽然是以位于整体世界之上雄伟、宽广的视角，勃鲁盖尔仍保持着佛兰德斯式的对日常和民间风格的融入。在某种程度上，他通过传统的时间和季节主题实现了这一特点。一系列描绘不同月份劳作的作品完美地表现出勃鲁盖尔风景画的精髓。例如《二月》，又名《阴郁的一天》(*February, Gloomy Day*)，其结构复杂，将五种不同的景观融合在一起（见绘板 7）。在右前方，农民们正在修剪、收集柴草，或修理板条，这是传统的季节象征。在他们劳作的

176 社会形态与符号景观

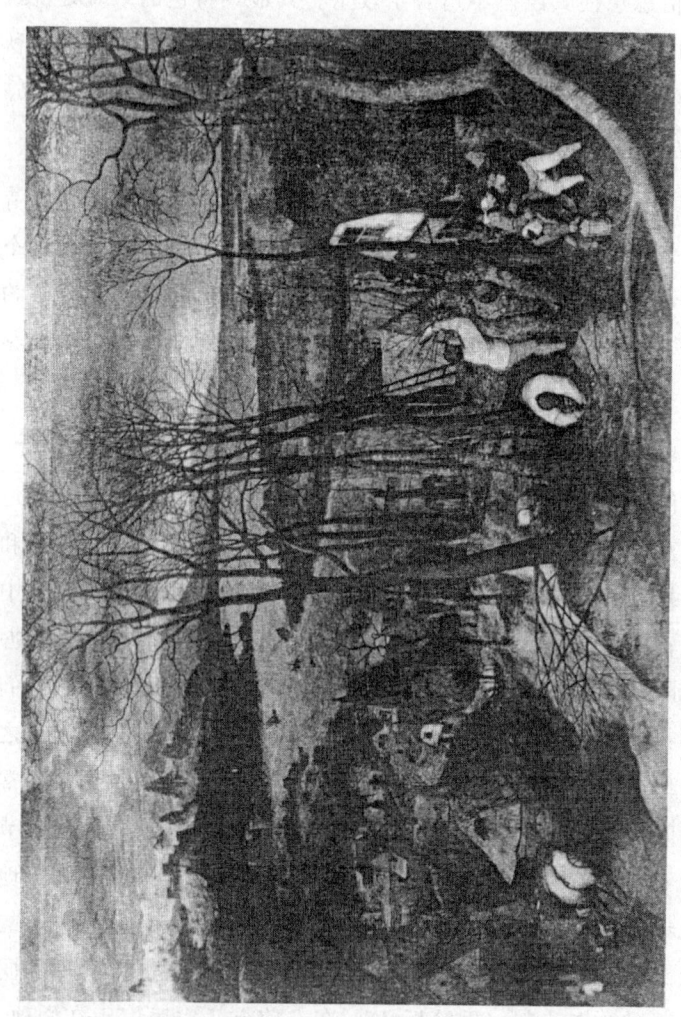

149

绘板 7. 老彼得·勃鲁盖尔:《阴郁的一天》(Kunsthistorisches Museum, Vienna)

树丛下，地面陡然下降，从而可以看到越过茅草屋顶的沐浴在仲冬奇异阳光中的佛兰德斯村庄。越过村庄是被风暴席卷的港湾，可以看到船只沉陷在寒冷的、通向地平线和无边大海的绿水之中。在左方的远处是覆盖着白雪的阿尔卑斯山脉，右边越过光秃秃的树枝，是几何状的被淹没的圩田。整幅场景被阴沉的傍晚的天空和黯淡的末日氛围所笼罩。与这种庞大的场景相左，采集木材、浆刷房屋或自私地想拿起热腾腾华夫饼的个体农民，则是冷漠的，毫不关心大地上的巨变，就像勃鲁盖尔其他画作中，伊卡洛斯从天空跌落时仍坚持劳作的农民，或在拥挤的市场从耶稣受难的悲剧旁走过的妇女一样。

这种通过与观者保持一定距离而达成的雄伟感观，在勃鲁盖尔对平凡世界和个人的关切中保持着张力，这是建立在精确构图规律上的意大利风景画所欠缺的一种感觉。勃鲁盖尔并非没有认知到透视理论，他在《孩子们的游戏》（*Children's Games*）中严格地应用了透视理论。但他通过对季节性劳动形象的应用，并通过参考中世纪的普通人与自然的直接活动，在风景画中不断挑战意大利文艺复兴中的景观理念，对局内人和局外人、中世纪和现代世界观、理论思辨和实践观察做出有趣的对比。

17 世纪的荷兰

在 16 世纪末期，佛兰德斯地区被主要集中在北部地区的加尔文教徒与西班牙哈布斯堡王朝及王朝的天主教支持者之间的武装斗争所分割。1583 年随着在安特卫普对抗天主教势力的失败，许多画家跟随着加尔文教徒北上迁徙到阿姆斯特丹和其他形成独立联合省的城镇——现代的荷兰。阿姆斯特丹的人口从1590年的3万人，至1620年增加到9万人，在1680年已接近20万人。当荷兰充分利用其独自主宰大西洋的海上贸易，以及在东印度群岛通过新的股份制公司——东印度和西印度公司建立起殖民帝国时，城市如哈勒姆、乌得勒支、阿尔克马尔和代尔夫特也经历了快速的扩张。联合省由严格的加尔文主义、强烈的反天主教及反传统宗教文化，以及商人、船主、城市投机者和土地开发商组成的新兴资产阶级精英统治，从欧洲宗教冲突导致的混乱以及西班牙的国力下降中获取利益。联合省的挑战只来自英国，尤其是在恢复君主制后，统一的英国逐渐取代了荷兰的商业霸权，成为欧洲走向工业和土地资本主义的动力引擎。

荷兰海上扩张的时代也是荷兰农业经济大规模转型的时代。巨大的复垦工程排干了荷兰北部的内陆湖泊：皮尔默、贝姆斯特尔和斯荷尔姆均由先进的液压技术排出积水。这些联合投资的资本在城市中募得，在平坦的土地上开垦出新的几何矩形的田野和独立的农场庄园（Wagret，1968）。虽然陆地上的投资并没有海上商业或公共债券那样高的回报，但它绝不是微不足道的。根据伯克（Burke，1974b）的计算，17世纪阿姆斯特丹精英们典型的投资分配为50%在城市或国家债券，32%在公司股票，12%在房屋和城市土地，6%在农村土地。因此虽然比意大利和威尼斯的富裕家族有更多的创业精神，富有的荷兰资产阶级对无论城市还是农村的土地投资都情有独钟。

在城市里，这样的资本投向了投机性住房和开发。阿姆斯特丹宏大的环状运河即是这样的投机性工程。工程在运河沿岸为富人们修建了精美的住房，可同时作为住宅和仓库使用。彼得·伯克指出，与威尼斯的宫殿不同，荷兰的房屋很少有显示主人财富的华贵装饰或建筑装潢："在阿姆斯特丹，房子只是一个用于核心家庭居住的地方，似乎没有威尼斯宫殿的象征意义。"（Burke，1974，p.88）另一方面，民间赞助是荷兰人自豪的源泉。阿姆斯特丹的州议会大厦——西部和南部的教会委员会——以及哈勒姆、代尔夫特和其他城镇的市政厅，都由著名的建筑师设计，并由本省的商人和资本精英管理的公共资金出资建造。这些建筑成为了17世纪蓬勃发展的荷兰风景画学院的中心主题。

画家如范·德·海登、贝克海德、霍贝玛和德·胡赫（de Hoogh）所绘制的城镇风貌，建立在佛兰德斯传统的细致观察和详细准确的经验主义基础上，并没有当代意大利对理想城市的展望或后来的**城市景观图**（*vedute*）那样如画的组合。这些画家更试图表现出坚固、安全且物质繁荣的城市世界，一种没有冲突和贫穷、高雅宁静的状态，适合于他们绘画的赞助人的宗教和社会观。他们的现实主义被许多人视为典型的资产阶级特征，在视神圣图像为亵渎神明的社会中（在这里，救赎是先决的，圣人由工作和物质富有程度而识别），对所熟悉世界的表现，并不借鉴经典，也没有巴洛克式的华丽或强烈的诗意情绪，是可以被理解的。这些绘画也背离了使家庭肖像画和民兵群像（*schuttustuk*）都非常流行的个人礼仪和公民义务所表现出的价值观。

类似的状况也影响着乡村风景画。只有少数的荷兰土地所有者把他们的乡村休憩之所建造成意大利式宏伟壮观的别墅和花园。当然也有例外。但在海牙的大部分乡村"宫殿"只有十来个房间，也缺乏宏伟的装饰外观：如山形墙、立柱、壁柱和雕像。对花园的兴趣也常常是商业性的。与东、西印度群岛的热带地区建立起的联系引发了人们对异国情调植物的兴趣，并将这些植物移植到欧洲。为贸易公司办事处绘制的展现热带种植园的巨大画像和上面工笔绘制的单种植物，表现出对特殊品种植物的兴趣。荷兰的农业技能转向培育、杂交和对特定品种的改良上，对稀有性和价值的兴趣超越了对美感的追求，因此其园林往往具有科学—投机特征，如巨大的郁金香、风信子和康乃馨的苗圃，设置在富饶的海洋或由冲积土形成的围垦土地上。这些苗圃在今天的荷兰也仍是一道具有特色的风景。这样从球根和花卉中获得或失去财产，表现出一种探索自然的新方法——符合贪婪的资产阶级社会的科学理性主义及商业开发。

一个有趣的事实是，所有这些 17 世纪荷兰对自然的干预——围垦和外来作物培育——在荷兰当时最伟大的画家作品中都没有得到突出展现。这是一个没有信服解释的事实。但从另一方面，为这些干预带来动力的科学理性主义精神确实给景观艺术带来深远的影响。17 世纪的荷兰是光学仪器和理论发明创造的中心。从理论和视觉技术上，对景观是一种观察事物的方法的认识是最先进的。联合省是对新创意最宽容的避风港，包容着像笛卡尔、约翰·洛克（John Locke）和斯宾诺莎（Spinoza）这样的思想家，其中斯宾诺莎以打磨镜头为生。荷兰科学家在空间规模的两端，通过望远镜和显微镜的发展扩展了人类的观察范围。那些风景画的精确度表现出对微观细节的

关注，克里斯托弗·布朗（Christopher Brown，1972）认为，153
范·德·海登在绘制某些城镇风貌时可能使用了放大镜。这些
兴趣既来源于实践，也来源于理论发展。17世纪中叶，克里
斯蒂安·惠更斯（Christian Huygens）在荷兰开发出光理论
以及光的极化理论。一些画家自己也在尝试透视扭曲，例如卡
尔·法布里蒂乌斯（Carel Fabritius）在他的《代尔夫特的景
色》（*View of Delft*，1642）中的尝试。这些尝试紧接在帕斯
卡和德萨尔格（Pascal and Desargues）建立的几何事实之
后——平行线的收敛反映出其视觉收敛是彼此定义点、线、面
的必然结果，而非按照欧几里得度量假说（Euclidean metrical
assumptions）（Ivins，1946）。

　　对光线和看待事物新方法的兴趣有利于艺术家应对顾客的
要求——描绘一个朴素、现实和熟知世界的要求。阿姆斯特丹
或哈勒姆附近的土地一马平川，因此按荷兰商人或农民从他们
的房屋里看到的那样去描绘，就意味着要在画框内纳入广阔的
天空。因而荷兰画家在他们的画作中给天空赋予了更多的个性
和氛围，以至后来康斯坦布尔指出天空成为他们表现"情感的
主要工具"。画家如阿尔特·范·德·诺恩（Aert van der
Noyen）探索了月光的影响，凡·戈因（van Goyen）开发出
一种来自阴郁天空和反射出的棕、灰色单色景观风格，还有表
现最为突出的雅各布·凡·雷斯达尔（Jacob van Ruisdael）。
所有这些绘画都是荷兰当地场景，都对光线有着统一的关注，
其中许多都细致入微，具体到可以对之进行地形识别，对历史
学家和地理学家都有重要价值。在凡·雷斯达尔描绘的哈勒姆
的景色（见绘板8）中，来自沙丘的视觉位置给予了艺术家全

景观察的角度，我们也可以从中看到几何状的圩田、人们的定居点和风车，这些新荷兰景观中必需和重要的元素，以及在遥远处劳作的乡村劳动者。然而那占据画面三分之二的广阔、移动的云海却首先抓住了雷斯达尔和我们的兴趣。从云层反射的

绘板 8. 雅各布·凡·雷斯达尔：《哈勒姆西北的苍茫大地》
（Rijksmuseum-Stichting, Amsterdam）

光线以及投射在地面的一片片光芒，使这些绘画超越纯粹的地形描述。对景观的统一认识不再是知性的，而是感性的，会受到光线的影响；不再是理论上的，而是具有个人特性的。这使得雷斯达尔的作品在英国浪漫主义画家中备受推崇。这样个性化的风景画显然并不能缩短与作为居住者熟知世界的景观的距离，而是使其成为个人赞助商或采买人反映其情感的作品——体现出适合于荷兰商业成功人士的秩序和规范。这些我们在凡·雷斯达尔或霍贝玛的绘画中感受到的情感，并不会在那些荷兰东印度公司墙壁上种植园类的装饰画中找到。在这些装饰画中，被剥削的殖民地秩序和控制更加清晰地表现在地形细节以及强大的占据着画作主导地位的透视结构中。

154

并不是所有的荷兰风景画家都在意来自北方天空的实践经验。阿尔伯特·凯普（Aelbert Cuyp）是在荷兰景致上增添了温暖、热烈的暮光以及空中视角模糊感的画家之一，其特点不是来自对荒野、沙丘和圩田的观察，而是习自意大利导师——那些与荷兰画家竞争，且对之后英国景观理念产生影响的风景画家。这一意大利流派与一位法国人克洛德·洛兰（Claude Lorrain）相关。

155

意大利巴洛克景观

17世纪的意大利和低地国家就像是一块镀金硬币的正反两面。当荷兰击败当地的西班牙势力时，意大利正成为欧洲独裁君主——尤其是马德里和维也纳的哈布斯堡家族、法国，以及贪婪的反宗教改革的教皇的猎物。威尼斯虽然维持了共和的自由，甚至面对被逐出教会的威胁（Bouwsma, 1968），但其商业和工业却在不断下滑，对威尼斯本土土地投资的强度越来越大。17世纪的意大利正处于第二次封建主义时期，也是在欧洲体系中对新的疆界进行调整的时期。意大利沿北海海岸牢固地确立了自己的边界，将其商业主动脉向西南一直延伸，横跨过整个大西洋。在意大利南部，西班牙统治是一种在经济上可以被忽视，而在政治和意识形态上进行审核镇压的统治。在这样的框架内，城市地区新兴的商业阶级从遥领地主（absentee landlords）和贵族对奢侈品的需求中获利，并使其自身获得了对阿普利亚、卡拉布里亚和西西里岛的巨大庄园的掌控。与农村人口的贫穷化和环境恶化并行的是肮脏的、不断扩张的城市，如巴勒莫、锡拉丘兹，尤其是那不勒斯。农民和无产阶级起义，如1647年的马萨涅洛起义，即是富有的贵族和贫困、异化的大多数之间距离及紧张关系不断增大增强的表现。另外，还有不太引人注目的抗议形式，例如强盗，所以萨尔瓦托·罗莎（Salvator Rosa）的那不勒斯风景画中，荒山野地的要塞里的凶猛男人并非只是为了他们的浪漫，而没有任何实际依据。

在曾经先进的北意大利情况也同样令人沮丧，虽然不那么显著，但国家的衰退也显而易见。土地上的劳动力越来越被佃农制和租金紧紧束缚，正如弗兰克·麦卡德尔（Frank McArdle, 1978）所展示的阿尔托帕肖的美第奇庄园，工人成为了事实上的农村无产阶级。在这里地主、贵族和教会虽然对土地拥有永久管业权（mortmain），但其对短期财务收益的获取也要优先于长期的环境保护。因此顺坡耕犁和森林砍伐加剧了山坡的土地侵蚀以及低地沼泽中的疟疾的横行。只在 18 世纪中叶的托斯卡纳和翁布里亚地区精细的梯田和灌溉项目下，农业土地的生产力才再次得以改善。改善只发生在波河流域，在萨沃伊和米兰，资本主义租赁与欧洲西北部的农业发展并驾齐驱，或偶尔领先于农业发展。城市商业不断下滑，在城市和乡村之间乡村受到更多的青睐，一种宫廷贵族文化正逐渐占据主导。从"费拉拉和曼图亚长草的街道"可以看到昔日商业中心经济停滞的文字见证。

在这样一种令人沮丧的状况中，一个伟大的文化大都市正在蓬勃发展。罗马在反宗教改革和巴洛克时代受西班牙富有阶层和宗教狂热的影响极大，几乎成为了典型的专制主义首都。理想城市的理念以宏伟的规划，将城市景观建设成为一座恢宏的剧场。在建筑师如吉安洛伦索·贝尔尼尼（Gianlorenzo Bernini）、弗朗切斯科·博罗米尼（Francesco Borromini）、彼得罗·达·科尔托纳（Pietro da Cortona）的设计下，巴洛克时期的罗马成为一座充满巨大广场、柱廊、喷泉和教堂的城市，成为了欧洲高雅文化的中心。其中贝尔尼尼设计的圣彼得大广场，将雕塑变为建筑，以颂扬君主个人的绝对力量——在这里特指罗马教皇，乌尔班八世。在这一过程中他建立起一种被工程师像沃邦（Vauban）等人遵循的军事风格，如沃邦对新布里萨奇或瓦莱塔等重要城市的建筑的加固中，以及专制君主的典范路易十四和彼得大帝强加于首都城市凡尔赛宫和圣彼得堡的建设中。巴洛克建筑的风貌，尤其是通过提升城市原貌来展示出资人总体权威的方式，使作为新封建秩序的专制主义意识形态具体化，是贵族阶级试图维护其古老特权的最后尝试，使其在军事化的中央集权首都——专制再分配的中心——发挥作用。官方采用巨大的视角幻象将人们的关注引向权力之位，就像沿巨大正交轴线修建的凡尔赛宫或罗马波波罗广场的辐射轴。政治权力转化为视觉控制的同时，通过精心装饰的令人困扰的错视画（trompe-l'oeils）、复杂几何形状的地面规划、弯曲的柱廊和蜿蜒的外墙将建筑提升到一种幻想水平（Pevsner，1957）。这是一种适于精心制作的、经常是宫廷颂扬神圣君主仪式的设计。在罗马，显而易见这样的仪式主要是指反宗教改革的弥撒——这是一种整体艺术，结合了教会具有韵律的拉丁语仪式祈祷、合唱音乐、具有高度装饰性和色彩鲜艳的服装、弥漫的乳香和复杂的运动模式，所有这些都融合在教堂内华丽的雕廊画柱之中。权力依靠神秘化及感性诉求得以维持。在现世中与之相同的是由蒙特威尔第（Monteverdi）开创的歌剧，对巴洛克式城镇景观最恰当的形容即为歌剧。罗马的特莱维喷泉即是设置在城市中心的一座雕像舞台，它完美地表现出衰败贵族阶级的意识形态——靠诉诸感性来维系，而不是对现实、理性主义的资产阶级世界秩序的理智抵御。

环绕在罗马如此创建出的城市景观中，崭新的、非常具有影响力的影像也被居住在这里的法国画家如克洛德·洛兰和尼古拉·普桑（Nicholaus Poussin）创造出来。虽然绝不比他们周围的巴洛克风格缺少幻想，但其风景画却远离巴洛克风格，在城市之外或是想象的过去中寻找到灵感的源泉。克洛德的风景画建立在对自然的详细研究之上——地形、植被和云朵——尤其是光在其上的表现。他的粉笔速写和涂层画是在罗马郊外散步时即时创作的，特别是在傍晚或清晨，当他正好赶上，可以探究光影在斜坡或枝条上的变幻，从而再现出这些细节和变化。虽然这种关切或许预言了 19 世纪风景画家对自然的科学关注，但克洛德的兴趣与当时的荷兰画家们非常不同，在已完成的作品中并没有再现写实形态的企图。克洛德的风景画在表面上看起来非常简单。其构图角度面向光源，由暗色布景围成外框，经常是拱形松类植物，其顶端在光线中闪闪发光。画的中央是交互的，常常互相穿透的光影之束，将目光自然而然地引向画面深处泛漫的光源——使景观整体沐浴在柔和的金色色调之中，浮云和静水将光线散射于整幅画面。

　　克洛德的光色主义呈现出一种诗意。它呈现出一种自然的力量，使景观与景观所反映和维持的人类状况保持和谐。对这一状况最好的描述是田园风格（arcadian），或至少是维吉尔的牧歌风格。其经典元素可在克洛德的《阿斯卡尼俄斯射杀西尔维亚雄鹿的景致》（*Landscape with Ascanius Shooting the Stag of Silvia*，见绘板 9）中看到。在画面左边，阿斯卡尼俄斯——一位身披甲胄套着罩袍的猎人，拿着弓箭瞄向优雅地站立于画面右侧的雄鹿。他们之间是一片反射着傍晚蓝色天空的静水，画面中央的土地上牛群排成一行正静静地走向家园。远处是平坦开阔的海岸，海水和海岬在空中视角下呈现出一片蓝色。在阿斯卡尼俄斯，其同伴和猎狗之上耸立着一座破败神殿的科林斯风格立柱，越过向右弯曲的树木，可以看到更多的庙宇和纪念碑。克洛德的风景画充满着田园的悠闲：牛羊安详地吃草，没有受到篱笆或栅栏的限制，湿地和林地都被悉心照料，得到友好对待。这是一个黄金时代，一个纯真无邪的时

188　社会形态与符号景观

绘板 9. 克洛德·洛兰:《阿斯卡尼俄斯射杀西尔维亚雄鹿的景致》(Ashmolean Museum, Oxford)

代，人类生活和它所处的自然环境之间存在着一种纯粹的和谐。通过绘画我们也许可以找到这一场景的位置，就这幅画来讲，应是台伯河和罗马平原——当然作品本身并非是为了传递精确的地形，最重要的是要表现一种情绪，一种经典纯真、温暖完美的梦想。这是乔尔乔内的诗和提香的牧歌世界，通过克洛德对光线的精妙控制得以实现的一种崭新的诗意力量。但这些绘画并非没有紧张和潜在暴力的存在。纯真的世界似乎总在一种即将毁灭的边缘颤抖。因此阿斯卡尼俄斯的箭会射杀雄鹿并带来毁灭性的战争——铁器时代终将追随黄金时代而来。

克洛德所描述的人类生活与自然的和谐，如同北方传统的季节更替一样，符合人类经验的共同认识。这是一种对金色纯真的早期梦想，带着令人痛心的怀念。我们知道它是多么的脆弱和短暂，我们也知道一旦打破，和谐就将永远无法恢复。这种共同的人类经验被克洛德通过其风景画表现出来，而普桑则赋予了它更正式的认知结构。在普桑的《阿卡迪亚的牧羊人》（*Et in Arcadia Ego*）中，通过让牧羊人倚靠着坟墓——死亡的象征——休息，表现出在维吉尔梦想最中心的青春、纯真无邪、田园休憩中的死亡（Panofsky, 1970）。

所有这些诉诸人类共同经验的和谐景象都不能脱离其历史背景。它们同样分享了巴洛克文化的幻想，只是将其置于城外或是过去的时间。它们从认知和感性上都符合文雅的学识。此外，它们更是在欧洲宗教战争和教义偏执的分裂中——在军事化君主国家的统治、严重的经济危机造成的衰弱、不可预测的瘟疫导致的人口减少中——提供了一种视觉上的完美自然。在尖锐的不和谐中展现出一种自然和谐的幻想，但这种姿态恰巧是朝向最激进的变化，一种新的社会秩序的转变。

　　从荷兰和从这些在罗马的法国画家会得到完全不同的景观形象，但两者都是对同一种共通的人与自然的关系产生的共鸣。四季与牧歌，这些形象塑造在一起，重新组合在另有起源的英国景观理念中，这些将在之后的第 7 章详细展开。在接下来的第 6 章我们将讨论发现北美洲和在那里定居这一重大事件（向早期现代欧洲提供了最直接接触自然和土地可能的重大事件）中景观理念的变迁。

6. 美国景观

在上一章中我提出，北部传统的佛兰德斯和荷兰景观与意大利文艺复兴时期发展起来且一直延续到17世纪的景观相比，是一种在知识构成上较为简单，受古典影响较少，基于经验和自然主义的观察方式。同时景观仍然保持着一种局外人角度的远眺观察——是在土地从作为人类生命再生产要素到实现交换价值的商品的转变中，所有诉诸人类直接经验的局外者角度在形态意识上的表现。

对于许多欧洲人来说，自从黑死病带来人口/资源比率的彻底重组以来，人口与可利用土地间最大的变化就是美洲的发现与定居。美洲带来的可能性，尤其是北美——在1500年到1900年的四个世纪中逐渐形成其版图——改变了欧洲与土地的物质和文化关系。对于那些定居和耕作在北美土地，为自己争取到大多数欧洲人无法获得的物质享受和公民身份的人们，美国是一个从荒野转变为种植园的具体现实，在依照美国的环境而不断调整的欧洲工具和耕作法下，土地日渐肥沃、齐整。对于那些不那么直接从事土地劳动的人们，那些通过想象、探索，试图从中获利或统治、设计新大陆的人们，美国土地似乎提供了一种实现理想、信念和价值观的机会，无论是从社会、政治、宗教，还是环境。一个新的物质世界可能会创造出一个新的人类世界。在大规模工业化和城市化之前直到19世纪中期，美国农业中那些通过自己的直接劳动塑造美国土地的人们，主要是来自英国、莱茵兰、低地国家和法国北部的中产阶级。相比之下，那些发现美国和那些不是用斧头和犁而是在脑海或图纸上塑造土地的人们，更多地受到我们已考察过的意大利文艺复兴的影响。他们是意大利和伊比利亚的商人和航海家、伊丽莎白和詹姆士一世的朝臣和绅士，以及美国贵族，像托马斯·杰斐逊（Thomas Jefferson）和埃克托尔·圣让·德·克雷夫科尔（Hector St Jean de Crèvecoeur）等，与法国古典主义和理性主义的最先进思想保持着密切联系。

从以上两种经验，以及北美洲于发现初期就融合在欧洲新兴商业资本主义的事实中，开发出美国独特的社会形态——在18世纪后期以一种不同的政治实体出现的美利坚合众国。这种社会形态的一个核心特点就是土地，以至于在建国后的第一个世纪，在国会比其他任何问题都占据了更多的立法时间，且自1894年弗雷德里克·杰克逊·特纳（Frederick Jackson Turner）写下其边疆论文以来，一直占据着美国史学的主导地位。土地的分配、划分、所有权以及生产方式对美国社会关系和文化的历史认识至关重要。既然景观是社会与土地关系的一种文化表现，那么可以认为美国在某些方面是一种以大陆为规模的景观理念表达，这种表达体现出实际塑造者以及理论设计师们各种不同的经验。

依据约翰·R. 斯蒂尔戈（John R. Stilgoe, 1982, p. 4），至1845年美国景观表现出"普通和专业建筑者之间的紧张关系——那些博学的了解地理、商业资本主义、代议制政府和创新设计新理论的人们常常掌控着殖民地，而那些没有太多文化且更守旧的人们却实际塑造了土地"。他指出，美国是一种常识景观，"既非普通民众也非知识阶层，而是两者混合的'小传统'（little tradition），由半文盲的农民和知识阶层——少数具有创新精神的学者、统治者、商人、专业测量师和建筑师的'伟大传统'（great tradition）——世代混合传承而来"。在这样的背景下，景观理念呈现出独特的美国形式——虽然主要传承于欧洲，但也受到美国荒原的物质现实及特殊社会形态的重要影响。在这一章中我们从欧洲开始，探讨以上提及的文艺复兴时期及古典思想和价值观在美洲发现及早期殖民中产生的影响，以及它们在新的现实环境中的应用。之后讨论北美出现的独特社会形态的本质，以及景观理念如何受它的影响并作用于其上，尤其是在新共和国思想和覆盖整个大陆的矩形网格调查（rectangular survey）中，以及如何作用于国家的主要符号景观——首都华盛顿特区。最后，因为在19世纪初期工业资本主义秩序中逐渐显现的美国的地位，以及类似欧洲的社会分层形式，我认为至少在最初开始殖民的新英格兰和纽约，美国景观艺术思想的表现和构成与当时的欧洲紧密相连，但也表现出鲜明的美国特色。

文艺复兴的景观理念与美洲的发现

因而我向陛下献上了一份亲手绘制的航海图，上面标识出您向西航行中将要遇到的海岸和岛屿、所要接触的陆地、应该偏离极点或赤道多少，以及距离，也就是多少英里后，您会到达汇聚所有香料和宝石的最肥沃的土地。您一定不要吃惊，我把这些发现香料的地区称为"西方"——尽管它们常常被称为"东方"——因为在另一半球航行的人们总会在西方找到这些地方。但如果我们走陆路，在更高的路线上，我们会在东方遇到这些地方。航海图中那些垂直绘制的直线表明从东到西的距离，而那些横向绘制的表明从南到北的空间……从里斯本市向西笔直航行至极高贵和华丽的城市"**行在**"（Quinsay）之间有26个标记，每个覆盖250英里（P. dal P. Toscanelli, 引自Edgerton, 1975, p. 121）。

这封1474年的信中提到的航海图上绘有经线和纬线的网格，这些表现地球空间的网格继承于托勒密《宇宙学》（Ptolemy's *Cosmografia*）中的世界地图。公元2世纪的成就在1400年被人文主义学院成员介绍到佛罗伦萨而被"重新发现"。这些举动是佛罗伦萨在15世纪初成为欧洲制图中心的跳板。制图是一门基于投影技术的科学——在扁平的羊皮纸或纸张上表现出地球曲面。托勒密在其《宇宙学》中对投影的一个描述是"人们——科学家或艺术家——第一次对于如何以代表个人视线的单点投影为基础绘制图片，给出的实例说明"（Edgerton, 1975, p. 104）。与艺术家如布鲁内莱斯基、人文主义者如阿尔伯蒂等实际开发应用的线性透视具有非常相似的原理。绘制世界地图的知识兴趣和以网状图像空间带来现实幻象的想法来自同样的思想，这一现象可以在许多人文主义者的著作中得到证实，例如被伯克哈特（Burckhardt）挑选出作为对景观之美最早崇拜者之一的文艺复兴时期的教皇庇护二世（Pius Ⅱ）。庇护二世按照理想城市的方针重新设计了皮恩扎，并效仿托勒密著有自己的《宇宙学》。这部作品被克里斯托弗·哥伦布（Christopher Columbus）阅读并注释。上文引用的段落来自作为佛罗伦萨医生、数学家、地理学家、制图师和验光师的保罗·达尔·波佐·托斯卡内利（Paolo dal Pozzo Toscanelli，1397—1482）写给葡萄牙宫廷的信。托斯卡内利是布鲁内莱斯基的密友，也是一位透视方面的学者。他来自富有的佛罗伦萨商人家族，非常担心土耳其在地中海的发展会影响到他们的商业活动，渴望开发出新的贸易路线。其信中借助了托勒密的知识来证明向西的大西洋航行的可行性。几年后，托斯卡内利直接写信给哥伦布鼓励他的冒险事业。这些冒险之后的事情就不需要在这里重复提起了。我们所关心的一点是，"改变了艺术家对可见世界观察方法的力量，也同样使人们面对未知的陆地世界，环绕一个完整的纬度圈，发现了自己的星球"（Edgerton，1975，p.122），这其中一个重要的部分就是美洲的发现。

虽然哥伦布不愿承认，但他所发现的地方显然不同于"极高贵和华丽的城市"，即中国。哥伦布发现新大陆与皮埃特罗·本博及其朋友们创作阿索洛的诗歌、乔尔乔内展示对圣纳扎罗有形的田园世界的描绘技巧是在同一时期。从欧洲古老的亚特兰蒂斯神话和祝福岛的传说中，美洲浮现出来，以一种可在文艺复兴绘图的网格中被捕捉到的现实形式存在。考虑到当时意大利贵族思想中的乌托邦倾向，并不奇怪他们会把美洲作为一张完美的画布，在其上展开文艺复兴时期思想家所期望的不变的、完美的幻想。因为没有历史——在羊皮纸上仅仅是一片阴影——美洲提供出实现乌托邦社会的潜力。它的发现是人类理性的胜利，对它的探索和定居在一定程度上受到社会和道德意识形态的支配和影响——带有文艺复兴的理性以及我们已经看到的那些由17世纪罗马画家对环境做出的探索。其早期的例证是美洲黄金时代景观和社会的联系。

黄金

黄金是16世纪新大陆的主要印象之一。正是葡萄牙和西班牙在美洲发现的黄金，在真正意义上从最初就对欧洲经济造成巨大的影响。在伊斯帕尼奥拉岛找到黄金肯定了哥伦布的航行，尽管他们未能到达托斯卡内利所承诺的香料群岛和中国。哥伦布自己也意识到了这一发现的重要性，并认识到黄金形象的力量，即使他用天堂救赎一词作为掩饰。

> 黄金是所有商品中最珍贵的物品，黄金构成了财富，拥有它的人可以获得世上所需要的一切，同时也拥有了从炼狱中拯救灵魂，使其重享天堂的手段（引自Levin，1970，p.62）。

在占领了墨西哥和秘鲁后，获得了大量掠夺而来的贵重金属。最开始是来自当地的艺术品等，后来是来自矿山，通过地中海的港口，尤其是塞维利亚，流入欧洲经济。虽然在16世纪末期，白银对通货膨胀的影响最大，且带来世纪之交的"价格革命"，但正如布罗代尔指出的那样，黄金是属于君主和富商的财富。与白银相比，黄金更是财富和权威最有力的象征。虽然学术界对贵金属加速欧洲向资本主义过渡所起到的确切作用还存在争议，但自从在美洲发现并进入流通后，其数量和周转率确实促进了整个大陆商品的流通和资本积累水平（Braudel，1973）。并很可能间接促进了欧洲西北部作为世界经济中心的崛起，以牺牲地中海地区为代价——刺激了欧洲西北部商品生产的增长，这些商品替代了地中海内部的生产，并输入到该地区换取金银。

但是正如哥伦布报告所指出的，黄金不仅仅是一种经济商品。它蕴含着权力，也具有道德层面的含义。因此或许并不奇怪，受过银行家训练的佛罗伦萨君主——科西莫·德·美第奇会从黄金中找到象征其统治的合适比喻，以精心设计的仪式宣布黄金时代的回归。这里省略了赋予真正政治经济权力的黄金和人文古典著作中黄金时代神话间的联系。这是物质现实和文化体验的一种典型关系，这种省略基于像黄金这样的具象，并通过诉诸纯粹的文献传统来掩盖其现实形象。

黄金时代的神话与古代文学中的田园牧歌及田园传统密切相关，就像克洛德对风景画的探索。这一特点在那些关于农业的著作中尤其明显，如在文艺复兴时期意大利地主和庄园主中广受欢迎的赫西奥德（Hesiod）、瓦罗（Varro）和维吉尔的作品。赫西奥德提出：四个社会、环境发展时代，均由特定金属来表现其特征，分别是黄金、白银、青铜和铁器时代。这些时代意味着从原始完美到当代困境的一种衰落，并与文艺复兴时期对地球衰变的理解联系在一起。黄金时代代表一种完美环境和人类纯真、年轻的原始状态。富饶的自然被认为无须劳动即可满足人类的需求——"土地慷慨地给予人们使用她所有的自由，无须请求她的恩赐"。这样丰富多产的自然形成了完美

167 的社会。人人平等，因为同样富有。占有是没有必要的，所有权和财产概念，甚至"我的""你的"这样的词汇都是没有的、不存在的。无论是国家、法律，还是战争的罪恶都不曾伤害过人类的幸福。纯真、自由和幸福中的人类在富饶的田地、果园和驯服的羊群中像兄弟一样生活。但随着人类历史的展开，土地生产力的下降导致了稀缺、劳作、财富、贫穷和社会分裂等种种弊病。

因此不难想象黄金时代的神话对文艺复兴时期佛罗伦萨和威尼斯富有贵族的吸引力，它的其他版本对16世纪意大利农民也颇具影响（Ginzburg, 1980）。它所附载的古典权威特性与人类堕落前的基督神话融合在一起。如果人文主义教育能够使人们洞察宇宙的秘密，那么它也可以帮助人们回到想象中的完美状态。同时，黄金时代的神话及其相关的永恒和永远的青春也作为一种稳定、强大的权威形象，被粗鲁地转化为佛罗伦萨大街上庆祝美第奇家族权力的镀金花车和被涂成金色的青年的游行（Levin, 1970）。

黄金时代的神话并不仅仅局限于文艺复兴时期的意大利。像意大利其他的诸多文化一样，至16世纪一直是西欧富有文化阶层的标志之一。它在控制欧洲对"美洲发现"反应中的作用，被亨利·莱文（Harry Levin, 1970）总结如下，"他们曾经的经验不能为其对印第安人的最初印象提供任何帮助。但他们可以借鉴大量美好的原住民传说，即黄金时代的神话"，而这个神话既是关于地理的，也是关于社会的。因此，当欧洲探险家发现美洲土著人周身赤裸、友善，在开拓出的空地上混种着两三种多产的玉米作物，且当地富产他们自认为没有什么价值的黄金时，这些文化观察家们很容易认为这些原住民生活在黄金时代。由幻想着逝去的乌托邦时代的君主派出的航海家，带回来一个从地理位置遥远但或许可以复原的乌托邦那里得来的信息。因此在遥远的大陆北部，卡地亚（Cartier）这样评价奥雪来嘉印第安人："所有人都从事种植和捕鱼来维持自己的生活，他们不看重世间的神，也不熟悉他们。"（Sauer，1975，p.90）而在遥远的加勒比海，一位回顾西班牙征服的评论家这样描述现在已经被毁灭的原住民，

> 曾经拥有黄金时代，我们中不和谐的种子远离他们。除去播种和收获的其他时间，他们用于打网球、跳舞、打猎和钓鱼。这里没有司法法院、法律诉讼及邻里间的争吵（引自 Levin，1970，p.63）。

在上述地点之间，在为法国国王探索切萨皮克潮水的记录中，意大利的韦拉扎诺（Verrazanno）描绘出一种可以维持黄金时代的自然景观，"之后一直沿着有些偏北的岸堤，50 里格（league，长度单位。——译者注）后，我们来到另一片土地，这里看起来更加美丽，遍布着巨大的丛林，充满绿色的各类树木"（引自 Sauer，1975，p.54）。韦拉扎诺还赋予它一个合适的名称——阿卡迪亚（Arcadia，即世外桃源）。

关于新世界的插图也证实了黄金时代的景观。人们，尤其是女性，像是可能出现在乔尔乔内或提香的田园风光中的古典性感女神，他们在林地牧场、富饶的作物或热带果树中悠闲地劳作或休闲游戏，周围是奇怪的但显然温顺的动物，一些参考了美洲的天然物种，如火鸡；还有其他的，比如高贵的鹿——

与卡罗来纳海岛的林间空地相比，更让人联想到阿克特翁和狄安娜的世界。简单、青春、纯真和轻松是其主导思想。肥沃而富饶，是明显基于维吉尔世外桃源的生活印象及景观。很显然，这种带着有色眼镜看待新世界的观点，比起在北美直接面对环境现实的人们，在欧洲更容易存续下去，并且无疑会被加以渲染，以吸引那些投资探险的人们的持续兴趣。而且它还承担了那些看似徒劳的、无休止跋涉的冒险的作用，如德·索托或科罗纳多寻找青春之泉或传说中锡沃拉黄金的旅程（Sauer, 1975）。甚至弗吉尼亚州命运多舛的罗阿诺克殖民地的第一位长官，也以黄金神话一词来表述他对美国现状的反应："我们发现这里的人们非常温和、慈爱和忠诚，没有任何的诡计和背叛，就像以黄金时代的法则生活。"

黄金时代神话提出了一种没有阶级、没有财产的乌托邦设想。既反对资本主义也同样反对封建主义，反对占有，强调平等中的共有。但在对人类劳动、生产和权力地位问题上明显的回避，也表现出它必然是一种来自外部的观点。它的人类中心主义思想是一种绝对主义——地球存在的理由（raison d'être）只是为人类服务，在提出一种普遍的自产盈余的同时，否认历史和变化以及作为权力基础的剥削现实。在黄金复杂的神秘化含义中，当然也包含仅作为个人消费手段的价值。这些含义特别适合于自给自足观念的合理化以及在一个绝对独立的地区建立中央集权，在否定绝对权威这一点上与16、17世纪的重商主义发展一致。最重要的是，在讨论中我们应该注意到，黄金时代神话暗示了一种对景观的愿景，因而从它的起源开始即为美国提供了一种肥沃、多产的自然环境形象。

荒野

　　另一种替代黄金时代和田园神话园林景观的形象是荒野。通常这样的对比来自对美国环境的不同反应（Marx, 1964; Lowenthal, 1968; Tuan, 1974）。相对于原始的完美带来的幻想、不时由黄金线索带来的对这种幻想的支撑、印第安林间空地、未修剪的葡萄藤，欧洲殖民者花费了两个世纪进入的美国东海岸内陆遍布森林、沼泽、意想不到的极端天气，以及至少他们认为可怕野蛮的土著人和野生动物。荒野的形象很早就以一种比较温和的描述出现在早期航海报告中（Marx, 1964），但它们更经常地出现在殖民者的文字中，尤其是那些拥有加尔文宗信仰的新英格兰人。这样的景象很适于他们的信仰，并可以在《圣经》中找到合适的词汇进行表述。莱奥·马克思（Leo Marx, 1964, p.41）从威廉·布拉德福德（William Bradford）的日记中引用了他在1620年乘坐"五月花号"离开科德角的印象：

　　　　可以说谁也不能登上毗斯迦的山顶，就像从这荒野中看到一个可以寄予美好希望的国家。无论他们的目光转向何处（除了天堂），他们从任何外在事物上都不能得到安慰和满足。这时，夏天已经过去了，万物以一副饱经风霜的面貌呈现在他们面前；整个国土丛林密布，呈现出一幅原始和野蛮的景象。如果他们看向自己的身后，则是他们横跨的浩瀚大海，现在已成为一道海的鸿沟和屏障，将他们与世界上所有的其他文明分离。

阿伦·海默特（Alan Heimert，1953）通过对最初两个世纪的宗教传单和布道记录中清教徒反应的详细分析指出，美国环境最初以一种狂野的诱惑，承担了新英格兰人所逃离的腐败欧洲的邪恶角色。

沿着海岸线展开的定居者们的行动，几乎与黄金时代的幻象或欧洲关于美洲的文字解读没有任何关系。那些清除森林、从土地中移除石块、开垦处女地、建造房屋/谷仓和围栏的人们，以一种务实的态度，很快就学会了最有效地处置荒野的方法。像宽刃斧以及后来的钢犁和铁丝网等发明都加快了改造荒野的进程，美国人在力量、实用性和创造性上的自豪感与欧洲人衰落的思想形成对比。与荒野战斗创造出的景象是个体的农场和田野，谷仓、围栏、农舍这些可以追溯到欧洲祖先的元素，却混合了欧洲各地的风格，以及一种整体上的简化。虽在物质上可以称为舒适，但在精致的欧洲人眼中却呈现出一种粗糙的、未完成的景致（Zelinsky，1973；Harris，1977；Lowenthal，1968）。

北美洲殖民地的社会发展在某些方面与对景观印象的冲突相似：那些从远处眺望的人们持有一种乌托邦的理念，而那些直面环境的人们则保持着一种更加务实的、需要去征服的荒野印象。

美国社会形态

从种种迹象来看，在17世纪欧洲专制国家的新兴商业资本主义体系中，土地仍是财富和地位的基础。对其所有权和控制权的获取仍是产生阶级冲突的主要难题。即使在那些以广泛的农民土地所有权为特点的社会形态中，获取土地也仍然是一项关键议题（Huggett，1975）。在意大利城市公社——早熟的商业资本主义中心，土地和财产仍然是公民身份和政治权威的**必要条件**（sine qua non）。如果说黄金时代和田园神话在精英对北美的态度形成中具有特殊影响，那么这种力量最终来源于他们认定的社会和土地之间开放的、毋庸置疑的关系，且其与经济的联系最终仍根植于土地和封建地租。在这样的经济限定中，在不挑战少数人已获得的特权的前提下，达成一种普世的完美社会或普遍的物质满足，唯一的办法是拥有丰富的、可自我生产的自然或无限肥沃的、易于耕种的土地。对于那些直接生产其生存物资的人们——欧洲农民——来说，获得美国土地实现了他们获取充足土地的古老梦想，这是一个常常出现在文化产品中，与那些高层文化非常相近的梦想（Ginzburg，1980）。

美国土地提供的各种可能支撑着殖民冒险中惯有的乌托邦情调。我们可以在马萨诸塞州海湾殖民地盟约中看到，也可以在宾夕法尼亚州的贵格会计划（the Quaker scheme）、马里兰州的天主教协议中看到，还有佐治亚州拥有宏伟几何空间结构的奥格尔索普方案（the Oglethorpe plan）及约翰·洛克起草的宪法。这一状况也出现在理想主义较弱的定居点的宣传资料上，如圣劳伦斯的法国殖民地和弗吉尼亚州的种植园。无论美国被宣称为"丘陵之城"，还是"自由之土"或是"上帝之国"，它对欧洲意识形态的作用是其解决了前资本主义社会的核心问题——土地问题。这正是欧洲殖民进程的基础，也是那些参与其中的人们的看法，甚至包括今天试图解析它的人们。

在美国土地开拓中最具有史学影响力的解释是弗雷德里克·杰克逊·特纳的论文，指出正是不断拓展的开阔土地使美国创建出崭新且更为完善的民主社会（Turner，1961）。历史学家对这篇论文进行了近一个世纪的争论、修正、否定和复原，这样强烈的情感反应表明这篇论文的主题深深植根于美国文化之中。这个主题在最近的美国历史地理中再次活跃起来。科尔·哈里斯（Harris，1977）认为在北美，摒弃了欧洲社会的复杂性产生了明显划一的定居模式——占据主流的核心家庭和"相对同质和平等的社会"。他主张这一过程并非是一种偏离，而是一种结果，代表欧洲社会的一部分与土地之间建立起的一种崭新的关系。"当欧洲移民突然改变了他们获取土地的方式，社会变化是其必然的结果"（Harris，1977，p.470）。在欧洲，土地稀缺、昂贵，劳动力却丰富而廉价。但在殖民地，尤其是在北美，这种关系被逆转，因此殖民地，

> 依据其最具影响的特点——廉价的土地和落后的农产品市场，有利于建立独立的核心家庭，并摆脱了大部分欧洲农村生活的社会—经济等级及区域多样性（Harris，1977，p.472）。

这种对土地重要性的强调，以及大部分人群均可获得土地的特点，成为了"土地绝对所有权帝国"（fee simple empire）的主要形象，并成为由独立的家庭农场主构成的开放、民主社会的基础。这一形象虽然有各种变化，但可以一直追溯到最早的欧洲人对"新发现土地的恒久梦想"。

对这篇论文的批判认为它是美国民粹主义（populism）的一个翻版，能够在新世界建立一个开放、不分阶层、相对均质的社会，是由于美国丰富的资源和开阔的土地，因而从根本上不同于其所参照的欧洲形态。这些评论更强调早期开拓制度的背景和美国殖民开拓在全球向资本主义过渡进程中的位置（Lemon，1980）。殖民时代的美国无论从构成还是意识形态上都与欧洲紧密相连。在经济结构中，作为新兴世界经济的一部分，服从于英国或法国的重商主义要求；在意识形态上归属于早期移民的自由价值观。自耕农资本主义（yeoman capitalism）——囤积土地作为私有财产来实现其社会地位（Lemon，1980）——成为美国殖民时期及早期共和时期的社会形态特征。土地的所有权仍是定义社会地位的基础，但也确实比任何欧洲国家都更加广泛地向更多的人群提供土地，虽然从最初，某些群体就被不平等对待——最明显的是印第安人和黑人，从制度上被排除在外。

美国殖民社会确实与土地建立起一种摆脱封建束缚的新关系，但它却延续着欧洲自身，至少是英国规划的轨迹前行。其具有美国特色的表现是个体家庭农场，在后来的雕刻和木版画中，常常被描绘为独立于草原或森林空地的木屋或优雅的隔板房，作为一种隔离的、基本自给自足生活的隐喻（Lowenthal，1982）。

一些美国评论家选择强调这种各自为政和自给自足的方式，称其为一种既非封建，也非资本主义的美国农业之国独特的生产方式。但这只是接受了"土地绝对所有权帝国"的意识形态，而忽略了美国土地拥有者从事贸易活动的倾向——南部在首次殖民成功之后，其农民完全依赖于欧洲市场销售他们的大宗烟草，同时他们也更倾向于土地自身的交易。土地既是公民自由的代表，也是一种商品，事实上正因为土地具有可转让性，才能履行其所有人拥有自由产权（freeholder）的作用（Warner，1972）。就像意大利的佃农分成制，将殖民时期的美国农业经济视为封建主义向资本主义的过渡最为适宜。对于殖民者来说，土地所有权意味着在欧洲无法获取的自身的满足以及社会地位的实现。但这种获取并不是以封建方式从劳动和土地产品的交付中衍生出来的。土地所有权并没有赋予所有人任何头衔。与它是公民自由的代表一样，土地的本质是一种可以通过市场转让的财产。有财产的人是一种资产阶级概念，而土地带来的头衔则是封建主义概念。因此，"自耕农资本主义"表现出的美国的过渡性质，比独立的生产方式更具有说服力。

新合众国的土地立法所试图巩固的，以及1785年的《土地条例法案》（the Land Ordinance Act）蓝图所勾画的正是这种自耕农资本主义。托马斯·杰斐逊在这项立法的制定过程中担任重要角色，他所关注的远远超过美国殖民时期发展起来的土地所有权及使用方式。杰斐逊与英国和法国的各种事件和各种思想保持着密切的联系（Green，1977）。与前者，自16世纪以来，土地和社会关系的变化加剧，出现了新的思想表现形式，这为杰斐逊以欧洲及古典权威来表述自己的想法提供了更加精炼的词汇。而在法国，短暂但颇具影响的重农主义（physiocracy）思想，代表对资产阶级革命倾向力量的控制。杰斐逊对他们也很熟悉，他们强调土地的所有权和使用权，将其作为国家安全和社会进步的基础，对杰斐逊的思想也有着很大的影响。下一章将会更加详细地对欧洲的这些变化进行阐述，现在只需要在杰斐逊景观定义里的美国形象中，注意到它们的传承作用即可。

杰斐逊的景观

从独立战争诞生的崭新的合众国继承了来自欧洲移民及殖民者的形象、理想和经验，并将它们塑造成具有图像表现的民族意识形态。身着羽毛和烟叶、面色微黑的少女——在欧洲人的感性幻想中常常代表美国的形象——在合众国建立初期，被古典女神哥伦比亚的形象所替代，象征着年轻合众国所具有的美德：独立、自由和智慧（Taylor，1976）。被大陆会议（the Continental Congress）采用的官方印章是鹰——古代宙斯的化身，但这里采用的是美国白头鹰爪握和平的橄榄枝和战争之箭。一个崭新的、更加完善的社会逐渐成型，但除了向美国的本土动物稍致敬意之外，其图腾主要参照了欧洲传统，尤其是18世纪理性主义者视为完美社会发展的历史模型——共和制的雅典。

在实践中，新合众国也继续面临着制定土地殖民政策的迫切需求。1790年时每十个美国人中就有九人在耕种土地。在《独立宣言》发表的几年内，越过俄亥俄河的大多宣称独立的地区都把领土交给了联邦政府。联邦政府通过印第安人条约，拥有了俄亥俄河西岸和密苏里之间的广阔土地，即旧西北地区。在接下来的半个世纪中通过购买和兼并，公共领域进一步扩展到15亿英亩，这些土地成为美国所要创建的新社会的基础。土地是美国生活和意识形态的中心，直到内战，对土地的控制和分割一直是美国政治的焦点。大陆会议的最初法案中即有废除土地所有封建残余关系的立法。残余的庄园所有权，例如那些在马里兰州和宾夕法尼亚州从原业主继承的地产被剥夺，免役租（quit rents）、限定继承（entail）和长子继承权（primogeniture）作为不平等及封建地主条款，被从美国法律体系中剔除。从这些行动中我们可以看到一个针对构建一种特定社会理想——建立个体独立的自由产权的意识形态——的土地政策的开端。

克雷夫科尔：美国的"前景"展望

这种意识形态在美国早期的一部经典著作中表达得非常清楚。埃克托尔·圣让·德·克雷夫科尔作为一名归化的美国公民，在1782年发表了《来自一位美国农民的信》（*Letters from an American Farmer*）。他试图定义他所移居地区的人们的特点，他不断强调在美国诞生的新人"必须接受新的想法，形成新的见解"。这样的人会创造出一个新的社会，"现存于地球上的最完美的社会"（Crèvecoeur，1963，p.61），而这一证据铭刻在景观之中。对于克雷夫科尔来说，美国梦的真实表现是其景观。这位欧洲来客被安置于东海岸。

在这里他看到美丽的城市、富足的乡村、广阔的田野，一个到处都是漂亮的房子、良好的道路、果园、草地和桥梁的巨大国家，而一百年前这里还都是荒野、丛林，完全没有被开垦！这是一幅多么令人感到愉悦的景色，这必然是一幅可以激发良好公民最诚挚喜悦的美好前景。其

困难在于审视如此广阔场景的方式……（Crèvecoeur，1963，pp. 60-61）

美国是一个美好的**前景**（*prospect*），这一词在 1780 年有着丰富的内涵（Turner, 1979），这对一个英国读者来说至少意味着一种乡绅庄园的景色以及一块为个人乐趣设计且具有生产潜力的土地。这也意味着克雷夫科尔的文章所倾向的，一种有序的政治状态。前景一词，其词根在英语里和"观点、透视"（perspective）相同，也承载着时间和未来的含义。呈现在观察者眼前的事物也呈现在克雷夫科尔的面前，这是一种对未来的憧憬。这种新的前景需要以一种新的方式来看待，这对他这些信件的收信人来讲是困难的。因为按照克雷夫科尔的话来说，新前景形成的原因是美国"不是由拥有一切的伟人及一群一无所有的人们构成"。其土地的所有者是自耕农，耕种自己的土地；"除了几座城镇之外，我们都是土地的耕作者"（Crèvecoeur, 1963, p. 61）。这种耕作活动是美国完美道德和社会的基础，克雷夫科尔在他的信中畅想当美国完成"巨大的航程"，征服这个大陆时，会实现从荒野改造为景观的过程。克雷夫科尔以 18 世纪英国的景观术语，来强调美国的生产潜力及完善的所有权平等制度，通过与美国的对比含蓄地批评了欧洲景观。当我们与 18 世纪英国园林设计观点对比时要注意，耕种而不是侵占这一事实具有更重要的意义，按照克雷夫科尔后来的表述，美国最初的殖民者——边疆的狩猎者、捕猎者和野蛮人，那些最直接接触美国自然的人们——并不是真正的美国人。正如杰斐逊后来所说的那样，新的民族美德会出自那些在土地上劳作的人们。

《土地条例》：美国的几何结构

莱奥·马克思（Leo Marx，1964）指出克雷夫科尔和托马斯·杰斐逊观点的相似之处，二人均有着他称为"以田园为基础"的思想。克雷夫科尔是为有知识的欧洲读者撰写文章；有着同样跨越大西洋联系的杰斐逊，处于直接表述美国理想、影响土地安置，以及设计"广阔景象"——这些克雷夫科尔所颂扬的未来——的地位。

联邦政府在控制了各个州的土地所有权后，于1794年设立委员会，目的是"制定和通报最适宜的处置方法，以处理那些通过和平条约从印第安人获得的西部土地，并设立一个土地办公室"（引自Pattison，1957）。杰斐逊被提名为委员会主席，这是一个恰当的选择，因为他比其他任何人都可以更清晰地表达把美国农业社会作为先前欧洲激进变革的延伸和基础这一原则。作为《独立宣言》的签署者、对美国民主特性有诸多论著且参与了保障民主的宪法设计的杰斐逊，也积极推动了各种合理的美国机构组织的发展（如硬币的十进制组织），主持了首都的设计，并作为合众国的第三位总统以精明的谈判购买了迄今为止联邦政府最大的单块土地——路易斯安那。我们将注意力集中在杰斐逊身上，并非说他一手设计了共和制的美国及其景观，而是将他作为一个展现美国自耕农资本主义相关文化规范的代言人。

杰斐逊向国会提出了自己关于土地勘测、划分和安置的方案，目的是确保克雷夫科尔所描述的自耕农社会。方案对整个旧西北地区实施了单一、合理的土地分配。其中最重要的是施行于安置之前的勘测，这是一项基于经纬度的调查，由经纬度构成的网格可以追溯到托勒密地图和文艺复兴时期的空间结构观点，是一项在美国独立之前在许多州都难以推广的项目（Stilgoe，1982）。土地被划分为"上百"个边长10英里见方的城镇。杰斐逊甚至打算重新定义英里的长度，以配合经线获取更简单的细分方法。勘测线从南到北，从东到西，将城镇细分为边长1英里见方的面积。从整个大陆来看，美国就像一个巨大的布鲁内莱斯基广场。我们要认识到这是一种视觉建设，网格只能从上方或地图上才能得以充分理解。斯蒂尔格（Stilgoe，1982，p.106）也指出了国会议员以及之后的勘测员和地主对这样的网格的不理解，以及如何通过诉诸地图和其他可视性证据解决了这些问题。从这项提案最早的辩论开始就是这样——"在一场又一场的讲演之后，国会议员把他们的土地规划比作一幅图画，要创建一种视觉形象……国会从视觉及政治双方面了解了这项工程"。从某些方面来讲这项土地政策可以说是创造了一幅浩瀚的风景画，由克雷夫科尔认可的"前景"构成，主题是大众化民主。

城镇组织和低地价是实现杰斐逊社会理想的核心。城镇将是独立耕作者自治团体的基础。就像在这项计划下建成的长方形可容纳6万公民的各州一样，城镇将对自身事务的大部分负责。它将建立公立学校、教堂和民兵。它将成为对中央集权潜在的权力滥用的一种监督：专制主义的威胁将被有组织的自由产权者的自治所制约。低廉的价格会使各类美国人都拥有土地——这不是一个农民国家，而是由自由公民、农学家们构成的国家，是"上帝选中的人"，因为"没有一个国家和时代可以提供广大耕耘者会道德败坏的事例"（Jefferson，1785，Query XIX）。

该提案从根本上抨击了仍然以封建主义为前提的欧洲专制主义。美国摆脱了自己土地上所有的残余权力。土地买卖自由，可被自由继承（fee simple），永远作为可被转让的个人财产，不受限定继承、限制性契约和其他限制的制约（Green，1977）。但这一提案同样也是反资本主义的。它直接反对亚历山大·汉密尔顿（Alexander Hamilton）促进强大中央集权国家的计划——该计划主张出售土地，为国家创造资本以投资大面积的土地，促进地主—承租者制度，为资产阶级积累必要的资本，创造出可以挑战欧洲国家专制权力的具有强大工业和贸易的民主国家。杰斐逊不信任流动资本和固定生产设施的积累，反对将美国作为工业国家的构想，他指出"年轻的美利坚合众国拥有富饶的土地，须以纯粹的农业与之相配，而商业就像是一个泼妇，制造业则像是她身边一个患病的妓女"（Jefferson，1785，Query XIX）。杰斐逊把土地看作财富和地位唯一的道德基础，因而摒弃了工业资本主义的进步意义，也揭示出对前资本主义明显的偏见。

杰斐逊提案的细节并没有被他的委员会所接受。但1785年国会通过的《土地条例法案》足以揭示出杰斐逊宣传的实力以及其愿景所具有的吸引力。事先勘测原则、规则的长方形城镇和地块以及低价格的土地都被国会接受。从俄亥俄河以西，经勘测的边长6英里见方的城镇被公开拍卖出售，一半是以完整的城镇形式，一半是以个人地块。虽然在接下来的一个世纪中存在价格波动，但美国一直致力于使之保持在小农户也可以获取的范围内。整个19世纪，一个家庭在理论上可以在一块、半块甚至四分之一块的土地上，也就是40英亩的土地上，以100美元以下的价格建起一座农场。总计将近10亿英亩的土地以这种方式成为了自由产权人的资产，这表明了杰斐逊对人文主义提出的理性和秩序原则的运用。正是这些原则支撑着景观理念，并成功地把土地还给那些在土地上耕作的人们，从而打破了景观与精英控制之间的联系。

事实上，试图创造一种既不是封建的，也不是资本主义的基于土地生产的社会形态是矛盾的。土地批发商和投机者是其成功的主要障碍。他们购买了大量的土地，转手把它们出售给小农户获取利润，经常是等到周边的土地有所改善及该地区基础设施和通信有所发展、土地价值极大增长之后。小的产权所有者也常常将自己的土地作为商品，在改良后出售获利，并不断重复着这一过程。在俄亥俄州，1817年160英亩的政府土地最初售价在每英亩2—12美元之间。如果包括一座粗木木屋和12—20英亩左右为种植清除出的空地，则每亩可卖到8—30美元。至小镇10—15英里的距离会使农场减少75％的价值（Jackle，1977）。换句话说，即市场经济原则在西部土地上迅速建立了起来。因为如果为了防止投机或是控制土地市场发展，进行国家干预的话，则会损害到自由产权的核心原则。要求居住或在最初出售后的固定期限内修建房屋、降低可获取地块的最小尺寸等政策的实施，并不能抑制开放的土地市场和不公平的分配现实——市场会拒绝承认或按照杰斐逊的道德戒律来行事。杰斐逊的计划确实在整个大陆铺设了一种棋盘式的城镇布局，是在最大规模上设计社会乌托邦景观的有形证词，但它的假定——仅仅通过向耕种土地的人们返还控制权和所有权，就会形成一个完美稳定的社会——存在着致命的缺陷。并非是人类与土地之间的关系，而是他们在生产过程中的相互关系最终支配着他们的社会组成。美国的社会形成或许具有鲜明的独特性——自耕农是其中最重要的特点之一，但新兴资本主义中市场的潜在力量最终要比贵族的理想更为强大。

对于居住在美国的欧洲和东方的旅客、游客和学者，横贯阿帕拉契亚山脉的土地可被看作一处受欧洲审美惯例约束的景观及伟大的社会实验地。它仍是一种愿景。对于美国人来说这意味着潜力——他们强调会从目前的混乱、那些遍布树桩的土地和半竖立的栅栏中逐渐形成未来的秩序（Lowenthal, 1982）。对于欧洲人，这一愿景意味着一个已卓具成效的庄园或公共绿地同时也符合一些特定的审美。后一部分将在下一章中提及，但对于合众国的景观还需要进一步的展开——在景观理念下对它进行分析，以及它作为社会形态的一种体现在美国政治体系中的地位，这也再次让我们铭记其来自文艺复兴理性主义的传承。这是美国在建筑方面，特别是为崭新的国家建设首都——合众国的核心景观符号——时采用的"伟大传统"。

帕拉第奥式的美国及华盛顿特区

在杰斐逊眼中，美国革命所带来的民主只能由自耕农形式来维护，民主会受到大资本家的集权控制或是过度膨胀的工

6. 美国景观 215

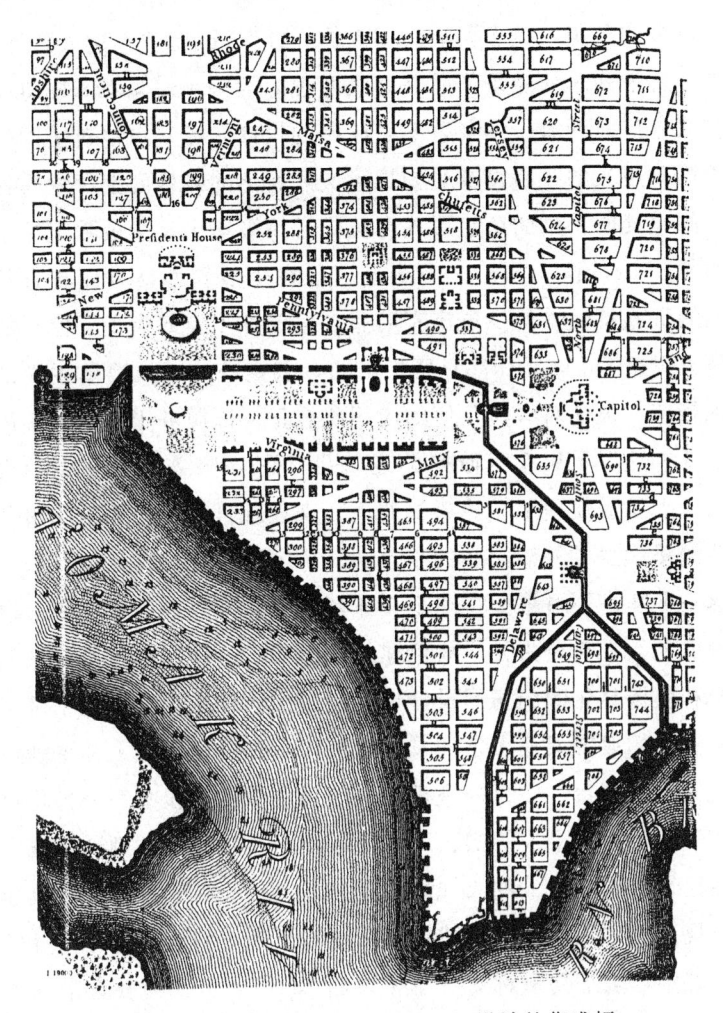

图 6.1 由朗方（P. C. L'Enfant）设计的华盛顿特区街道规划雕版（1792）

业城市中无产阶级的威胁,那些城市暴徒"给纯粹的政体增添了过多的负担,就像伤痕对于人体一样"。因此并不让人意外,杰斐逊最知名的建筑作品是对农业理想的一座纪念碑——对其在弗吉尼亚的家——蒙蒂塞洛庄园的设计,建立在他对法国帕拉第奥主义的经验以及对帕拉第奥几何学的致敬之上。颇具含义的是其所采用的庙宇形式在英国帕拉第奥主义中被限定用于园林(Nichols,1976)。杰斐逊自己在生活和性格方面具有很强的贵族特性,是一位富有的弗吉尼亚绅士及奴隶主。但正如塔夫里(Tafuri,1976)所指出的,杰斐逊的帕拉第奥主义的贵族特征被他对古典几何的应用所修正,以服务于一系列实用设计,这揭示出精英阶层的建筑设计怎样服务于民主以及实用。杰斐逊使用了帕拉第奥的语言来表现自由,比如说用服务性侧楼代替了外侧门廊的亭台,从房屋核心区向外延展,揭示出一种从高不可攀的古典主义光环剥离,使其成为建立在永恒价值上、具有自由社会特色建筑的愿望。从他在巴特西、法明顿和白杨林庄园的房屋设计也可以得出同样结论。在位于夏洛茨维尔的弗吉尼亚大学的校园设计中,杰斐逊集合了一系列风格独特的亭台——每一座都是一门独立学科的核心——再将这些亭台纳入一个连续的长廊,形成一个布置井然的理性的概念性建筑。这个巨大的 U 型建筑的中心是一座严格遵循古典建筑规范的圆顶图书馆。建筑整体被置于带有斜度的梯田草坪的景观中,被杰斐逊称为"学术之村",相当于一种教育上的农耕社区。杰斐逊对建筑与景观关系的关注直接缘于帕拉第奥。通过杰斐逊及建筑师如拉特罗布(B. H. Latrobe)、威廉·巴克兰(William Buckland)等的影响力,帕拉第奥主义成为早期美国公共建筑的特有风格（Nichols，1976）。

然而，铭刻于建筑学中关于美国政治理想的主要建筑符号则是华盛顿特区——从蒙蒂塞洛开始，跨越波托马克河的大片地区。这里古典的帕拉第奥几何建筑形式与启蒙理性主义（Enlightenment rationalism）相结合，最清晰地展现出新世界中自由与秩序的平衡。虽然杰斐逊自己认为这个由法国建筑师皮埃尔·朗方（L'Enfant）设计的方案有些过于宏大。确实，从第一印象，华盛顿规划中巨大的轴线方案似乎更适合于欧洲专制主义国家，而不是民主理想国家的首都。事实上，郎方将威廉·佩恩（William Penn）为费城殖民地设计的简单网格状建筑区的自由和灵活，与勒·诺特尔（Le Nôtre）为最独裁的君主路易十四的花园设计中巨大的放射轴结合在一起。郎方这样的叠加产生了15个城市节点，分别代表了方案设计时联盟中的15个州。政府行政和立法部门的分离，通过将白宫和国会大厦分别锁定于轴线端点而表现出来。在由轴线组成的巨大"L"的端点交汇处，现在耸立着华盛顿纪念碑——象征着合众国基础的一座白色尖碑。行政和立法机关直接由作为对角线的宾夕法尼亚大道（缘于宾夕法尼亚州是"基石"州）连接起来（Tafuri，1976）。在简单的设计形式下，大面积的开放空间以及为个人建筑和设计预留的极大自由度，使整个城市有一种由开阔草坪和雕像式建筑构成的园林感。在今天的华盛顿的中心，仍布满古典雕像，有着宏伟、井然的园林之感——是一座以大陆为规模，坐落于田园景观控制中心的别墅花园。到20世纪为止，这座城市的主要公共建筑和纪念碑均采用了古典形式——例如杰斐逊和林肯纪念堂——将古典形式作为表现美国联盟象征的恰当语言。这座城市象征着永恒、持久的合众国基础。它所借用的透视模型，发展于文艺复兴时期，经过欧洲独裁和专制主义的精炼和完善，转化为民主、农耕的共和主义符号，给城市赋予了新的特征，就像美国本身即是一种崭新的特征，一个新的、更加自然的社会和景观。

荒野与西部

如同《土地条例》中所预期的那样，19世纪美国西部不断扩张的白人定居点在国家中占据着主导地位。在全球范围，西部运动主要被欧洲和美国东部的食品和原材料市场所支配，是北大西洋核心资本主义渗透不断增强的一个表现。重要的商品——小麦、牲畜、黄金——加速了美国大陆作为先行者的发展，铁路率先进入路易斯安那州，并在短短的几十年横跨大片由合众国购买或吞并的土地，直至西海岸。这一大片土地包括各种不同的环境、地形、气候和生态，以及各种不同人们的栖息地和群落。所有的一切都不可避免地屈从于农业和工业资本的需求，从而产生出一个以大陆为规模的帝国。

从文化层面试图捕捉这种冒险精神以及规模的作品中，以沃尔特·惠特曼（Walt Whitman）的诗歌最为引人注目。他的诗歌也捕捉到一些原始荒野与种植园之间的紧张关系（Nash-Smith, 1950），以及我们已经注意到的在美国景观理念中高雅文化与通俗体验之间的张力。惠特曼既赞美了红杉树（1874），同时也颂扬了为工业和新拓土地砍林伐木的宽刃斧（1858）。美国是需要以敬畏之心来看待的一幅浩瀚的全景图，同时也是一种本地化的经验,"你们中每个男人和女人,我带领走向一座山丘……"指出大陆的景观和公共道路(引自Huth,1957,p.3)。对于惠特曼以及和他同一时代的诗人和画家来说,美国是一种在欧洲难以想象的荒野,其纯粹和质朴的美赋予了它超越欧洲的道德力量。同时惠特曼向我们指出的"公共道路"(the public road)——勘测线或铁轨——大概是美国场景中对无尽的能量、流动性、扩展性以及主流交通方式最有力的象征,表现出19世纪美国先驱者和定居者的经验及资本主义自身的特征(Jackson,1970,Lowenthal,1982)。

在独立时期,美国文化是由欧洲主导的,正如我们所看到的克雷夫科尔和杰斐逊。美国作家和画家以欧洲作为其主题和形象的楷模(Taylor,1976)。例如意大利仍然是历史和古典主义的朝圣地。又如在英国,克洛德为美国画家们提供了构建景观的视觉结构。艺术家如塞缪尔·莫尔斯(Samuel Morse),可将19世纪20年代纽约的《苹果山上的景观》(*The View from Apple Hill*)绘制成几乎与台伯河及罗马平原无法分辨的风景,而乔治·洛林·布朗则被称为"克洛德"·布朗,因为他的观察方式与这位法国风景画家极其相似。其他美国本土画家,如本杰明·韦斯特(Benjamin West)和约翰·科普利(John Copley),实际上定居于欧洲,认为对美国见闻的描绘没有什么前景,主要从事学院艺术。

与我们将在第8章中看到的精细的欧洲作品不同,崇尚自然的浪漫思想以及远离封闭学术传统的自由,使得美国画家和作家在借助与欧洲的联系的同时,也挖掘出他们对原始土地的真实反应,以及在美国建立过程中形成的美国的主流经验及文化共同体意识。这是一种重视平凡、朴素和民间风格的文化（Taylor，1976），受到 18 世纪早期大觉醒（the Great Awakening）等道德和信仰复兴运动的强大影响，许多宗教共同体进入西部创建了自己的乌托邦（Zelinsky，1973；Sutter，1973）。

尼亚加拉大瀑布被认为是美国的一处壮观的自然景象，是表现"非凡"体验的神奇之地（Huth，1957）。随着时间的推移，许多其他自然奇观也加入其中：特伦顿瀑布、肯塔基州的猛犸洞穴、大峡谷和黄石公园（Jackle，1977；Graber，1976）。关于对自然的敬畏思想，我将在下文展开更为全面的讨论，但现在已足以说明，至 19 世纪 20、30 年代，浪漫景观思想在壮观的荒野中增添了一种特别的意义。它们被许多人认为是宣告大自然伟大力量的所在，是造物主之手的杰作。在其中，人们可以直接与上帝交流，并感受到神圣目的与渺小人类的统一。在强调个人救赎的宗教传统的背景下，敬畏壮丽荒野的思想为超验主义提供了强有力的机会，将美国作为一种在欧洲无法获得的独特体验。它给予原始美国，尤其是西部广袤的山区、森林和沙漠一种特殊的道德力量。最初在哈得逊河流派画家——托马斯·科尔（Thomas Cole）、亚舍·杜兰德（Asher Durand）及其他，以及亨利·梭罗（Henry Thoreau）和威廉·爱默生（William Emerson）等新英格兰超验主义作家（transcendental writers）——的作品中，美国之美被认为且记录为阿巴拉契亚和新英格兰山脉中相对温和且人性化的东部景观（Taylor，1976；Novak，1980）。而作家如华盛顿·欧文（Washington Irving）和詹姆斯·芬尼莫·库柏（James Fennimore Cooper）则将西部形象融合在其中，在颇受欢迎的《皮袜子故事集》(*Tales of Leatherstocking*)中，库珀将其塑造为一个拓荒者的形象，一个普通、质朴的美国人，其优点都来自他所接触的荒野（Nash-Smith，1950）。早在 1829 年，在一首献给托马斯·科尔的诗中，威廉·艾伦·布赖恩特（William Allen Bryant）表现出西部荒野景观中特殊的庄严。

> 孤单的湖泊
> 野牛徘徊的草原
> 岩石上布满夏日的花环
> 庄严的溪流
> 沙漠之鹰鸣叫和翱翔的天空
> 春天绽放、秋天似火无尽的丛林
> （引自 Huth，1957）

西部在精神上是纯粹的，优越于颓废的欧洲。虽然宽刃斧和钢犁会征服它，但生活在其中的经验将会净化人类社会。这即是之后弗雷德里克·杰克逊·特纳作为美国历史指导原则的主题，一种将欧洲浪漫主义和美国的质朴融合为支撑大陆帝国的意识形态。艺术家们和美国西部探险家及测量师们一起探索西部。例如艾伯特·比尔兹塔德（Albert Bierstadt）的巨型画作表现出洛基山脉的阴暗和光辉，在现实景观中找到了如约翰·马丁（John Martin）等英国艺术家们绘制的宏大的洪水与火的壮观主题（见绘板 10）。在美国景观中寻求敬畏之感，引领着许多人，其中著名的有弗雷德里克·埃德温·丘奇（Frederick Edwin Church），进入美国中部和南部的热带地区，描绘其高耸的雨林和火山的喷发。比尔兹塔德和丘奇都处于地

222　社会形态与符号景观

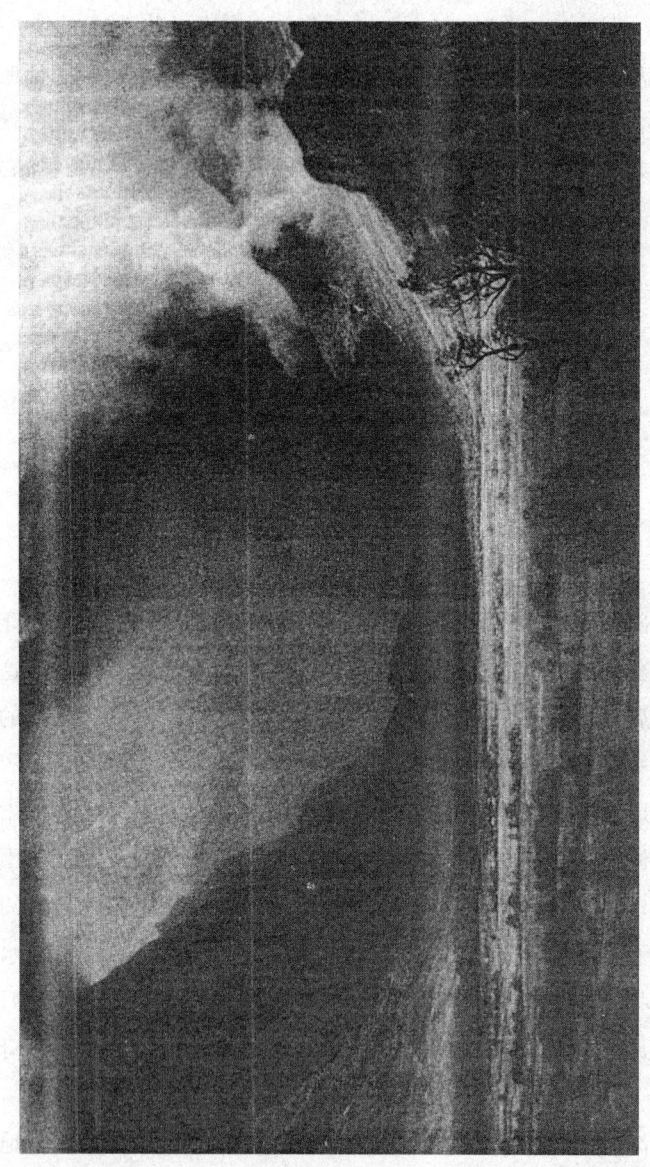

绘板 10. 艾伯特·比尔兹塔德:《山中风暴》(Museum of Fine Arts, Boston, M. and M. Karolik Collection)

理从画家手中接管景观的时期——美国地质勘测局（US Geological Survey）中由风景画家制成的地形记录进一步促成了威廉·莫里斯·戴维斯（William Morris Davis）的工作；而丘奇关于热带的作品受到了德国伟大的宇宙学家及地理学家亚历山大·冯·洪堡（Alexander von Humboldt）的文字及旅行的启发（Bazarov，1981；Bunske，1981）。关于这些的意义我将在第 8 章中进行详细讨论。美国与欧洲具有相似的经验，所以并不奇怪，到 19 世纪末美国成为了一个工业资本主义国家，在全球经济中与西欧共享核心之位。

透视思想和空间的合理有序贯穿于美国的起源，存在于托斯卡内利的地图、共和理想的支点，以及农村长方形网格景观和华盛顿的街块及轴线中。美国试图摆脱欧洲社会的发展轨迹，走出封建主义，走向资本主义。但这是一个在思想和制度层面的尝试，而不是从转型中逃避。美国早期共和社会的形成即是一个代表，是两种模式的特定组合，以土地为基础，将土地作为生产和社会定义的决定性因素。一旦在新土地上定居，美国资本主义的发展与欧洲日益相似。因此并不奇怪，景观理念的关键要素也会在美国空间设计中得到强烈表现。

7. 英国：设想、帕拉第奥主义及家长式景观

17世纪欧洲是绝对主义国家的时代——国家主权领土由国王制定的政治法律高压掌控，国王是中央集权及军事化首脑的人格化形象，专注于宫廷礼仪的精心设计。这是"一种重新配置和卷土重来的封建统治形式"（Anderson，1974b），它最具标志性的景观表达是巴洛克式几何和透视在皇家首都的刚性应用。对于巴洛克城市景观的仪式性和象征性，我们已经在前面进行过讨论。在第二代理想城市理论家的设计中，如17世纪之交的文森佐·斯卡莫齐，对防御工事也同样重视。在一个庞大的常备军是国家力量的必要条件且火炮技术飞速发展的时代，很好理解为什么复杂的堡垒、连锁在一起的城墙、护城河和土方工程常常会占据城市规划面积的一半。约翰·黑尔（John Hale，1977）强调了文艺复兴后期防御工事的实际意义，并质疑它的象征意义。但这两者不一定是相互排斥的。在实际意义和象征性并没有被有意识区分的年代，且在精确的几何比例仍持有宇宙学意义的时候，帕尔马诺瓦作为对抗奥地利军队的防御堡垒的军事优势，或凡尔赛大道作为抵抗颠覆暴徒的潜在火力线的作用，证实（而非否认）了它们与创建秩序结构的一致性。

在英国，专制主义时期既短暂又具有局限性。在最广泛的

学说中，从都铎王朝后期一直持续到内战。对其短暂性的原因，以及恰好在大陆其他地方掌控最强时被推翻的解释复杂纷纭，但它们与在英国资产阶级革命的首次成功，以及随后出现的第一个真正的资本主义社会形态密切相关。也正是这一原因，对英国从 17 世纪至 19 世纪景观理念的发展过程值得加以更为详细的研究。事实上景观意识形态是这一期间整个英国统治阶级表述的一部分，在这一章中，我将探讨英国的景观理念如何从大陆的根基中出现，以及怎样在 18 世纪快速扩张的土地资本主义时期中发展起来。

英国专制主义的失败

英国君主专制统治时间短暂以及王权对军事的兴趣集中在海军上而不是建立一支庞大陆军，其原因为：英国地理位置的作用；英国议会在限制君主财政自主权方面的能力；小规模的行政官员机构限制了旧封建家族成员在其中获得职位的机会；等等。但我们应尤其注意国王作为地主的作用（Anderson，1974b）。亨利八世所占用的修道院土地是君主收入的一个主要来源，不受议会追索权的束缚。这是在亨利一劳永逸的努力下实现的，当时是为了筹集其大陆军事冒险的资金，他将这些土地的大部分转给了贵族及士绅。到他死时，这些土地的三分之二已经不再归属于王权，而在伊丽莎白时期，还有更多的资产被卖掉。这些土地的接手者并非都是"新兴阶层"，除来自封建统治阶级之外，还有从贸易或商业获取财富的阶层，且新兴阶层在其中占据着相当的比重。即便如此，16 世纪时英国贵族阶级正在丧失其作为军事地主阶层存在的传统封建理由。他们分为起源略有不同但利益并没有显著差异的两个集团：通过长子继承制延续的世袭特权贵族，及主导下议院的更为庞大的一群贵族的非长子或没有爵位的士绅。"英国地主阶级在专制时代的特性就这样在历史上链接起来：它非常不寻常，以平民为背景，以商业为职业，以普通为等级"（Anderson, 1974b, p. 127）。

正是因为这样，在法国或西班牙不可想象的土地和商业间的关系——在某种程度上使人联想到意大利中世纪公社的制度，可以在17世纪英国得以发展和持续。这也受到英国政策的辅助，在英国政策中海战取代了陆地战争，这样既削弱了作为封建贵族统治下主要活动之一的骑乘战斗，又产生了一种具有双重目的事物——船舶可以在军事和商业用途之间交替使用。因此贵族和地主阶级在军事事务中的剩余利益并不与城市商人的利益冲突，事实上他们是相互支持的。后者为封闭庄园生产的羊毛提供市场，这些庄园通常是属于前者的修道院土地。在此之后，英国商业活动对海外殖民财产的剥削，为伦敦在英国经济中发挥主导作用提供了保障。至1630年，伦敦聚集着前所未有的商贸和制造业，成为所有欧洲国家中最重要的首都地区。作为国内农产品的单一市场，伦敦影响着英国南部和中部广泛地区的农业发展和生产模式（Yelling, 1978）。

得益于商业活动直接和间接的扩张，大地主阶级不再与有爵位的贵族保持一致。他们与商人家庭的联姻带来从殖民地扩张获取的利益，例如西印度群岛的甘蔗种植园。由贸易而间接产生的复杂金融市场可被用来提高土地的抵押贷款，为土地整合和农业改良提供流动资金,并在大城市市场的作用下产生利润,从而产生对高价值产品的需求,如肉类和奶酪。政府职务以及对爱尔兰资产的严苛的地租也是英国地主收入和资产的来源。在一段时期,与欧洲大陆需要承担庞大常备军费的相同阶层相比,英国农民和副本产权者(copyholders)的纳税负担较轻,所以当粮食价格下跌时,并不用担心农村会发生社会动乱。因此,投资土地是一种具有吸引力的投资。对于商业运作大量且不断增加的封闭土地的租户来说,短期租约允许了租金的缓慢上升,并因为承租人愿意对地面、种子和家畜进行改良而使地主获利,因为承租人知道这样做会使租约更容易被续期。

因此直至17世纪中叶,英国的农业革新发展迅速,经常从欧洲大陆、伦巴第和低地国家等最先进的农业地区学习经验。例如,理查德·韦斯顿爵士(Sir Richard Weston)在查理一世前期就出版了一本专著,详细说明了荷兰农业实践以及自己对新饲料作物和浸水草甸所做的试验(Huggett, 1975)。这些农业"革新"经常与18世纪农业革命联系在一起——圈地、轮作、牧场改良、以饲料作物代替休耕、豆类植物的种植和临时牧场的使用、撒泥灰土/石灰、施肥,以及有选择的牲畜繁殖——都被17世纪英国不同地区的先进农民所采用。而汤森(Townshend)、塔尔(Tull)和贝克韦尔(Bakewell)等人也都是优秀的宣传代理,而非令人惊叹的原创革新者。

在这样商业化和农业改良过程中,农民自然是被压榨的对象——自耕农或副本产权持有者与自由产权者(freeholder)相比,缺乏能参与(由大型租赁农场快速发展起来的)商品农业所需要的资本或足够的耕地。当然他们中的一些也成为了有实力的承租人，但普遍认为他们的地位受到侵害，迫使他们的土地从手中流失，因为圈地运动迫使他们承担围栏和篱笆的费用，但同时他们却因消失和异化的公共林地而被剥夺了重要的传统公共生计来源。在这种债务不断上升和收入下降的背景下，在美国兴起的自由产权及理想，理所当然地对许多自耕民具有强大的吸引力。

17世纪英国景观状况

英国社会构成的特殊性和专制主义的失败反映在17世纪英国景观理念的发展中。在试图维持斯图亚特规则（Stuart rule）合法性的过程中，专制主义空间构成、意大利建筑和城市理论在城市中的应用形成一种复杂的相互渗透。同一时期，在泛地主阶层中，英国诗歌、戏剧和绘画也开始使用景观理念，这些人又分为试图保卫和试图摧毁中央集权君主制的不同群体。菲利普·锡德尼爵士（Sir Philip Sidney）的《新世外桃源》（*New Arcadia*，1590），在圣纳扎罗（Sanazzaro）撰写过同名著作的一个世纪之后，写出如下文字：

> 在一个较高高度……可使眼睛有一个宏大的俯瞰视野，依照乡村的自然特征呈现出多元化的景象，有山丘、山谷、森林和坡面，一些地方比较明亮，一些则比较幽暗，像是一张关于自然的悦目图片，带着可爱的轻盈和人为的阴影（引自Turner, 1979, p.10）。

这是最早的关于景观理念的英文陈述之一，写于"land-skip"这个单词首次出现于英语之时。尽管菲利普·锡德尼爵士所描述的景象借用了那些早期在意大利发展出的技巧，但"landscape"这一术语本身来自荷兰。彼得·保罗·鲁本斯（Peter Paul Rubens）可能是英国宫廷中关于这一流派最重要的推广者。他在查尔斯肖像画中将其作为在温莎附近的泰晤士河畔击败巨龙的圣乔治，表现出皇家园林和国王神圣权威之间的明显联系（Rosenthal，1982）。鲁本斯是在后期才开始这样运用景观，但他的画作建立起直至 18 世纪中叶的英国风景画的中心意象——乡间宅院及其景象（Adams，1979）。他的画作《斯蒂恩城堡》(*The Chateau de Steen*)是他自己在佛兰德斯的乡间别墅，运用了来自勃鲁盖尔的全景角度，揭示出一个表现季节性劳作的生产场景。但这不再是对遥远土地的一般性观赏，这一场景由于城堡的存在而被赋予了新的意义，城堡位于画作左侧，其领主的家人在院落中悠闲地散步。一种乡间安逸、生产富足的情绪表现出"神圣农业"的古典理想，鲁本斯在视觉上概括出这样一种乡村生活——大自然欣然献出它的宝藏，地产富饶，足以将富余的产品送往市场，而且人们在乡村还可以享受像射猎野鸭之类的娱乐活动（Rosenthal，1982，p.14）。这样的风景画是适合于 17 世纪英国地产阶级的一种形象。同时，它可以作为整个国家的一种隐喻——一个国家，其乡村的美德并没有在城镇，尤其是在过度增长的伦敦的倾轧中腐化，并通过贸易收获到财富和享乐。贸易是伊丽莎白自己也试图约束的一只庞大的章鱼，建立于圈地的新商业耕作秩序导致了大量的无业游民，引起了既定秩序维护者们的恐惧。

这种庄园绘画概括出景观式的观察方式——绘画、语言和大自然因为其附属性，在"贵族大人"的眼中可以从一种转化为另一种（见绘板11）。从一个优势角度，作家或画家通过丘陵和山谷、开放的平原和林地、光与影的布置来"组成"一处实际景色，因此在观看中大自然表现出一种如图画一般的错觉，而图画本身是由分离的观看者所构建的大自然的幻觉。自然和艺术的双重倒置使两者均得以控制。这是在17世纪中逐渐完善而成的一种结构，产生出一种借鉴古典的诗歌流派，特别是维吉尔的诗歌，"阐明土地有序的变化"，并表现出英国地主阶级的自我形象（Turner, 1979）。在其早期阶段，我们可以感受到一些对斯图亚特专制意识形态的向往。

组合乡村场景，将大自然构建为一种和谐有序画面的视角，有着双重的含义。其一，是已经讨论过的现实主义的空间绘画技巧；其二，是告诉其他人在"透视"中遇到问题时所使用的词汇。在第二种含义中透视意味着正确看待社会、道德和政治秩序的方式。因此，在邓罕（Denham）1642年的诗《库珀山》（*Coopers Hill*）中，曾由鲁本斯绘制的温莎景观，绝好地表现出宫殿坐落于此的王者特性：

> 随着轻缓的坡度，
> 温莎敞开她温柔的怀抱，
> 没有巨大的岩石和惊悚的高地
> 拒绝来访，却非来自恐怖荒原的威胁
> 而是轻缓的上升，同时带来
> 视觉的享受和尊崇。

7. 英国：设想、帕拉第奥主义及家长式景观 *231*

绘板 11. 佚名：《昨日故居：东洛锡安南眺景色》
(Scottish National Portrait Gallery, Edinburgh)

你是主人的象征，在其容颜我看到

朋友般的甜美和国王般的敬畏，

威严和爱混合在一起，

既温和，又极度庄严。

（引自 Turner, 1979, pp. 36-37）

196　　政治和精神价值被美学代替，使得景观具有颂扬君主的作用，或是对那些反对诗人赞扬者的攻击。景观的黑暗面、陡峭的山峰、悬崖和枯萎的荒野这些与混乱相关的，是国王和他所代表的秩序的敌人。这也许符合文献中克伦威尔的新型军队或多或少地来自荒地和丛林的记载。

在这首诗和乡间别墅的绘画中经常出现的乡村庄园与国家之间的类比，使景观意识在专制主义服务中得以强化。一个管理良好的乡间别墅和土地，形成了一个自给自足的世界——这是重商主义国家的缩影。整个系统由等级组织，由所有成员——人和自然——的相互合作而得以顺滑运转。但它的和谐最终取决于其对一个全能君主的权威及照拂的服从，就像景观的和谐依赖于主宰者的眼睛。地主对财产的道德权威与国王对和平的维护，使王国上下和谐的责任之间的同源性，由画家或诗人——最终是由观赏者或读者的眼睛所协调，营造出一幅赏心悦目的平和景色。

值得注目的是，在17世纪中叶最吸引诗人和画家关注的景观之一是格林威治泰晤士河上的景色。这里视角的焦点是那座由伊尼哥·琼斯（Inigo Jones）作为皇家委员在1616年为女王设计的宫殿。在他的这项工作以及他作为斯图亚特王朝宫廷建筑师的作用中，我们可以观察到与16世纪威内托景观的直接联系，以及初始于其中并在为英国专制主义服务中精炼而出的思想模本。

伊尼哥·琼斯：专制主义服务中的帕拉第奥主义

琼斯是英国第一位符合意大利文艺复兴后期建筑师地位的建筑师，他或长或短地被宫廷雇用。琼斯是斯图亚特女王正式指定的建筑师，也因此而成为皇家委员。和许多早期建筑师一样，琼斯是一位有着广泛且深奥学问的人。他与英国诗人和人文主义者如约翰·邓恩（John Donne）和亨利·沃顿（Henry Wotton）有着深厚的友谊，并与戏剧有着密切联系——为当时的宫廷戏剧设计舞台布景，其中有弥尔顿（John Milton）的科玛斯（Comus），科玛斯因其田园主题需要进行风景设计。在其职业生涯的早期，琼斯在意大利学习意大利画家和建筑师的第一手作品。在1613—1614年的第二次访问期间——马上接手女王宫殿任务之前——琼斯曾与文森佐·斯卡莫齐会面交谈，并在威尼托参观了帕拉第奥风格的宫殿和别墅。和亨利·沃顿这位当时的英国驻威尼斯大使一起，收集了许多帕拉第奥的图纸和出版物。他们获得了《建筑四书》的副本、斯卡莫齐的《世界建筑观念》（*Idea Dell' Architettura Universale*）以及丹尼尔·巴巴罗对维特鲁威的翻译和帕拉第奥为其制作的插画。琼斯的意图是向英国介绍最先进的建筑，他对文艺复兴后期的建筑和透视理论进行了深入的学习。他毫无疑虑地投身于宇宙假说，因为琼斯"生活在一个圈子中……在其中，柏拉图建立在数字上的普遍和谐概念仍然是他们的信仰"

（Wittkower，1974，p.62）。琼斯认为巨石阵是一座毁坏的罗马圆形露天剧场并试图对其和谐的比例构成进行分析，这些都是完全符合其信念的举动（Summerson，1966）。事实上女王的宫殿就是基于《建筑四书》中面向维琴察东部入口开放广场的基耶里凯蒂宫的设计。后来伦敦圣保罗大教堂翻修设计的一部分则是帕拉第奥应用于维琴察大教堂主题的演绎。

詹姆斯和查尔斯的意图之一是要将伦敦打造成为一个宏伟的首都，这个首都的建筑要配得上他们伟大的统治，相当于贝尔尼尼（Bernini）在罗马的伟绩。为此，在工程办公室担任检验官的琼斯被选为建筑师。琼斯的白厅计划如果得以实现的话，则可以看成是英国对中央公共空间绝对控制的投影。琼斯和他的继任者——同为检验官的约翰·韦伯（John Webb）——的设计意图是对威斯敏斯特宫周围的整个地区赋予一种帕拉第奥式罗马古典主义和普世秩序。皇室特权将在建筑和象征意义上凌驾于议会政府。但由于议会拒绝提供资金而君主也无法提供，整个项目中只有极小的一部分——宴会厅——被得以实现。这本身就证实了英国绝对主义的软弱。琼斯对伦敦形态的另一个重大干预——考文特花园广场也是同样的境遇，并不像其所对应的巴黎皇家广场，未能实现其计划中为贵族所属的地位。

帕拉第奥景观与辉格党的优势

随着查尔斯一世的辞世和议会更迭，琼斯的帕拉第奥主义以及相关的宫廷意识形态都不再受到欢迎。修缮建筑师克里斯托弗·雷恩（Christopher Wren）和之后的尼古拉斯·霍克斯穆尔（Nicholas Hawksmoor）、约翰·范布勒（John Vanburgh）在他们的建筑中都使用了古典主题，但是以一种实用的、经验主义方式，而不是琼斯所使用的理论都市主义方式。当然在查理二世时期，也有人提出要采用宏伟的巴洛克式城市规划，例如约翰·伊夫林和克里斯托弗·雷恩自己在1666年大火后提出的伦敦重建计划，还有雷恩在温切斯特再建一个英国凡尔赛宫的建议。但他们分别遇到了商会和议会的强烈反对，这样的命运再次表明斯图亚特政权专制主义——试图以视角为手段，将首都景观降维为一种个人控制的表现形式——的失败。

然而，随着斯图亚特家族被罢黜以及稳定的宪法方案的确立，坚定服从议会意愿的新教国王的即位既代表了贵族，也代表了富商阶级的利益。"光荣革命"（glorious revolution）的成功提供的政治条件，使得土地和商业团体可以通过控制上议院和下议院，共同将英国（English，不久后的British）的社会形态引向完全市场的资本主义。

在17世纪其象征含义被不断精炼的庄园景观（Adams, 1979），到18世纪成为了文化生产的重要舞台，表现出统治阶级之间的文化张力。其中最有意义的新形象是采纳了一系列主题——对于许多人来说，这代表英国对专制主义及封地产权取得了决定性胜利。帕拉第奥乡间别墅及其封闭的草地、园艺树木、蜿蜒的湖泊等一系列设计主题出自各种不同的来源：文艺复兴晚期的意大利、古典人文主义、文艺田园以及17世纪居于罗马的法国画家。这些"景观"中的佼佼者，斯托、斯托海德、霍华德城堡、查茨沃斯、布伦海姆或莱萨维斯的园林，几乎都被认为是英国乡村特色的代表（Lowenthal and Prince，1964，1965）。从一个不同的角度来看，它们代表了一种新的土地所有权的胜利，这个概念可以被一个18世纪最流行的词汇——财产——所诠释。英国园林景观的意识形态可以通过对一个案例——牛津郡罗夏姆花园，最早且保存最好的园林之一——的设计和象征性来进行很好的诠释。

景观创作——威廉·肯特在罗夏姆

1737年，亲王伯灵顿勋爵的密友詹姆斯·多默尔将军，也是18世纪早期英国一位优秀的领导者，拥有且住在距牛津以北10英里的罗夏姆。其住宅带着一座17世纪初建成的封闭林园，里面有教堂和鸽房。从房子后部向东望去是荷兰风格的古典园林，一片对称的坡地延伸到切尔维尔河蜿蜒曲折的河道，使房子拥有宽阔的视角，可以看到东北方缓度上扬的大地。屋前有一条通往切尔维尔桥的路，可以围出一块15英亩的场地，里面包括一个围场，形成了一块不太规范的花园地带。这块区域是三角形的，在北部与桥相接的地方缩窄到只有几码宽（见图7.1）。皇家园艺师查尔斯·布里奇曼（Charles Bridgeman）已经在房子和西边花园之间引入了一些新元素，包括围场周围的矮墙和凹陷的沟渠，这样可以眺望到在房屋所辖范围处出没的牲畜，从而将生产力与对土地的审美联系起来——这是我们将要分析的18世纪景观辩论中的一个重要论点。但布里奇曼的作品完全被第二种设计所取代，成为**如画般的**园林景观的一个实例：符合风景画构图的视角及园林设计。这种设计思想到现在也没有多大改变。

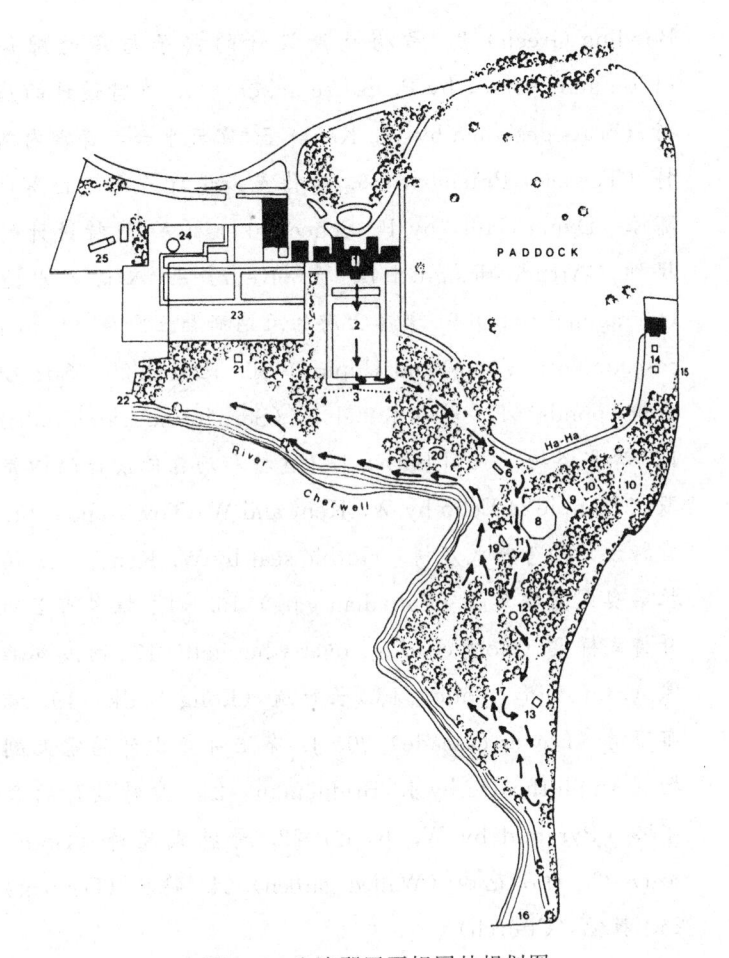

7. 英国：设想、帕拉第奥主义及家长式景观　237

图 7.1　牛津郡罗夏姆园林规划图
（约翰·布里奇曼和威廉·肯特，John Bridgeman and William Kent）

编号说明：

1. 罗夏姆主宅（Rousham House）2. 草坪（The

Bowling Green) 3. 希梅克斯设计的狮子与马的雕像 (Lion and Horse, by P. Scheemakers) 4. 肯特设计的座椅 (Seats designed by W. Kent) 5. 露天平台：普雷内斯特 (Terrace: Praeneste) 6. 希梅克斯设计的垂死的高卢雕像 (Dying Gaul, by P. Scheemakers) 7. 肯特设计的拱廊 (Arcade designed by W. Kent) 8. 八角形水池 (Octagonal Pool) 9. 瀑布上游的维纳斯和丘比特 (Upper cascade with Venus and Cupids) 10. 池塘上游 (Site of upper ponds) 11. 蜿蜒水上小径 (Serpentine water walk) 12. 冷水浴场 (Cold Bath) 13. 肯特和汤森德设计的回声殿 (Temple of Echo by W. Kent and W. Townsend) 14. 肯特设计的哥特式座椅 (Gothic seat by W. Kent) 15. 帕拉第奥式围墙大门 (Palladian gate) 16. 切尔维尔河上的哥特式桥梁 (Gothic bridge over Cherwell) 17. 阿波罗雕像 (Statue of Apollo) 18. 长行道 (Long Walk) 19. 瀑布下游 (Lower cascade) 20. J. 布里奇曼设计的露天剧场 (Amphitheatre by J. Bridgeman) 21. 肯特设计的金字塔 (Pyramid by W. Kent) 22. 哥特式座椅 (Gothic seat) 23. 封闭花园 (Walled garden) 24. 鸽房 (Dovecot) 25. 教堂 (Church)

箭头表示花园环路的最佳游览方向

Source: Based on a map in N. Pevsner and J. Sherwood *Oxfordtshire* ("The Buildings of England Series"), Penguin (Harmondsworth, 1974)

为了实现第二种设计，多默尔聘请了建筑师兼画家威廉·

肯特。肯特曾在意大利广泛游历。他受到伯灵顿勋爵资助，并已有一些园林设计的经验。像许多英国画家一样，肯特在意大利最钦佩的艺术家是克洛德·洛兰和尼古拉斯·普桑。克洛德的风景画由侧面布景构成，并通过一系列亮光将视线引向地平线的消失点，这成为了绘画和景观设计的一种准则，在18世纪的英国被反复应用。克洛德整整流行了一个世纪——他的一幅在1754年以223英镑15先令售出的作品，在1806年可以卖到6300英镑。像乔治·兰伯特（George Lambert）和理查德·威尔逊（Richard Wilson）等画家还将克洛德的构图和色调运用于英国风景画中，给熟悉的场景赋予了一种和煦的意大利式光调。

在罗夏姆，肯特控制着园林内外的视图，以现实中的草坪、树木再现出克洛德式的风景画面。他的方案是生成一种回路，当沿着回路前进时，会呈现出一种周期性的景观形象和构图，观赏者可以运用联想和感性参与其中。从房子开始，主景观即由延伸向远方直到陡峭河流的一片广阔齐整的草坪决定（见绘板12）。中央竖立着一座被狮子袭击的骏马雕塑。林地构成了视角的侧面边框，其作用被草坪角落的装饰座椅进一步突出。越过草坪，斜坡被挖空以突出切尔维尔河的落差，切开中间地带，将视线延伸至远方。在不远处有一座装饰着飞梁和阶梯山墙的磨坊，看上去像一座废弃的教堂。在地平线上，肯特设计了一座带着三个高耸拱形灯座的装饰拱门和山墙，表现出中世纪修道院废墟的氛围。在英国潮湿、泛光的天空下，这场景就像一幅栩栩如生的画作一般。

240　社会形态与符号景观

绘板 12.《牛津郡罗夏姆庄园齐整的草坪》

有人认为这种相似与其说像克洛德，不如说更接近伊尼哥·琼斯设计的"平静乡村"剧中的背景，因为这些场景是英国的而不是引人注目的"哥特式"的经典典故。但景观的结构显然是克洛德式的，园内的图案设计都是意大利式的。构成主宅眺望景观主要焦点的狮子雕塑，仿造了蒂沃利的伊斯特别墅花园中的一组雕像。伊斯特别墅俯瞰罗马平原，广阔的罗马平原是克洛德风景画中最受喜爱的主题。这种古典与哥特式典故的结合表明，肯特在罗夏姆的设计模式的部分原因是回应英国和苏格兰议会联盟，以及在布伦海姆击败法国之后高涨的民族主义需求——田园诗歌和艺术应更多地反映英国乡村现实的要求（Barrell, 1980）。用霍勒斯·沃波尔（Horace Walpole）的话来说，"我们葱绿的草坪、肥沃的山谷、点缀着干草卷的田野和起伏的大地，都因平凡和熟悉而被忽视"（引自Barrell, 1980, p. 7）。引人注目的哥特式景物立足于园林之外质朴的英国乡村。哥特主义是一种广泛且具有吸引力的文化流派，主张在相互对立的罗马权威和哥特式自由的结合中复兴西方文明。它的理想完全符合英国民族主义以及1689年推出的宪法形式。因此，肯特在罗夏姆景观中将古罗马和哥特式典故相结合，可以看作一种在英国景观中对完美的表述——反映了那些像多默尔将军的统治者的合法性。在园林中，主人显露出自己的品味和受过良好训练的感受——目光被带到与罗马平原相关的场景中，但其实是一个地道的英国景观，有意识地在其遗迹建筑中暗指英国因袭的自由。

在设置好第一幅正式画面之后，花园环路在种植林中开拓出一系列自成体系的景致，每一处都包含了田园和古典含义：

维纳斯溪谷的水池、喷泉和林地诸神、阿波罗雕像和被称为普雷尼斯特（*praeneste*）式的七个拱形结构。拱形结构模仿了帕莱斯特里纳的"命运之庙"——这是深受英国游客喜爱的另一个景点，从那里他们可以欣赏到罗马城四周的平原。在这些茂密的树木围栏之间，花园展现出切尔维尔乡村的随意景致。在这里，游客们可以借助周边的景物**组合成**自己的景观。在花园狭窄的北端，游客可以看到一座中世纪的桥梁以及远处引人注目的哥特式建筑共同构成一幅最终的景观画面。在返程中较低的路径上，所有的景物都是反转向内的，给花园的各种元素赋予了新的角度，使得它像蒲柏赞扬的那样，"令人愉悦地混杂着惊奇、变化，且巧妙地掩饰了界限"。

罗夏姆所揭示的"如画风景"原则使观赏者通过选择那些可以构成愉悦画面的自然元素组成景观，排除那些不构成风景的元素，对空间进行个人控制。在这里从主宅开始的第一幅画面就提供了初始构图规则，并通过文学、历史、地理的参照和**联系**，提升至道德和政治层面。观赏者由此确定了自己的感性和趣味，确认了"自然即是花园"的理念——这一理念也表现出英国文明的稳定性和完美性。

肯特的成功得到了霍勒斯·沃波尔（Horace Walpole）的认可：当景致不是那么幸运，或者没有遮拦地暴露在眼前时，他会用浓重的阴影遮蔽住一些，使其富于变化，或通过将其留在观赏者下一步才能到达的地方，使得丰富的景色更加迷人。

随着观赏者在园林中徜徉，会实现在构图中的移动，创造出自己独有的"丰富""幸运"的景观。现在观赏者成为了艺术家,而自然与艺术之间完全倒置,使视觉控制超越了现实中的乡村。

在文艺复兴美学中,从阿尔伯蒂到伊尼哥·琼斯都认为,自然包含着比例及和谐的客观原则,艺术在捕捉自然之美时亦应遵循。在邓罕的景观中,我们把自然看成是(本身就是自然幻象的)图画的幻象。在罗夏姆,我们被要求从字面和理论两方面将自然塑造为图画,因为一切均是幻象。18世纪初这种神秘化的认知被英国的心理学理论所支持。用大卫·休谟(David Hume)的话来说,"所有的推理都不过是一种感觉"。美,在文艺复兴时期被理论家们归于客观范畴,认为可以依据客观规律得以实现;而那些英国人却认为可以被主观理解(Wittkower,1974)。蒲柏如下指出:

> 那些古老的规则,被发现而非被创造,
> 自然还是依照自然之序,
> 自然像自由一样,只是受到约束,
> 按照她自己首先制定的规则。
>
> (Alexander Pope, 'An Essay on Criticism, 1711, lines 88-91)

蒲柏的景观艺术与沙夫茨伯里(Shaftesbury)在《道德主义者》(*The Moralist*)中阐述的原理相同,即自然在其原始状态,也就是不变的状态下,归属于神圣秩序——这是阿尔伯蒂亦会赞同的观点;另一点是作为自然一部分的人可以**直观地体验**它的美——而这是一个与文艺复兴理论截然不同的观点。直觉与理性是不一样的，因此传统美学理论被这种新的心理认识瓦解。在某种程度上可能是由于克洛德和鲁本斯的作品所展示的，在绘画中更强调空中透视而不是线性透视，更注重绘画技艺而不是 *disegno*（设计）。而空中透视和绘画技艺都是为了捕捉情绪和感觉，而不是诉诸理性思维。

从蒲柏的角度来看，这种新的美学与英国政治协议的关系是显而易见的。自然就像 1715 年后在英国革命所实现的、在辉格议会获得保护的宪法形式的自由。皇位仍然是秩序和权威的终极符号和体现，它是"自然的"，且被经典和典故支撑，但它受到议会——个人自由的保证者——的约束。在 18 世纪的下院，个人当然是指士绅地主和富商组成的流动阶级的成员——**有财产**的人。他们将个人自由视为哥特时期的遗产，但在古典主义深深扎根的土地上不能得以实现。同时，个人也是"自然的"。这种自然可以像我们看到的那样来自哥特式的引证，也可以来自反对巴洛克僵化园林的非正式的、曲线蜿蜒的花园设计——后者由勒·诺特尔（Le Nôtre）在凡尔赛宫最有效地表现出来。而绝对性被解读为政治专制主义的代表。另一方面，英国的自由把判断建立在个人感官和情感上，以沙夫茨伯里的话来说就是"由感官支配，而不是推理能力，它意味着自发、本能、想象和直接的情感体验，以及从感官反应获得的审美愉悦"（引自 Wittkower，1974，p.199）。这种意识形态同时开启了所有的人对自然的控制权，不再拘泥于血统、家系和贵族，而将权力赋予那些拥有财产、受过良好教育、优雅的人们，以形成合适的"联合体"。土地可以用来彰显他们的品味：以罗夏姆为例，那些进来巡游的人们，认识克洛德（Claude），并且赞赏这种古典的、哥特式建筑以及带领他们走出维纳斯树丛的蜿蜒溪流的象征形象。

城镇的帕拉第奥主义

詹姆斯·多默尔将军就是这样一位有品位的人，他的名字也出现在艾萨克·韦尔（Isaac Ware）1738年的帕拉第奥《建筑四书》译本的预约名单中。这是第一部准确的《建筑四书》的英文译本，忠实地再现了意大利原版的建筑图纸。在18世纪早期越来越频繁地出现了一些较不完善的译本，其中之一是贾科莫·利奥尼（Giacomo Leoni）的1715年译本，正是这本书促使了伯灵顿勋爵（Lord Burlington）的意大利访问，目的是考察维琴察和近距离研究帕拉第奥的作品。伯灵顿勋爵——韦尔的赞助人购买了十部《建筑四书》，其中包括四部初版。伯灵顿作为18世纪初英国艺术的赞助人，在音乐、绘画、园艺以及建筑所起到的作用众所周知。他的意图是按照沙夫茨伯里1712年的信中指出的方式实现英国的文艺复兴：使民族鉴赏力和风格的发展与英国宪法的完美性保持一致。伯灵顿对艺术的广泛赞助以及自己作为一位业余艺术家的实践，使得他成为推广16世纪别墅和城镇住宅风格的关键人物，这些建筑成为了英国建筑的时尚典范。

1720年后的英国发生了一场建筑思想革命，在不到十年的短短的时间内完全推翻了范布勒和霍克斯穆尔这样伟大建筑师的折衷个人主义，由意大利风格，严格地说是帕拉第奥古典主义取而代之——更为确切地说是帕拉第奥和伊尼哥·琼斯的结合。这种风格被巧妙地宣传和推广，以牺牲其他所有传统为代价（Wittkower，1974，p.78）。

伯灵顿自己也设计了一些建筑的主体部分：1733年韦德将军的主宅，仿照了一座维琴察宫殿；他在奇西克修建的自己的别墅，仿照了罗通达；以及约克的会议所，为郡上层地主的世俗休闲建筑运用了全部的古典设计。其中奇西克的别墅堪称建筑和园林景观的杰作。

> 它是古代和现代大师的完美结合：房间受到古代设计的影响，通过巴斯（Baths）和帕拉第奥自己的设计表现出古罗马设计风格。比例和元素关系取自帕拉第奥自己的设计，以及两栋斯卡莫齐自己的具有重要意义的别墅：莫里尼和皮萨尼（Harris，1981，p.18）。

像其他小众的帕拉第奥拥护者一样，伯灵顿设计了花园和橘园，在终止点设置了殿堂，将花园设计为舞台。

这些建筑得到了与其志趣相投的小团体成员（如肯特）的认可，在推广帕拉第奥主义方面获得了成功。肯特和伯灵顿一起为莱斯特公爵（Duke of Leicester）——新农业最著名的宣传者之一——设计了霍克汉姆大厅；还有科林·坎贝尔（Colin Campbell），伯灵顿位于皮卡迪利住宅的建筑师，其建筑风格借鉴了维琴察的帕尔托科利奥尼宫。坎贝尔从1715开始负责出版一系列带有精美插图的作品，名为《英国的维特鲁威》（*Vitruvius Britannicus*），颂扬崭新的、严格的帕拉第奥建筑风格，并对其设计和立面图进行了详细的介绍，通过一系列精美的雕版展示了这些建筑所遵循的经典规则。在此之前，

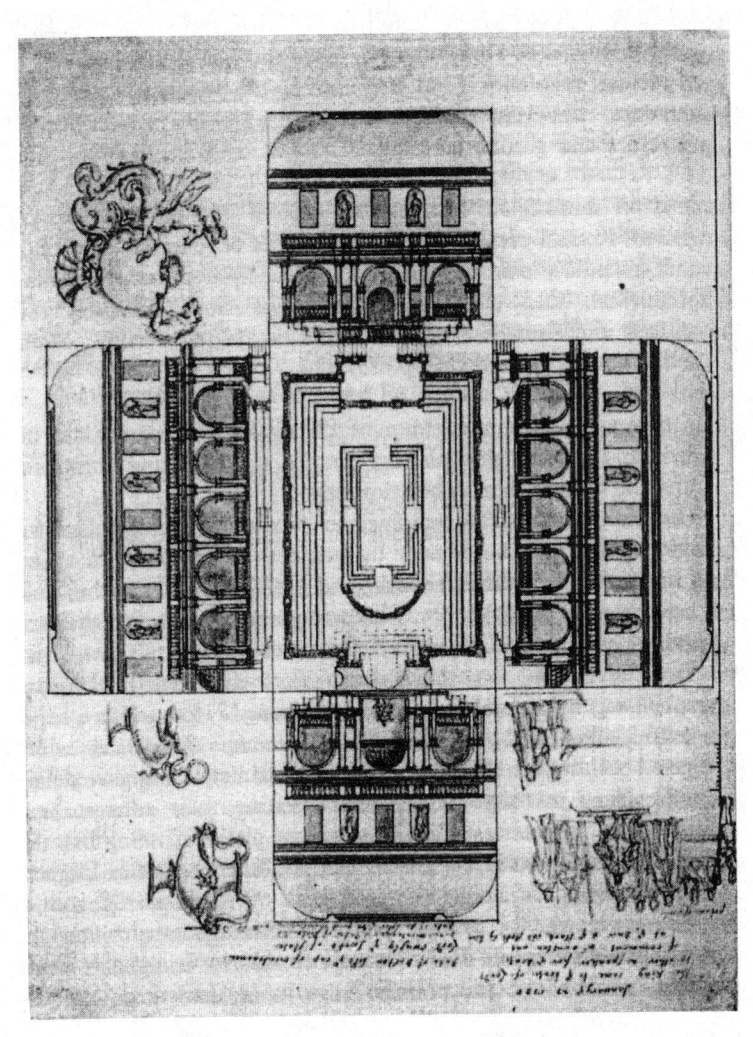

7. 英国：设想、帕拉第奥主义及家长式景观 247

绘板 13. 威廉·肯特:《下议院墙体设计图》
(Royal Institute of British Architects, London)

英国从未有过这种代表贵族品味的图书出版，在一个社会地位意识强烈以及富人之间为其财富激烈竞争的时代，赞助坎贝尔作品中所展示的帕拉第奥主义的贵族们，抨击巴洛克风格，颂扬伊尼哥·琼斯，使其成为建立主导建筑风格的有效载体。伯灵顿自己在1727年与威廉·肯特共同出版了琼斯的建筑图纸，其有400名订阅者，包括许多重要的建筑人物，为推动这一事业提供了有力帮助。如果他们共同设计的新国会大厦——一系列借鉴维琴察大教堂的图纸——能够得以实现的话，帕拉第奥主义将会作为象征英国的建筑伫立于宪法建筑景观的中心（见绘板13）。

然而，却是廉价出版、广泛销售的建筑者手册，虽然仅有简单的插图和规则来再现古典形式，"普及了最简单的能力"，确保了帕拉第奥主义的推广，从而使其成为英国资产阶级的本土风格。从劳斯到珀肖尔，从赫克瑟姆到布兰德福德福鲁姆，帕拉第奥主义成为城镇的主流风格，而正是这些城镇接收容纳了迅速发展起来的城镇职业阶层。每个建筑者都可以购买一本威廉·哈夫彭尼（William Halfpenny）的《实用建筑》（Practical Architecture，在1724年到1757年间印制了八版）或者巴堤·兰利（Batty Langley）的《建筑者助理大全》（Builder's Compleat Assistant，在1738年到1807年间印制了七版）作为工具。在那些从大地主租赁的土地上进行投机建设是许多选择这一风格的人们的主要经济来源。以这些书为媒介，渊博的贵族观念扩散成为一种民族风格，英国城镇景观中的帕拉第奥主义一直延续到下一个世纪。

帕拉第奥偏好代表着这个国家的经典建筑一次又一次

出现回归的常态……无论是亚当、索恩（Soane），还是希腊人，或是早期哥特人，都不曾去除或试图去除帕拉第奥的教义……他们可能从没想过要完全取代16世纪维琴察时代的书籍和建筑所奠定的传统基础（Summerson，1969，pp. 36-37）。

然而重要的是分清英国帕拉第奥主义与16世纪维琴察及其赞助人对相同主题赋予的不同含义。从表面上看，文艺复兴时期的古典主义孕育的绝对主义的巴洛克式幻想，是这一流派建筑师所使用形式和符号的源泉，但这并不适合于简单自由的英国自然主义意识形态。正如威特科尔（Wittkower，1974）所指出的，帕拉第奥主义实际上是情感主义者对自然诉求的一种补充，这种情感常常被帕拉第奥主义者在英国的园林景观中得以展现，例如亨利·弗利克洛弗特（Henry Flitcroft），设计了斯托海德和斯托的公园圣堂，并在1740年代设计了温莎公园（Harris，1981）。帕拉第奥严格遵守的纯粹罗马风格——最初是在威尼斯寻求帝国合法化的背景下发展起来的——在18世纪的英国，则与对帝国之前的罗马**共和国**完美的道德和政治的想象相关。那些曾享受过非正式的"自然"花园的古老民族也没有宏大的专制制度。那段时间同样也是罗马的农业基础尚未被帝国政策摧毁的时期，正如维吉尔在《牧歌集》中详细叙述的那样，英国学者们从德莱顿（Dryden）1690年代版的翻译中了解到这一史实。因此，就像哥特式一样，以帕拉第奥为代表的纯粹古典主义完全适合于表达英国的自由，正如英国林园中的自然主义象征着良好的畜牧业发展一样。值得注意的是，无论是在伯灵顿还是坎贝尔的著作里，还是建筑者袖珍手册中都没有任何关于建筑理论的讨论。它们只是对空间和装饰处理规则的汇编。帕拉第奥的著作不同于阿尔伯蒂等人，其自身相对来讲没有理论探讨，而是采取了实践的手法。他执着于宇宙和谐论这点对他的赞助人来说可能是显而易见的，但对于伯灵顿勋及其同僚来说却并不重要。正如我们所看到的，他们从阿尔伯蒂的主张中获得了不同的美学理论，他们只是把帕拉第奥的尺寸简单地翻译成英尺和英寸，并机械地复制了他的图案。

帕拉第奥景观中的自然与功效

值得注意的是，伯灵顿的圈子里一个引人注目的焦点就是帕拉第奥式别墅。正是这种形式，特别是帕拉第奥最为认同的、可以看到开放式生产性乡村的圆形大厅，是《建筑四书》所有设计中被复制最多的形式，并可在《英国的维特鲁威》(*Vitruvius Britannicus*) 中找到诸多共鸣。新古典主义和自然主义初次嵌合在一个连贯的意识形态中，这种意识形态产生于土地贵族进行了大量投资，以增加其地产的生产收益——无论是来自伯灵顿在爱尔兰土地的农民地租，还是托马斯·库克 (Thomas Coke) 在诺福克土地上的新轮作和牲畜改良。"自然"的意识形态具有双重意义：英国宪法保护了人对自由的自然权利，但也以一种非常实际的方式维护了对自然私有开发的权利。约翰·洛克把**财产权**视为人的自然权利之一，这项权利的神圣性贯穿18世纪，一直在议会立法中得以体现，就像连续不停的鼓声一样，被爱德华·汤普森 (Edward Thompson)

贴切地比喻为如地主猎人进军的蹄声。

但财产的使用是一些争议的根源,事实上对于地产的使用和态度,在分化日益加剧的文明社会中成为一种身份认同的模式。古老的保守党贵族支持着他们认同的乡绅阶层的传统价值观,为精耕细作的农牧业辩护,以一种**贵族的责任感**仁慈地对待那些从事庄园劳动的人们。而那些新兴的、暴富的、经常是辉格党的地主们所缺少的正是这种价值观。这些人从商人和职业阶层中脱颖而出,常常成为地主阶层中的一员。据说像卡多根勋爵和霍勒斯·沃波尔这样的人,把他们的庄园视为商业企业,公然剥削他们的佃户,并会毫无顾忌地把佃户全部移走,就像在斯托或纽纳姆考特尼发生的那样,只是为了旷阔平整的草坪和基于美学栽种的树丛,就以之取代了佃户们的村庄。这些地主阶层以他们新获取的地位和力量,取代了骑士精神和血统的格调及感性。威廉·肯特和查尔斯·布里奇曼(Charles Bridgeman)设计的帕拉第奥别墅景观,如科巴姆勋爵在斯托的,莱斯特公爵在霍克汉姆的,或是哈考特勋爵在纽纳姆考特尼的别墅都受到保守派的攻击。在这方面最著名的是亚历山大·蒲柏(Alexander Pope, 1731)写给伯灵顿勋爵的**书信**,信中无论是对帕拉第奥风格还是和新园林景观都予以辛辣的嘲讽。蒲柏同样欣赏那些伯灵顿和帕拉第奥派所敬重的经典,但却把它们作为对新时尚的批判。

211

> 你告诉我们罗马是荣耀的,而不是挥霍的,
> 而华丽的建筑曾经是有用的。
>
> (Alexander Pope, "To Richard Boyle, Earl of Burlington", 1731, lines 23-24)

有用与新建的奢华的庭院和园林相对应。这种奢华其实是一种欧洲恶习,例如凡尔赛宫,也因而被英国所摒弃。蒲柏认为真正的意义并非是对美学的感性,而是长久以来的贵族价值观。

> 用途是唯一圣化花费的方法,
> 华丽从理智借来她所有的光辉。
> 他平静地享有来自其父的土地,
> 如其增长会使邻舍喜乐;
> 快乐的佃农赞美他们年年的辛劳,
> 他们的领主却不止拥有土地,
> 广阔的草地慷慨地喂养
> 乳白色的母牛和珍贵的骏马;
> 隆起的森林,不是为了骄傲或展示,
> 而是未来的建筑,未来海军的成长:
> 让他的种植园从一个城镇延伸到一个城镇
> 先遮蔽一座村庄,再建造一座城镇。
>
> (Alexander Pope,"To Richard Boyle, Earl of Burlington",1731,lines 179-190)

对于蒲柏,景观本身就是传统价值观的体现。涉及过去(诗中"其父的土地")和长远的未来——森林是一种代际投资。地主关心他的牛马,允许它们进入他的草地,他的佃户将其视为一个善良的、会顾及他们需求的家长,而不是一位雇主。与这种封建幻想形成鲜明的对比,蒲柏抨击了暴发户阶层(*nouveau riche*)对资产的霸道和挥霍——浪费巨大且毫不关心依附者，常常只是随着品味的变化就拍卖掉。

在这场关于林园设计、效用和形式的争论中，我们可以看到在 18 世纪的英国，景观已经成为一个道德问题。在许多方面，它象征着英国社会形态向资本主义生产关系转型时，农村新兴的社会秩序以及对这种秩序的反应，首先是在农村，而后在工厂地带和工业城市。在解读这种乔治王朝时期景观美学时，我将聚焦于两个主题：土地与劳动之间以及乡村景观与城市之间的关系。

景观与劳动

将设计为静态、虚构框架内如画一般的园林投影于园林外农耕忙碌的的乡村，会产生使乡村也变为一幅图画的效果。大自然整体变成一座园林，在独占控制之下成为休闲之所。因此，园林和风景画中的固有标准被广泛应用于农村场景，并极易导致一种视觉否定。在研究 18 世纪风景画时，约翰·巴雷尔（John Barrell，1980）指出那些真正在土地上劳作的人们是如何被纳入绘画原则的。从这一世纪初开始，人们呼吁通过克洛德和田园文学的传统来揭示英国景致之美，这回应了我们前面提到的对现实主义和爱国主义的要求。这其中有趣的是构成克洛德空中透视结构的光线和阴影如何被用来决定工作和休闲的景象：劳动者在阴暗处，而休闲的绅士在明亮处（Barrell，1980，p. 22）。每一个或一组人物都在区域内有一个适当的位置，从而只能被表述为一幅图画，一个"景观"——通过被转译为一种结构，这一区域自动且必然地被视为一个统一、有序、和谐的整体。

巴雷尔强调了这一世纪早期对劳动者的关注,虽然在暗处,但他们愉快地工作,与自然和谐相处,而不是像蒲柏描述的那样。他们以富裕的农场劳动者肯定了"生机勃勃的英国"——虽然没有闲暇,但衣食无忧。这一景象印证了对地主家长式责任的一种慰藉——"快乐的农民"虽然需要辛勤劳作,但这也使他们能够劳动,并由于"主人"的照顾而获得幸福的生活。沙夫茨伯里在《独语,对一位作家的忠告》(Soliloquy or Advice to an Author,1702)里赞扬罗马共和国的完美时,对家长主义原则(the paternalist principle)进行了阐述:"在一个人民可以分享权力,但没有对奖励进行分配的人的政府里,他们期望首领和伟人能予以提供。"一方面提供品味模式,一方面为那些劳作者提供物质上的帮助,从而让其安心,土地所有者可以通过园林这样的自然景象使两者有效地结合在一起。

巴雷尔指出,在这一世纪中,随着英国农业经济越来越融入资本主义制度,家庭包工逐渐被工厂生产所取代,人口增加以及不再有教区慈善的干预,越来越多的农业工人和小农户已无法维持自己的生活,景观理念也随之发生了改变。榨取农业剩余的效率不断提高,从历史的角度这同时伴随着两方面的影响。一方面是对描绘英国场景的写实主义需求不断增加,另一方面是因此需要在绘画中面对现实主义所揭示的变革带来的结果,即乡村的穷人不能吃饱穿暖,居所破烂,在无尽的辛劳中度过短暂而残酷的一生。一个显而易见的方案是只表现那些"值得的穷人",他们虽然受制于市场的"自然"法则(以他们的贫穷使某些人致富),但他们仍然继续寻找工作,养活自己和家人，对偶尔从富人那里获得的慈善感恩戴德。这为18世纪后期的风景画增添了一种感伤主义的画风。另一种方式是通过扩展自然主义的意义来改变景观自身的结构。

因此在肯特的继任者——设计了180座园林和1764年的皇家园林，最时尚的景观园艺师兰斯洛特·布朗（Lancelot Brown）——的作品中，在罗夏姆仍然明显的园林和远处景观之间的差异已经完全消失了。所有房屋视野中的障碍物都被清除，变成宽广辽阔的绿色牧场和看似随意实而精心设计的树丛。雕像被淘汰了，树种也限制在一个很小的范围：榆树，橡树和山毛榉，不像肯特那样有更广泛和多彩的选择，以及可以在蜿蜒的堰塞湖中倒映出的多姿景观。离肯特的罗夏姆仅5英里的布伦海姆公园的大片土地上，范布勒宫殿巨大的立桩和悬挂着旗帜的庭院直接映衬出一片完全没有人物的风景，只有偶尔来吃草的动物才会占据这片土地。在查茨沃思，整个山谷也被同样对待。即使现在，人们还是会震惊于粗俗的古典主义中主宅所傲慢宣称的完全控制权以及领主园林对整个山谷的占有。这样宏大的规模会带来一种军事和对自然发号施令的感觉，这一点与布伦海姆的主人有关，并被一些评论家们注意到。精心种植的树木是为了遮挡维护园林且"看不到的"园林工人居住的"模范村庄"。在查茨沃思，它被居高临下地命名为安泽。为了使给园林工人修建的定居点在主宅看来视觉效果不那么突兀，将之前的村庄夷为平地也并非偶然。牛津郡的一个景观花园就是另一个例子，哈考特勋爵在纽纳姆考特尼俯瞰泰晤士河的地方，村庄被移出房屋视线，在一英里外沿着新伦敦收费公路重新修建。只有教堂保留在原址上，被改造成一座

256　社会形态与符号景观

古典庙宇，努尼汉姆卑微的信者被迫长途跋涉到这个陵墓般冷漠的教堂进行礼拜。最具讽刺的是，这些简陋的房屋仍被称为"模范村庄"，以象征文化控制的力量。

当然，人们也有些认识到这种对自然无情扩张的统治和控制的真正含义。我们已经提到过蒲柏的早期抗议。对于努尼汉姆的搬迁，奥利弗·戈德史密斯（Oliver Goldsmith）在《荒芜的村庄》(The Deserted Village) 中哀叹这对他所想象的村民从前轻松、幸福、和平的生活带来的影响。这种抱怨在很大程度上代表了一种对正在消失的家长制——田园纯真时期——的保守怀旧，或者惧怕穷人会对资本主义农业产生不满，而不是真正理解家长制繁荣的历史状况，或是支持那些被圈地或园林剥夺财产的人们。

18世纪中叶那些宏大的、充满自信的园林景观，如埃格蒙特勋爵的佩特沃思或亨利·霍尔的斯托海德，无论在视觉上还是商业上都有着美好的前景。在草地上牧养的牲畜、庄园遥远的边界外一排排的林木，成熟后均可以获得巨大的收益。但是生产这些利润的人员，例如60个被永久雇用护理布伦海姆2500英亩土地的人们，则被完全排除在"景观"之外。

城市中的自然

乔治王朝时期不列颠城镇的人口和面积显著增长。这种增长并不像19世纪工业化时期那样具有选择性。不仅伦敦和殖民时代的大港口——布里斯托尔、利物浦和格拉斯哥参与其中，分布广泛的郡和乡村集镇也为英格兰郡区的职业阶层建造了大量的房屋——这也反映出海外贸易和改良农业所带来繁荣的地理波及广度。这种新的财富及其传播中最新颖的产物可能就是在士绅和职业阶层中流行的休闲热潮。这开辟了前往英国偏远地区的旅游活动。这一事实对我们将在下一章看到的景观理念有着一定的影响。它还促生了如敦布里奇威尔斯、切尔滕汉姆、马尔文等温泉疗养城镇和内陆度假圣地，其中尤其著名是巴斯，以及后来的海滨温泉——最时尚的布莱顿。温泉疗养城镇是一种新的城市形式，它以休闲娱乐为目的，脱离了传统城市景观中表达政治、贸易、商业等目的及活动的要求。因此毫不奇怪，城市的自然化——将其变为一座花园，一种"令人愉快的景致"——在像巴斯这样的城镇中会得以清晰体现，因其恰巧是逃离城市繁文缛节和公民责任的场所。

老约翰·伍德（John Wood the Elder），这位建筑师是使巴斯成为乔治王朝典型城镇风貌的最关键人物，他似乎接受了一些维特鲁威的文艺复兴思想，而其实其根源是他的新教主义（Neale，1974）。在巴斯，他希望重建一座罗马城市，包括公共集会场所、体育场馆和露天圆形竞技场，但同时也要协调他所认为的这些形式的异教起源与其信仰的基督教之间的关系，从而颂扬和模仿神圣造物主的工作。他在1741年的论文中表达了对这些矛盾的解决方法，正如文艺复兴时期理论家们所做的那样——强调圆形的象征意义以及有序的公民生活才是城市本质的思想。但这些思想绝不是他那个时代常见的假定，事实上正如尼尔（Neale，1974）所指出的，伍德为巴斯所做的设计恰恰是对他所认为的腐败堕落的城市以及缺乏公民责任和尊严的抗议，我们需要把他的崇高理想与其更实际的对城市土地和建筑的思考结合起来。周围环绕着绿色山丘，颇具古典主义风格，其新月形街区和阳台面对着较为随意的公共绿地，这样的巴斯代表了城市化的乡村别墅，而不是真正古典意义上的城市概念。在这点上，巴斯是18世纪英国城市美学的一个显著特征，它代表了对城市概念的一种全新的重构。

在伍德的时代，帕拉第奥主义在城镇住宅中如同在乔治王朝早期英格兰的乡村住宅中一样广受欢迎。在城镇中，它的规则同样被学习和应用，当然在这里主要是应用于建筑的外立面，而不是作为整体考虑的城市空间构成。在某些方面，这很适合于一个新兴中产阶级的城市生活，他们以个人和私人方式从伦敦房地产公司购买了租约。乔治王朝的排屋正面采用和两边邻居完全统一的风格，对这种形式的自由选择可被视为一种退出集体公民生活的思想。同样，公民生活也不再作为从城市向农村辐射的权力/权威的表现。相反，城市被视为乡村的产物，或者至少是一种仍根深蒂固地认为土地是财富和地位基础的态度和价值观。当然在非常现实的意义上，这一情况是客观存在的。通过出租土地进行建设，家庭财富得以持续和扩展，或偶尔出现的初次获取的情况：例如伦敦西部的贝德福德、波特兰、波特曼和艾尔庄园，或者钱多斯公爵在巴斯的、德比勋爵在利物浦的庄园。租赁作为一种以区块方式分配给私人投机建筑商的土地形式，阻碍了对城市整体特征的理解，并在创造土地和财产市场的同时保留了大土地所有者的终极所有权，它代表一种保留了少量封建地租形式的资本主义所有制形式。

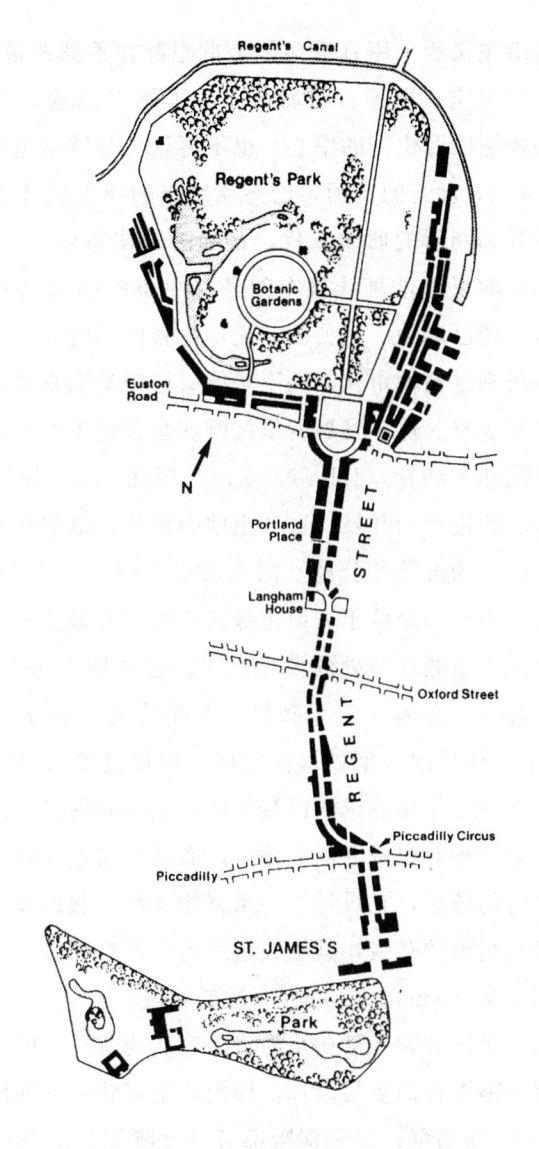

7. 英国：设想、帕拉第奥主义及家长式景观 259

图 7.2 约翰·纳什的摄政公园计划和圣詹姆斯的仪式路线

新都市主义所采用且贯穿整个世纪都在不断改进的形式，反映出一种否定，即不再将城市作为不断自治的资本主义积累、市场控制以及生产的中心，也不再认为是城市组织起了农村生活。在18世纪的英国，巴洛克城市的巨大轴线和整合的空间被新月和圆形的曲线取代，正如勒·诺特尔（Le Nôtre）园林设计中的反射池轴线被布朗景观中蜿蜒的湖泊所取代一样。城市广场已成为一座公园，就像伦敦西部的贝德福德庄园一样。乡村别墅被城市化，而不是像威尼斯的别墅那样，将城市宫殿搬至乡村。这一发展的最好例证是乔治王朝末期的摄政期间，在约翰·纳什（John Nash，参照图7.2）的计划下对马里布恩庄园进行的开发。这片土地的租约，也包括不断扩展的西北地区，为波特兰公爵从国王那里获得，并于1811年归还。摄政王想要一个位于城市边缘的住所，并希望有一条从圣詹姆斯仪式中心通往该处的游行路线。这计划于1813年被议会批准，理由是改善了卫生条件，其路线通过拼凑避开了如"福利之家"这样的大型城镇住宅区，却切过更穷困者的居住区。与经常与之相提并论的巴黎里沃利街不同的是，摄政街并不是一条象征绝对权威的巨大轴线，而是一条连接城市中心和开放性乡村的通道，它设计了一系列相连在一起的新月形和正方形，遵从折衷的路线，其经典建筑由白色粉饰统一——代表着向宪政主义（constitutionalism）的致敬。

北端是摄政公园，最初是为贵族建造的园林式的郊区。它被设计成一座宏伟的乡村园林，周围环绕着壮丽的梯田，最初计划包括40座别墅，每座别墅都可以远眺起伏的草坪及蜿蜒的湖泊，同时保证其独自"占用"的景致不会受到影响

(Chadwick，1966)。尽管别墅的数量在计划中被减少了一半，在实际中不超过 8 座，尽管中心的国家瓦尔哈拉殿堂并未修建，也尽管该公园在 1838 年面向公众开放，但在构思和使用上仍然是贵族式的。正如一位德国观察家所指出的，人们必须"成为一个富有的人，骑马或乘车"才能享受这座公园，因为这里没有提供任何座椅或休息处（引自 Chadwick，1966，p. 32)。摄政公园极大地暗示了一种农村主导城市的价值观。

这种城市形态产生和真实地反映出社会的紧张局势，在上流社会中也可以感觉到。雷蒙德·威廉斯（Raymond Williams，1973）展示出在这些宏大的乔治王朝联排别墅的建设中，大量贫困人口受到那些控制且获利于伦敦成为土地和商业资本主义巨大丰碑的人们的驱使，为其提供服务，这在当时的上流社会中产生一种模糊、暧昧的反应。伦敦的商业力量得到了适时的宣扬，它的声望和对它的投资也得到颂扬，但与此同时，人们也越来越担心在那里大量定居的具有潜在破坏性的人群，这些人时常在暴乱中发声，激发了霍加斯（Hogarth）在版画《杜松子酒巷》(*Gin Alley*) 中的道德愤慨，以及杰斐逊对美国城市未来的评论。在城市规划中，这种社会的紧张局势通过将城市设计为一种纯粹的形式即"自然"来规避，从而分享乡村的美德，而不是像早期理想城市规划中尝试的，将城市空间和建筑设计融合到社会乌托邦的概念中。

这种规避和将城市作为一种自然元素的理论演变，由法国学者而不是英国学者做出了最清晰的理论表述，尽管美国大陆的规划明显借鉴了英国的实践。约翰·纳什可能是世纪之交最成功的景观园林师汉弗莱·雷普顿（Humphrey Repton）最亲密的同事，但城市理论家劳吉尔（M. A. Laugier）在自己的城市著作中明确致谢，赞许地引用了画家科森（J. R. Cozen）的《风景画提示》（*Hints on Landscape Painting*）中的景观理念。美国大陆的规划对英国的借鉴则更为深层，因为劳吉尔是一位重农主义者，他的《建筑观察》出版于1756年，正是将英国的农业成就作为欧洲典范进行推广的重农主义盛行时期。重农主义者认为一个国家的实力在于商业性农业。他们的知识领袖奎斯奈（Quesnay）在1758年这样写道：

生产性支出（*productive expenditure*）用于农业、草地、牧场、森林、矿山、渔业等，使财富以玉米、酒、木材、牲畜、制成品的原料等形式永存。

无增值支出（*sterile expenditure*）用于制成品、房屋、服装、货币利息、佣工、商业成本、外国产品等（引自 Huggett, 1975, p. 91）。

从这个角度来看，城市是不能增值的，它只能通过与农业和农村土地的关系被赋予生产性。它必须由农业创造，而不是由其自身组织中心。从英国土地乡绅的角度来看，这是一种非常恰当地看待城市的方式——城市是一种农业产物，不仅为他们的土地产品提供市场，而且还是调整土地契约以法律来保护他们财产的地方，同时也是在"季节"变换中确保婚姻和继承的地方。

劳吉尔的城市设计理念表达了这种城市理念，使其成为一幅如画的景观。

　　　　任何知道如何设计好一个公园的人，都可以毫不费力地在给定的区域和状况下,以同样的思路建成一个城市。要有广场、十字路口和街道。从整体还需要有规律和想象、关联和对立、偶然的改变场景的意外元素,直至细节的秩序以及各种喧嚣、吵闹的地方(引自 Tafuri,1976,p.4)。

换言之,城市的设计应与在风景画或公园设计中的自然一样,注重令人愉悦的景象和让人惊喜的元素。对这些区块的协调是一种纯视觉的行为,而不是像我们在英国帕拉第奥主义中提到的那样建立在理论上,因此乔治王朝城镇景观的规则立面,与人们经常注意到的缺乏对房间的合理配置或后露台外观等问题并存,这与将乡间别墅变成城镇住宅,将景观公园变成城市广场属于同一结构脉络。以塔夫里(Tafuri,1976,pp.5-6)的话来讲,"城市与绘画属于同一个正式领域。因此选择和鉴赏意味着在同一层次引入对区块的规划,不仅包括自然和理性,还包括对自然和城市区块的设计"。

在 1600 年至 1800 年期间,当时欧洲大部分地区都处于绝对君主制的统治之下,英国统治阶级的意识很大程度上源于资产阶级的个人主义和功利主义的独特结合,以及对土地仍然强烈依附的现实状况——将其视为社会地位的基本标志和最安全的资产形式。资产阶级和封建阶级之间的紧张关系在各种论争中表现出来,例如对景观园林的效用和是否是浪费的争论。联想和感性理论(the theory of associations and sensibility)既是个人主义,也是强烈的墨守成规论(conformist),诉诸自然总是暗示现有秩序的普遍有效。但自然与景观理念是紧密联系在一起的,景观从根本上仍维持着局外人创造的本质,是一种对自然的并通过自然凌驾于他人的权力和统治的象征。线性透视——城市美学和城市视觉控制的逻辑，以及设计（*disegno*）的形式，与颜色（*colore*）、空中透视（aerial perspective）的乡村美学和乡村视觉控制逻辑相比，没有得到充分重视。

18 世纪的英国和 16 世纪的威尼斯之间有一种有趣的相似，且由于英国的地主阶级采用了帕拉第奥式的威尼斯风格变得更加引人注目。威尼斯的贵族阶层处于从商业到租赁的经济角色的根本转变。许多贵族家族在建造别墅和赞助风景画家的同时，也进行着大量的贸易和金融投资，以利润更高的方式对其农业地产进行重组。从表面上看，他们的行为类似于 18 世纪英国的食利者。同时，农业技术进步也是这两个群体共同关心的问题。威尼斯的农业资本主义贯彻着实用精神，这种精神以前用于商业活动，确保商品（*commodità*，在此特指乡村别墅生活的愉悦）总是与功效（*utilità*）有关，就像后来蒲柏（Pope）在英国要求的那样。但在所有这些相似之外，两者之间有一个显著的区别。在威尼托，城市宫殿以及城市景观和视角是主要模式，并被转化为农业背景，而在英国这一过程被翻转，"自然"的农村景象早已占据了乡村，进而成为城市景观的主导思想。在这两种情况下，景观理念都是城市与乡村、封建主义与资本主义社会形态间文化生产的载体，但其使用方式和构成的理论偏好则与当时具体的历史环境相关。就威尼斯而言，景观意识形态的城市起源并不能掩盖其向二次封建主义的倒退；而在英国，乡村起源则掩饰了其向城市工业资本主义的逐步转型。关于景观理念在转型最后阶段的阐述将在下一章中展开。

8. 令人敬畏的自然：景观与工业资本主义

1760年，农田占英国国家资本的47%，农场建筑、库存等占英国国内固定资本的27%。农业作为一个部门占全国财富的近四分之三，而制造业仅占7%。一个世纪后，在总额大幅增长的同时，这两个部门的占比也发生了巨大变化。农业占英国财富的36%，制造业升至24%。而农地的占比下降到了21%。这些数字展现出工业革命的影响，以及它对生产、经济关系、英国社会形态中土地作用的影响。工业化对人口增长、人口结构和分布、城市形态和社会结构、阶级形成和冲突等方面所造成的影响已众所周知，不用在这里重复。它们是如此地引人注目和显而易见，以至于让人们惊讶它们能够成功地被容纳在一个既定的宪法、政治和法律框架内，而不是带来巨大的社会和文化的紧张局势。长期以来，英国及其机构在向以工厂为基础的工业资本主义过渡期中长期保持相对稳定，这为形成工业革命带来国家物质繁荣和宪法进步这样一种传统的历史观提供了合理的基础，在这样一个故事中，新技术及其创造的财富表现为一种胜利行为。

近年来，这一观点受到了挑战。这些研究强调普通人积极参与到工资、物质福利和道德价值的斗争之中，反对工厂和城市形成的新社会带来的剥削和异化。从历史学家汤普森（Thompson，1963）和他的追随者的角度来看，这一时期简而言之可以被认为是从**道德经济**（仍建立在习俗的基础上，并将配属身份视为人类关系的主导条件）向**政治经济**（建立在契约的基础上，身份由获得的资本和生产资料来决定）的转变。这种人类关系的深刻变化与新生产力的迅猛渗透紧密地联系在一起：蒸汽动力和工厂系统进入商品生产的关键领域，特别是纺织和冶金，新运输技术进入运河和铁路，并通过改变贫困救济立法和组织释放劳动力的流动性。这些事件一起，共同证明了19世纪之交是英国向资本主义过渡的顶峰。

同一时期，在英国之外，资产阶级以更加革命的制度性变化在欧洲取得了政治胜利。最鲜明和最具影响力的是法国革命，摧毁了绝对封建国家的形式及其合法性。拿破仑军队横跨整个欧洲大陆，从伊比利亚（Iberia）打到俄罗斯，到19世纪40年代，欧洲后封建社会已无法存在。工业资本主义的进展是明显的，它得到了国家新组织形式的支持。

文化与市场社会

尽管在宪法上具有明显的连续性，但这些年是英国文化革命的重要时期，从"浪漫主义反叛"（romantic revolt）这样一个经常用于描述这些年的名称就可以看出来。在《文化与社会1780—1950年》（*Culture and Society 1780-1950*）中，雷蒙德·威廉斯（Williams, 1963）探讨了浪漫主义文化与工业革命之间的关系。他指出这一时期五个主要的、常常被认为是不同类别的、其实却相互关联的变化。这些是文化品的生产者（作家、诗人、画家）与其受众之间的关系；对"公众"的态度；艺术生产的专业化使其成为更一般性生产的一个分支，进而受到类似的条件制约；以想象出的真实为核心概念，出现了一种艺术"优于现实"的理论；艺术家作为自主的、具有创造力的天才，应被赋予特殊的地位和行为准则。随着作为受众的中产阶级的大量产生和不断扩大，逐渐形成了小说、诗歌、绘画和版画"市场"，个人赞助或捐赠群体的重要性逐渐下降。诗人或画家成为了这个市场的生产者，作为专业人士或商人提供迄今为止没有的更加一般化的品味和偏好。与此同时，一直由工匠为大众生产，而非为赞助人制作的机械艺术，则更多地被并入工厂且对从业者技艺的要求也不断降低。随着商人和工匠成为工人，艺术家则逐渐变为商人，同样的市场供求法则支配着两者的产品。

对此诗人和画家的反应既有希望保持作品特殊地位的防御性，也有攻击异化、机械化运作的新生产体系及其非人性化效果的攻击性。为了维护其特权地位，艺术家宣称其工作不是为了直接表达市场、公众的需求，而是为了华兹华斯（Wordsworth）所说的"具有哲学特征的人及……其知识体现的精神"（引自 Williams, 1963, p. 51）。换而言之，艺术家和"文化"行家们建立起一种超越普遍大众表述需求的卓越标准。为此，艺术家与那些在工厂中越来越遵守某些机械规则的工匠区分开来。艺术家继续宣称其作品是为了表现永恒的真理，这一主张至少可以追溯到文艺复兴时期。但这一主张现在要通过强调创造和想象的真理，以及是独特艺术天赋的产物来实现。这使得人们要区分开自然生长的、动态的或**有机的**作品（例如天才的作品），与模仿的、机械复制的产品。托马斯·卡莱尔

(Thomas Carlyle) 在《时代的迹象》(*Signs of the Times*, 1829) 中特别强调了这种区别。

浪漫主义者宣称天赋是自然的、被赋予的而不是人为的，并为创造性地寻找富有想象的真理表述制定了自己的规则。也因此对他们认为的古典主义的规则约束进行攻击，无论是抑扬格五步诗 (iambic pentameters)、奥古斯都诗歌 (Augustan poetry) 的格式化语言，还是学院派绘画的构图和固定风格。艺术天赋可以说具有一种革命性地位：其创造性的想象力揭示了人性的共同真理，反对把人视为机械生产工具的虚假社会秩序。这种革命地位可以很容易地运用于政治变革，如威廉·布莱克 (William Blake)、拜伦勋爵 (Lord Byron) 和雪莱 (Shelley) 就以不同的方式支持着政治改革。浪漫主义对自然优越性的执着提醒我们，对待自然的态度与这场文化革命有着深刻的联系。由于对真理的创造性艺术表现是自然有机的，而社会是虚假的、机械的，艺术表现与自然世界可以也确实产生了一种特殊的共鸣，这一意义借鉴并超越了传统的自然启蒙观及其在绘画中的表现。这种转变的中心思想是**敬畏**理念。

敬畏

对于 18 世纪早期的文人来说，"敬畏"与过去最伟大的文学作品相关，与荷马、但丁、弥尔顿，尤其是《圣经》相关。它表明了一种精神状态，人类能够达到的最高和最严肃的境界，在面对神圣威严——上帝令人"敬畏"的证据——时，承认自己的渺小。苏格兰作家休·布莱尔 (Hugh Blair)——亚当·斯密（Adam Smith）的门生，18世纪中期爱丁堡哲学复兴会（Edinburgh's philosophical renaissance）的成员——主张敬畏能够，

> 产生一种内部提升和扩展。它使人的思想超越平常状态，充满令人愉悦的惊讶和惊奇；但也是严肃、庄重和威严的；与那些美丽的事物所引起的更快乐和活泼的情绪有着明显区别（引自 Wilton, 1980, p.10）。

神圣惧畏、威严沉郁、严肃、无限、升华、浩瀚宏伟，这些都是关于敬畏的形容词。最初它是内在的，常见于那些由最伟大的、几乎与神直接接触的思想所创造的作品中，在自然物体中并不多见。鉴于敬畏的庄严性，它只能以最高的艺术形式来实现：在史诗中，以及理所当然在神圣的书中，以神的语言。在绘画中，如果有的话，也只能在宗教或历史作品中，如米开朗基罗在西斯廷教堂的英雄绘板。风景画很难被认为是可以表现如此厚重主题和体验的方式，在佛兰德斯传统中，它复制了雷诺兹所谓的"自然中的偶然"（the accidents of nature）——对特定地区详细的实证研究。像克洛德表现的理想自然可以满足美的要求，从而将风景画提升到艺术层面，但敬畏还是超出了它的表现能力。

因此敬畏最初是属于渊博的知识和精英主义的，它标志着最高尚的思想，是普通凡人，像商人等，难以企及的高度，他们很少有时间去思考关于炼狱之类的宏大信念。但在18世纪，随着中产阶级逐渐形成一个越来越大的关于投机性写作、文学和艺术的市场，通过艾迪生（Addison）的《观察者》（*Spec-*

tator，发行自 1712 年）等期刊的普及，这种敬畏越来越适合于他们的品味和体验。这使得敬畏的意义和关系发生了微妙但重大的变化。我们已经从布莱尔的话中看到"敬畏"与美丽的对比。这种区别被巧妙地定义并让人印象深刻。在埃德蒙·伯克（Edmund Burke）1757 年的分类中，敬畏与人类自我保护的激情相关，或者以更现代的术语来说，与生存相关。

> 任何适于激发痛苦和危险想法的事物，即任何可怕的，或与可怕的事物联系在一起的，或以类似恐怖的方式运作的事物，都是**敬畏**的源泉，也就是说，它能够产生心灵可以感觉到的最强烈的情感（引自 Appleton, 1975，p. 28）。

伯克所做的是在维持敬畏相关情感的同时，改变对其根源的理解。他将其从客体（天启或伟大的想象）上移开，转换至人类主体，不是通过思想，而是通过感官。敬畏因此而成为所有人共享的财产，因为对于思想，我们无法以经验来反驳其优越性，而五种感官则显然被所有的人共有。这种敬畏的民主化允许中产阶级参与其中，直至后来，感官美学自身才被"感性"的概念所困扰。

但我们也应该注意到，伯克声称通过这些"激情"可以理解关于敬畏的更高层次的审美体验。它们是自我保护和生存的本能，正如伯克强调的，它们是个体的而不是社会的。我们应该记住当时美学理论家和市场资本主义的社会和经济哲学家之间的紧密联系。休·布莱尔接替亚当·史密斯成为爱丁堡的美学讲师，当后者将注意力转向政治经济学。个人主义美学的意识形态和自我保护的激情，如"上帝和自然界定了总体框架，

在指导自爱和社交亦是同样",也绝不会在卡尔·马克思身上消失:

>史密斯和李嘉图以个体和孤立的猎人、渔夫为例展开论述……绝不仅仅是对过度复杂事物的简化,或是对不被人理解的自然生活的一种回归,如文化历史学家们所想象的那样……它更像是一种对"公民社会"的期待,自16世纪以来就在筹划中,并在18世纪朝着成熟迈进了一大步。在这个自由竞争的社会里,个人似乎脱离了自然的纽带,自然的纽带在更早的历史时期将人束缚为一个有明确界限的人类集团的附属品(引自Olwig,出版中)。

所有感官中最容易获得的,以及众多经验主义哲学所致力的,即是视觉。如果敬畏可以通过感官被感知,那么它就应该可以被看到,并非直接地,而是通过那些激发自我保护激情的物体。因此,绘画可以通过对眼睛的操作来达到敬畏的效果。这一点最初是通过使绘画成为伟大历史和文献事件的视觉等效物来实现的。作品的构成、**设计**和人物形象的建构都可以体现出人类体验中所必需的崇高思想。只有当风景画表现出这些理念,而不仅仅是对偶然的局部效应的记录时,才能追求同样的效果。为了表达崇高的思想,景观必须被泛化和人性化。比起克洛德,萨尔瓦多·罗莎(Salvator Rosa)以他燃烧的云朵、陡峭的岩石和裂缝、令人激动的洞穴被认为更接近敬畏。在他对自然世界的描绘中,其所表现出的恐怖**战栗**是敬畏体验的核心。但这样的风景画仍然充满了人的属性,经典的或史诗般的事件发生在坍塌的悬崖之下,自然在理论上仍然屈从于人类的活动，只是其中的一小部分。

然而，采取一定步骤，逐步迈向创世界的直接体验中所固有的敬畏并不困难。实际上这是显而易见的一步，对于一个意识形态越来越强调个人经验的时代，富裕的中产阶级有越来越多的机会去英国的偏远地区或阿尔卑斯山脉旅行。如果敬畏的体验直接来自个人与雄伟自然的交流中，或间接地存在于他们的诗和艺术表现中，那么对敬畏体验的提升则远比经典的语言或但丁、弥尔顿华丽的韵律，以及詹姆斯国王版的《圣经》更加有效。早在1739年，托马斯·格雷（Thomas Gray）就称赞大沙特勒斯（the Grand Chartreuse）是一幅壮丽的风景画，它表达了与上帝联系在一起的无限和浩瀚：它黑暗、高耸的外形和无边的孤寂激发出一种很容易感受到的宗教敬畏，并受到隐藏在山坳处的中世纪修道院的加持。大自然、山海、黑夜和风暴的真谛，与任何史诗一样令人振奋，所需要的只是通过艺术媒介来实现它。在18世纪中，绘画和诗歌逐渐发展出可以实现这一目标的技巧。

这是一种由来已久的思想，与意大利绘画中**设计**与**色彩**的区别相关，绘画的设计诉诸智慧，而它的艺术性则是对情感的冲击。这一观点构成了雷诺兹从学术角度对佛罗伦萨理智的画家们所表现出的敬畏进行研究的基础。作为一种情感体验，敬畏最好以色彩和形式来表现，而不是以图像结构来表达。理查德·威尔逊（Richard Wilson）和亚历山大·科森斯（Alexander Cozens）等画家发展出细致观察和记录自然形态细节的技巧，以科学的精确绘制、生动的色彩来捕捉其形状和大小。科森斯特别探索了墨水和水洗技术、小阴影画技、加入水彩的阿拉伯树胶及蛋彩混绘法，以加强其作品的情感力量（Wilton，1980）。这些技巧的成功表明，景观中的敬畏可以以绘画来表现，而且可以在**户外**（*plein air*）得以实现，捕捉到自然事件瞬间的即时性，通过既易于传递又易于业余画家们使用的媒介。业余爱好者们日益通过绘画大师来帮助其记录对威尔士、德比郡、湖区和苏格兰的英国本土景观的崇拜之心（Rosenthal，1982；Zaring，1977；Walton，1972）。对技术的掌握与对自然世界形态及过程的细致、科学的观察相结合，它们在绘画中的表达以康斯特布尔对云的研究和在透纳的海洋及风暴的绘画中达到顶峰。

　　诗歌中也发生了类似的变化。汤普森（J. Thompson）于18世纪20年代末出版的《四季》（*Seasons*）反响热烈，部分原因在于对大自然细致入微的观察和生动的描述，其所赋予的感觉建立于科学的准确性之上，简而言之，具有浓厚的现实主义色彩。汤普森很可能完全站在传统的田园牧歌的立场上，赞美资产的美德以及寄身于兴旺产业的农村工人，但他的诗歌最终将人类社会从对景观的自然现象进行细致描绘的景观中剔除，且自然整体成为社会另一种道德秩序的体现，"孤独、先知、承载着人类的爱，在那些没有人类的地方"（Williams，1963；Barrell，1972）。这在该世纪末的浪漫主义诗篇中也得到充分展现，在华兹华斯独自于冬季湖畔之夜的滑冰中，在春天花丛的孤独漫步中，在丁顿山上的独立沉思中，甚至在将伦敦变成一幅自然景观、在寂静无人的破晓时分，观察它睡眠的孤独体验中。

令人敬畏的景观与浪漫主义思想

在 19 世纪初，敬畏的意义发生了变化，人们可以在那些野生的、未被开垦、未被非自然的力量和社会影响的地方找到它，这在一定程度上是对工业市场社会的一种文化回应。与生产力明显高于土地的资本的非自然的但明显是"有机"的增长相对，浪漫主义的敬畏宣告了一种自然而有机的内在价值，这种内在价值存在于个人的灵魂中（尤其是诗人或艺术家的），以及外部世界（尤其是那些强调人类渺小和弱点的现象和过程中：贫瘠的山谷、风暴、海洋和黑夜）。自然科学的细致观察和逻辑分析使得对自然过程的理解日益深入，日益推动和支撑着新的生产力量；与之相对，浪漫主义的敬畏通过类比而不是因果推理，强调在自然中神圣力量的永远存续。

然而在批判过程中，浪漫主义在某些方面通过神秘化它所抗议的社会关系的本质来为新秩序辩护。浪漫主义者接受了新兴自然科学细致的观察技术，但将这些发现用于前实证主义（pre-positivis）推理模式，导致了形而上学而非严格的唯物主义阐释。他们与古典经济学家一样热烈颂扬资本主义的核心神话——孤立个体的"自然性"。但在寻求摆脱这种孤立所暗示的异化过程中，浪漫主义者未能将其起源定位于新的社会生产关系——即使这些关系已影响到艺术自身的文化生产领域——因为他们不能接受社会的"有机"性。因此在现有的社会秩序中没有任何解决方案，只能在一个自然的、道德的秩序中寻找，这个秩序将个体的灵魂与未受破坏的外部自然和谐地统一起来。

浪漫主义对景观赋予的意义也与工业资本主义下土地价值的变化有关。土地在社会中的自然功能是人类生活的生产资料，是在生产中集体实现的一种功能。在封建主义下土地的产物可能被不平等地征用，在16世纪的威尼斯或18世纪的英国，它本身可能成为个人财产，但即使在这些形态下，土地价值仍保持为使用价值，价值的增长来自生产潜力的增加。在使用价值的范畴中，没有有效利用的土地占有或增值都是不自然的。因此，在资本主义形成之前的景观概念仍然依附于人性化、生产性的土地。荒野和贫瘠的土地在文化上也是贫瘠的。蒲柏或戈德史密斯（Goldsmith）可以在颂扬资产原则的同时攻击非生产性的公园。透视技术最成功地产生出对人性化的、开垦的土地进行控制的假象，正是景观的实用性和功利性，使得它不适合在传统美学中维持对历史的敬畏。

但在工业资本主义下，土地的价值发生了改变，与自然和自然过程一起受到交换价值的影响。即使不具有生产性，也可以增值。事实上在工业主义下，传统的生产性土地可能不再用于维持人类社会。在像苏格兰高地那样的边缘地区，峡谷被清除，庄园被用于大规模的牧羊或狩猎，对于它的使用者们，土地的使用价值不断下降，只对少数地主和资本家增加了交换价值。在煤田和大城市周围，土地价值随着人们离开土地而上升，土地不再用于粮食生产，而是用于采矿或投机性建筑。大自然令人敬畏的力量——瀑布、燃烧的光和热、电流风暴的释放——都被用于人类生产。值得注意的是，在18世纪后期作家和画家们可以在夜晚的"敬畏"体验中找到德文代尔、兰开夏郡，或科尔布鲁克代尔巨大的熔炉和蒸汽喷涌的磨坊，透纳也可以从巨大的工业城市中看到敬畏。原本属于海洋、高山和风暴的力量，不自然地受到人类和交换价值生产的控制。在新的工厂和磨坊，转化过程中雇用的劳动力是个体的和被异化的，这是一种非自然的劳动力，用于生产以交换为目的而不是以使用为目的的商品。如果耕地、资源和劳动力被越来越不自然地使用，那么自然只能存在于没有人类社会干预的地方，或者至少在不干预的表象可以维系的地方——在荒野和那些未被利用的地方。

在前资本主义思想的类比范畴中，这可以以浪漫主义中的敬畏来解释。社会的道德秩序已经被经济秩序所取代。如果想要寻找道德，它必然存在于自然之中，而未开垦的或贫瘠土地的价值增加，这种市场力量带来的非自然的结果，必然来自非自然的手段。因此浪漫主义在高山中寻求神性，在石头中寻求道法。荒野实际上可能是一个未异化劳动的隐藏之所。在浪漫主义者的眼中未异化是因为个人而不是社会，因此是非自然的。因此华兹华斯颂扬迈克尔，一个孤独的湖区牧羊人，小约翰·罗斯金（the young John Ruskin）认为农民是比受过教育的人或城市工人更具自然美德的人。兰德希尔在享受庄园主人的邀请时，也以"传统"氏族为主题绘制了许多颇受欢迎的画像。这些个体其实很难被称为人，他们被描绘成荒野的产物，并逐渐在维多利亚时代的流行中被野生景观所取代，这些野生景观没有任何可辨识的人类形象，却充满了在情感上理想化的过去或荒野上令人敬畏的生物：狮子和鹿。英国维多利亚时代最成功的流行艺术家是埃德温·兰德希尔爵士（Sir Edwin

Landseer),他描绘了苏格兰的自然风光、虚构的骑士历史和高贵的野兽。他最畅销的版画作品《格伦的君主》(*The Monarch of the Glen*),直到 20 世纪,使无数中产阶级家庭的客厅增色不少,可谓是关于敬畏的集成:一头雄鹿,有十二叉角,在其领地上昂首挺胸,在晨雾笼罩着的蜿蜒的高地山峰之中(Ormond, 1981)。

随着市场经济下土地价值从使用到交换的转变,对土地的文化诠释也发生了改变,这在迈克尔·罗森塔尔(Michael Rosenthal, 1982)指出的悖论中得以揭示,在英国艺术对壮丽景观的兴趣达到顶峰的时刻,人们对生产性农业景观图的需求重新复苏。当然,对传统的畜牧业和令人愉快的有序的地产的热爱从未完全消失过,但在 18 世纪末由亚瑟·杨(Arthur Young)和其他人的著作所体现的对提高农业生产力的明显关注,以及对无神论自由平等的革命思想会从法国传入英国乡村的极度恐慌,使得这一流派具有了新的意义。罗森塔尔指出 18 世纪 80 年代,在皇家学院展出的所有绘画中,农业风景画的平均比率仅为 1.5%,但到 1792 年这一比率增加了三倍,在 19 世纪早期的战争年代也有类似的增长。强调土地的生产力、对农业劳动者的物质享受及愉悦的默许,是为了确保英国地主既定秩序的合法性和成功性。正如汉弗莱·雷普顿(Humphrey Repton)在当时的景观设计红皮书(Daniels, 1981)中介绍了与房屋保持适当距离的耕地景观,是为了颂扬一种实际上正在迅速消失的道德秩序,而同时这些耕地又可在战争期间的谷价上涨中获利。像布朗公园及类似园林那样既不具有意识形态的合理性,也不具有经济效益,也不是对荒野的浪漫主义颂扬，则是一种明显的浪费。斯塔布斯（Stubbs）的风景画和动物画在当时广为流行，从中人们几乎可以计算出纯种马的价值，享受健康、沉稳的训练师的恭顺，与之形成鲜明对比的是没有什么商业需求的约翰·塞尔·科特曼（John Sell Cottman）的作品，其作品展现的是未经修饰的普通农村，如农舍、石桥和泥灰坑（Holcomb，1978）。普通的、生产性的和人性化的景观，如果暗含着资本化的成功和农业营利的想法，则可被市场接受，否则占据主导的品味则是荒野景观。

令人敬畏的浪漫主义景观作为一种意识形态的成功，虽然看似是对工业资本主义的批判，实际上却将其对土地和人类生活的影响神秘化，这种意识形态在宣扬自然界的道德秩序的同时又避开了社会，部分源于它诉诸所有人类体验的一些共同点，特别是在儿童时期的体验。面对大自然的宏大规模，尤其是在暴怒中表现出来的，无论是群山、汹涌的大海、风暴，还是隐藏于漆黑的夜晚，人们所感觉到的渺小和恐惧都无比真切。这些体验足以使伯克（Burke）对敬畏的心理学解释显得合情合理，足以说服当时一些作家接受这种体验，并将其作为所有景观美学的直接基础（Appleton，1975）。在儿童时期，这些体验是未异化且非条件反射性的，因此对童年的强调在浪漫主义艺术中至关重要。华兹华斯宣扬"儿童乃成人之父"，儿童可以与自然进行最充分和纯粹的交流亦是当时的一种普遍共识。成人，要想重新获得这种能力，则必须以某种方式回到童年状态。当然现在童年也是一种符号和参照物融合在一起、类比思维占据主导地位的状态。儿童与前资本主义的思想一样，对交换价值没有什么概念，这是浪漫主义表现的一个明显的参照点,是成功避免对资本主义关系加以分析而对其后果进行批判的关键所在。

从土地控制到自然控制

浪漫主义成功地使景观和自然成为19世纪欧洲文化的焦点。浪漫主义诗歌影响了"自然"语言的风格;水彩画家描绘"来自自然"的景象;无论诗人还是画家以及来自中产阶级的"感性的"人们都在寻找自然的、未受破坏的场景。景观不仅被欧洲和美国的进步艺术家们作为研究和评论的中心主题,而且通过沃尔特·斯科特(Walter Scott)等流行小说家的作品,以及大规模生产的廉价的铁制雕版,景观鉴赏已经成为中产阶级感性教育的一个指标。他们收集风景图片,参观不列颠群岛的各处偏僻所在,对那里的景色写生,对大自然和自然事物表达敬意。彰显这种感性的适宜地点逐渐变得约定俗成。无论是在英国的高地还是在欧洲的阿尔卑斯山,荒野壮丽的自然风光作为培养品味的最佳场所,都对意大利的古典遗迹和大型美术馆形成挑战,去往达特山谷、斯诺多尼亚或德文代尔、查莫尼克斯或少女峰的小道在游客们的脚下日益磨损。在客厅里,他们阅读韦弗利(Waverley)的小说或雪莱、拜伦和丁尼生(Tennyson)的诗歌。

这种浪漫主义景观被细致地记录在地质、植物群落和气候中,并以科学方式加以研究,但正如人们对其壮丽的赞赏那样,从本质上很难在庄园和园林的设计中得以重现。尽管一些地主,甚至一些像利兹的本杰明·戈特(Benjamin Gott of

Leeds）这样的新贵实业家，不断将其地产设计为如装裱在画框中的图片一样（Daniels，1981），汉弗莱·雷普顿（Humphrey Repton），却对其被委任创作的景观的客观程度犹豫不决。正如兰斯洛特·布朗（Lancelot Brown）在世纪之交被理查德·佩恩·奈特（Richard Payne Knight）批判其设计中修整过的草坪、被控制的大片植被显得造作而不自然一样，雷普顿后来声称景观园艺结合了画家的"奢华想象"和园丁的"实用知识"，但这一观点并没有被维多利亚早期的任何权威人士所接受，劳登（J.C. Loudon）指责雷普顿对科学和农业一无所知（Daniels，1981）。新兴的中产阶级，在工业创造财富的浪潮中崛起，他们更渴望在哥特或意大利式别墅周围的郊区花园中展示自己的财富和感性，而不是在那些经过明显修剪但实际上毫无用处的光滑草坪和丛林如画的景观公园中。被劳登称之为"花园式"（gardenesque）的新设计非常适合于资产阶级在郊外的更为狭小的空间，它依赖于精湛的植物学和园艺知识，它汇集了各种令人眼花缭乱的植物，其中许多是从海外引进的异域物种，形成茂密的灌木丛林：私属的、浪漫的、有围墙的领土，其"精确、科学、可碰触的三维结构"代表了"真正的资产阶级风格"（Daniels，1981，p. 394），并被复制于新的市政植物园、公园和花园等更广泛更公共的消费和熏陶教化之中。从某种意义上说，这些已不再是景观，因为它们没有将目光导向土地，而是指向单个植物、灌木和树木的细节。实际上土地的形态、地形、与社会的关系（尽管这个社会可能是理想化的）以及它的实际形状和界限，都被植物的繁茂所掩盖。这些公园和花园与其说代表着对土地的控制，不如说代表着对自然进程的控制，这种控制在终极的"花园形式"中得到了最清晰的表达，维多利亚时代的温室在一个完全人工的环境中展现出其殖民地绿色、盛开的宝藏，在这个环境中土地是无关紧要的，自然过程完全取决于人类的控制。

从批判的角度来看，这种从根植于对土地控制的景观理念转变为一种更为广泛的对自然过程和形式的控制，准确地表现出新社会形态的某些现实。一旦土地不再是社会生产的基础，而仅仅是其中的一个因素，与所有其他因素一起创造和积累交换价值，那么它就开始失去它的特权文化地位。土地控制现在只是资本控制的一个方面，再加上蒸汽和钢铁技术，资本控制才是社会生产关系中权力的关键所在。可以肯定的是，一些关于地位的旧观念残余仍附着于土地之上。在英国，旧地主家族与新贵联姻，可以确保他们在文化和政治上占有一定的统治地位。因此，广阔的景观继续是周末乡村别墅的重要部分。但最终权力是在对商品生产手段而非土地的控制。这一客观变化与19世纪中叶景观概念的主观变化相一致。然而，这种变化既不是明确的，也不是单向的。我们应该注意到晚期浪漫主义对自然的兴趣，与其说是对自然的控制，不如说是对自然的精神超越。这一维度在许多晚期浪漫主义思想家和作家的作品中都表现得很明显，这些人在自然科学和艺术领域都卓有成就。我们曾就这一时期美国画家的自然观发表过评论，虽然并非直接从其主题中，但他们大多从欧洲思想家和艺术家那里获得过灵感：德国的约翰·沃尔夫冈·冯·歌德（Johann Wolfgang von Goethe）和亚历山大·冯·洪堡，以及英国的博学家约翰·罗斯金。他们对自然的看法被英国最具影响力的风景画家透纳以最有力的视觉力量表现出来。

科学与敬畏

我们观察到 19 世纪早期的风景画家，特别是那些在英国组成水彩画家协会（the Society of Painters in Water-colour）的画家，已采用了新兴自然科学、地质学、植物学和气象学详细的观测技术。我们也应该认识到，当时的科学仍然深受宗教末世论的影响。但科学，例如地质学由于工业技术活动（采矿、运河挖掘和后来的铁路建设）的大力推动，开始对《圣经》中地球的年代、起源和大洪水的历史形成巨大的挑战。同样，对阿尔卑斯山的浪漫情趣也激发了索绪尔和阿加西（de Saussure and Agassiz）对冰川历史的首次阐述。因此，像歌德和冯·洪堡这样的作家可以同时利用艺术和科学来探索**原现象**（ur-phanomen，自然世界的基本模式和过程），或是在《大宇宙》（Kosmos）中尝试"对宇宙进行物理描述"。歌德撰写了气象学方面的著作，颂扬卢克·霍华德（Luke Howard）对云层的开创性分类，赞赏帕多瓦（Padua）的植物园（欧洲最早的科学园林，由帕拉第奥的一位赞助人设计），并开发出自己的颜色理论——与牛顿的截然不同，尽管需要依赖于敏锐的观察（Seamon，1979）。冯·洪堡作为一名矿山检查员具备一定的自然科学知识，在安第斯山脉和亚马逊河流域的探险中使其逐渐成熟，并直接参与到植物园和动物园的推广中。然而在《大宇宙》中，他把对景观艺术和诗歌的历史作为一个整体来研究。和歌德一样，他的研究是一种对被创造宇宙的结构和秩序整体的、全面的理解。

这两位作者都相信，在观察和描述中，而不是在理论猜测中，人类可以参透大自然的秩序——统治地球及其中全部的伟大而永久的律法。他们代表了最后的伟大的宇宙学家，因为在他们伟大的尝试之后，植物学家查尔斯·达尔文（Charles Darwin）、冯·洪堡的崇拜者及其热带世界的追随者，将从丘奇和比尔斯塔特（Bierstadt）等画家发现火山喷发和高耸雨林的敬畏之处归来，带来分裂他们的宇宙、分离自然和神性的思想。

在维多利亚时代人类对自然控制的信心达到顶峰之时，在帕克斯顿水晶宫举办艺术和科学大型展览的那十年中，达尔文揭示出人类自身即是自然的产物，从而暴露出在西方对自然的理解中，有一道至今未被逾越的的道德鸿沟。我将在讨论约翰·罗斯金这个英国人时再次回到这场革命，他比任何人都执着于把景观作为道德秩序试金石的观点。我们应该先提及一下透纳的作品，它们是最初激发罗斯金景观论的重要因素，同时也是使歌德和冯·洪堡试图用文字来描述和理解的宇宙变为视觉可见作品的画家。

透纳最初的职业是一名地形绘图员，绘制传统的风景画和古典造型，通常用于流行杂志中的雕版。在他 18 世纪末期的古城堡场景中，透纳采用了威尔逊和科森斯等画家发展出的描绘敬畏的技巧来绘制宏大的哥特式大教堂和阿尔卑斯山谷。他所宣扬的意图是将景观提升到最高的艺术水平，能够包含和表达人类最深沉的情感和最强大的道德力量。《研究之书》（*The Liber Studiorum*）是透纳 1805 年开始创作的一系列早期佳品，将其作品分为不同的艺术分支，使用并增加了传统风格，并将不同类型的风景画，如"壮丽山川""田园风光""坡地田园"和历史绘画一起放入个人的层状体系中（Wilton，1980）。在透纳的眼中，以及他同时代人的眼中，将景观提升到最高艺术境界的成功途径是现实主义——对外部世界认真、细致、详细、科学的研究是绘画的基础。这样的观察使他参透自然过程的本质——生命的力量，正是这一点主导了他的后期作品。通过观察获得的知识必须服从于艺术和绘画规则，尤其是透视规则。作为皇家学院的透视学教授，透纳在他的讲座中不断重申这些规则的重要性，无论这些规则的习得是多么枯燥、晦涩和机械化，"如果没有透视的帮助，艺术会从根基开始步履蹒跚"（引自 Wilton，1980，p. 70）。

但是对于透纳，尤其是在他逐渐成熟以后，从文艺复兴理论家那里习得的传统线性透视法成为了一种非常灵活的技术，因为他在描绘自然时，对现实主义的追求使得他尝试从内部理解和表达自然的力量，而不是作为一个独立的观察者。从佩特沃思之家（Petworth House，见绘板 14）的风景画和室内装饰中可以看出，透纳在他晚年绘制的广阔大海和风暴，以及维多利亚时代操纵自然力量的著名绘画——《铁路、蒸汽和速度》（Rail, Steam and Speed）或《月光下的煤港》（Keelman Hauling Coals By Night）中，找到了新的语言和技巧，打破了现实主义艺术的惯例。他通过运用多重视角，将轮廓和距离溶解在光和颜色的强弱中，将形状弯曲形成力的旋涡，以捕捉大自然的力量，以及空间和距离的无限性。虽然其他评论家都没有发现，但罗斯金认识到，在这些作品中透纳始

8. 令人敬畏的自然：景观与工业资本主义　285

绘板 14. 约瑟夫·马洛德·威廉·透纳:《佩特沃思公园：远处的提灵顿教堂》(The Tate Gallery, London)

终是一位现实主义者,只是不再是以现实主义者遥远的、具有控制性的观察者目光来看待事物。这是一种由身体和想象带入实际自然运作过程的现实主义。这就解释了透纳对歌德的色彩理论的兴趣,以及他与"自然"的激烈交锋——他将自己绑在船的桅杆上,从真实的"风暴之眼"穿过。这样强调现实主义,有效地超越了景观,不再是对形式而进入对过程的研究,或是创造出一种形式和过程、存在和视觉的统一,这种统一既是个人主义的又是一般性的,却不是社会性的。它从最普遍存在的道德层面上对人类状况发表见解。从技术上讲,透纳先于并影响了19世纪后期的风景画家,特别是巴比松(Barbizon)学派的现实主义和法国印象派画家。在智慧上,他的宇宙是由神圣的自然力量统一而成,在其中,是人类的感觉而不是理智指示出我们的真实位置。

约翰·罗斯金与景观道德的失败

透纳对自然力量及其与人类关系的视觉参悟,特别是他在19世纪30年代和40年代展现出来的令人战栗的、力量强大的绘画,并不容易被公众欣赏。到皇家学院参观的人们更喜欢其传统的风景画——要么是传统的、秩序井然而富足的乡村景象,这是对干草燃烧、斯温运动(Captain Swing)迭起、被机器打破的乡村现实的一种否认;要么是一个宏大的、通常是《圣经》中的主题,设置于戏剧性的、做作的雄伟自然之中。然而,透纳的实验和他的眼界得到英国最多产、最具影响力的景观作家约翰·罗斯金(Ruskin, 1819—1900)的明确支持。

罗斯金试图将景观理念作为对工业资本主义给人类带来的后果以及维多利亚时代的政治经济矛盾而进行道德和社会分析的关键所在。他的作品尖锐地揭示出 19 世纪关于自然界的思维方式，与人类在自然界中生活、劳动的适当位置间的紧张关系。

  罗斯金是一位富有的资产阶级酒商的独生子，是一个对贵族社会和高层次文化抱有强烈意愿而跻身于其中，但在其新贵地位上仍缺乏安全感的人，他的母亲完全服从于丈夫对其子的雄心壮志，只要他可以忠于她严格的福音信仰。他的教育来自父母和家庭教师，直到他进入牛津，在那里他依然受到密切的家庭监督。虽然他的学识很广泛，但他年轻时涉猎的大多是折衷的主流著作，他的品味和担当的形成首先是基于《圣经》，其次是浪漫主义。这种结合意义重大，因为当他被浪漫主义文献和某些与大自然交流的乐趣所吸引，向持怀疑态度的牛津导师表现出捍卫浪漫主义作家的道德意义时，他发现有必要向自己证明艺术研究的道德价值。艺术研究的道德价值必须与被他拒绝的教会职业相同，也是传播道德真理的讲坛（Dixon-Hunt，1982）。这一组合意味着对于罗斯金来说，景观的乐趣绝不可能是纯粹的个人享受，它必须具有某种社会关联性，这最终形成了他最重要的贡献：对景观与理解和表达景观的社会和道德环境之间关系的研究。

  形成罗斯金欣赏品味的作家和艺术家有沃尔特·斯科特（Walter Scott）、拜伦勋爵和透纳等。受到这三人的影响，他毕生都热衷于野外的山地风光，而从透纳，他对自然世界的基本力量及其形态、光和颜色的感知产生了兴趣。其早期的绘画训练来自与新成立的水彩画家协会密切相关的大师，该机构一直致力于使水彩成为绘画的有效表现媒介,以及将风景画也列入与既定流派等同的地位。尽管罗斯金最初在题材和风格上都对如画般的风景有着独特偏好——塞缪尔·普罗特(Samuel Prout)是他早期的导师之一——但他最终对透纳所发现的自然风光做出更热烈的反应。通过与大自然的接触来解放人们的精神,成为贯穿其著作和艺术体验的一个主题。

从一系列到英国传统的风景区旅行的家庭之旅中——奔宁山脉、湖区、威尔士和苏格兰高地,罗斯金强烈地感受到这种解放感,并将其进一步发展。其家族第一次到欧洲大陆的旅行是为了寻找相似的景观,罗斯金对阿尔卑斯山的初次印象成为这种早期浪漫主义情感的最高体验。这次旅行不仅使罗斯金看到了一些曾为透纳作品提供灵感的景点,而且同样也为罗斯金提供了一个直接进行地质、植物和气象观测的机会,从而使他可以在三个他毕生兴趣所在的科学知识领域进行实地考察。与歌德和冯·洪堡一样,结合了科学的观察方法、深入了解(对观察到的自然世界密切关注的)景观艺术流派、对个体和野生自然之间关系的浪漫主义态度,以及对福音真理的使命感,这一切使得罗斯金的景观学方法既卓尔不群,又与19世纪对景观的理解息息相关。

在《现代画家》(*Modern Painters*)中罗斯金认为,对自然界事物和形态的密切关注是抵达艺术真理的关键,因此画家应该像自然科学家一样关注现实。但这种观察的意图超出了我们现在所理解的科学范畴;它要渗透到景观的"本质",把握到一种只有在人类主体与其观察对象的积极接触中才能产生的真理。它的实现不仅仅是通过集中注意力在形状与形态上,以下过程也同等重要：

> 科学的本质是让拥有它的人去寻找并清楚地看到与他特有的知识相关的事物；由于所有的科学都有严格的界限，他的自然观也因此受到限制……我很确定，如果我科学地调查分析了山，我会因为只触及山的外部而出错。因此……我合上所有的地理书籍，尽我所能以一种简单、没有主观思想、不带理论假设的方式去**看**阿尔卑斯山，但如果可能的话，彻底地去看（Ruskin，1856，VI，p. 475）。

这种观察物体本质或核心的想法，被许多思想家在不同时间和地点反复提及，但在 19 世纪，正如我们所看到的，非常具体地指向了景观和自然。其中包括美国的先验主义者（transcendentalists）亨利·梭罗、威廉·爱默生和英国诗人杰拉德·曼利·霍普金斯。从罗斯金 1875 年日记的密切观察和记录中，人们可以明确地想象出他对一只红隼的"科学"描述。

> 我非常感恩看到了这只红隼。它大约在八百英尺高的地方，但可以从戈达尔悬崖看到，我对它的行动有所预计，当它悬停时，就完全地停下来。即使用线固定的鸟也不可能比它在天空中更一动不动地停在那里，当然这是就其位置的变化而言，可以肯定它的翅膀和尾巴一直在轻微运动。它有两种悬停的方式，一种是使身体几乎水平，翅膀快速颤动，另一种是使身体倾斜，翅膀和尾巴轻微移动。当然这都是有道理的，这些动作必须与风的力量保持均衡，否则它就会被吹回去（Ruskin，引自 Dixon-Hunt，1982，p. 357）。

两年后霍普金斯对同一主题写下虔诚的诗句：

今晨，我看到晨的宠儿，日光王国之子
斑驳黎明引导着猎鹰，飞翔，
翻滚的云层是他身下平稳的烟云，他翱翔
凌空之上，微震双翅，往复盘旋
在他的狂喜中！转身，再回旋转身，
像冰鞋在弯道掠过；迅疾而顺滑
无视狂风。我深藏的心
为一只鸟而激荡，——为它的成就和精湛！

（Hopkins,"The Windhover", 1877; 1953, p.30）

将主体和客体在一个单一意向行为中统一起来，这与当时积极推行的实证科学的目的完全不同，对主客体分离的解释和对物体间因果关系的关注是实证科学的先决条件。对于那些持有罗斯金观点的人，我们现在将他们称为现象学家（phenomenologists），科学研究的客观化是一种异化，现象学家特殊的理解方式的目的是克服个人从外部世界的异化，以感觉和意义的统一来取而代之（Cosgrove, 1979）。

在对景观的研究中，罗斯金并不满足于个人的理解和思考。但他也认识到作为一个可以在纸上或画布上传达景观真理和意义的诗人或画家时自己的弱点。与早期的浪漫主义相比，他的思想更具理论性和社会性，要理解这一点，我们需要回到他的《圣经》知识和早期的宗教信仰。对于福音派来说，《圣经》是上帝的启示，因此是理解他神圣创造和救赎的关键，以及他对地球上人类生活的意图。《圣经》是创世记的文字记录，是被选中的人们的历史和基督圣约的故事。尽管地质学的进步带来了挑战，但对摩西记述的创世记、物种的固定性和早期地球外形的认同，是与早期维多利亚时代英国的社会和道德秩序密切相关的正统观念的一部分，正如塞缪尔·巴特勒（Samuel Butler）的《众生之路》（*The Way of All Flesh*）所揭示的那样。挑战这些信仰就是颠覆世界的威胁。罗斯金对地质学的兴趣，他对莱尔、赫顿和阿加西等权威著作的阅读，他作为地质学会会员，以及他在牛津大学与威廉·巴克兰（William Buckland）的友谊，都使得他要面对当时一个核心的知识问题。

　　为了发掘更深刻和暗藏的真理，《圣经》也被进行了深入研究——如果要透析它所包含的历史的真正意义，并要理解其与当代的相关性，就需要对它进行解释。福音派新教徒采用的解释方法是**类型学**（*typology*）（Hewison，1976）。这是一种类型理论，罗斯金本人在《威尼斯之石》（*The Stones of Venice*，1851）的一章中对这一理论进行了很好的概述。在《圣经》的历史记录中，事件和人物既是普遍的，又是当代事件和人物的等同物。因此《圣经》既是**符号意义上的**，又是字面意义上的真理。将这种思维方式**融入**风景画艺术理念时，自然的形态和特征都被视为人类情感的体现，罗斯金从而整合出他在《现代画家》中勾勒的景观理论，后来在他对威尼斯的研究中转用到建筑和城市景观中（Cosgrove，1982a）。

　　他认为自然景观无疑是壮丽的，正如任何读过令人敬畏的历史文献的人都会接受的那样，它可以激发起观看者强烈的崇敬之情，以及对自身渺小和死亡宿命的领悟。对于罗斯金，这种令人敬畏的美，

292　社会形态与符号景观

绘板 15. 约翰·罗斯金:《曲率碎片》(*Modern Painters*, Vol. IV)

或是记录在外部事物上的道德意识，或是事物中神圣属性的象征，或是生存的幸福感，或是在强有力地履行其职责和作用。在所有的情况下，它都是神圣的，要么是上帝的赞许之声、祂荣耀的象征、祂仁慈的证据，要么是祂在引导和支持人们服从于祂的旨意（Ruskin, 1895, XXV, p. 224）。

因此景观值得细致的观察和关注，其研究者和地质学家们一样受到严格的要求，并要通过信仰来参透本质，相信在本质中暗含着上帝对人类意图的符号。因此景观的意义绝不是个人的或不能传达的。对于所有以信仰和谦卑的信念努力学习的人们，景观的意义是显而易见的。

在罗斯金的宇宙中，确实有以石头表现的布道。布道以两种方式宣扬神的意图。某些形态——形状、线条、曲线和图案——在自然界中反复出现，例如鸟的翅膀结构中会出现碎石坡状的曲线，在山毛榉树枝的形状和树叶的纹理中也会出现（见绘板 15）。这些是对创造的内在解剖，是每一个物体都追求的理想形态的明确标志，只有在神性中才能找到的完美。但也存在适当的景观元素的组合，其和谐提供了造物主在自然中刻画的统一和秩序，让所有人都可以直观地感觉到。因此，在石灰岩景观中，

> 平坦的沼泽和肥沃的草地，圆形的隆起和白色牧场，方形悬崖和下方劈开的石灰石山谷，高耸的山峰和起伏的峭壁，它们之间没有任何共同之处，独特且可以言传。它们的氛围是不同的，它们的阴影是不同的，它们在风暴和阳

光中的情绪是不同的,它们的花、动物和森林是不同的。我重申,每一种景观的状态及变化顺序在数量上都是无限的,不仅对应于存在几种岩石,还对应于岩石的排列和处理后的特定情况,以及气候、方位和人为干扰等数不清的多样性;因此我认为,每一种景观状况都给我们带来特别的启示(Ruskin, 1844, III, p.39)。

这些启示是道德上的,是关于个人和社会生活正确行为的启示。例如,在讨论云的形成时,罗斯金准确地对云层和形态进行了描述和分类,可与卢克·霍华德(Luke Howard)等当时著名的气象学家媲美,并进一步将其解释为神圣仁慈和正义的象征(Cosgrove and Thornes, 1982)。他声称云是一种调解,在(揭示上帝审判确定性的)无限虚空和(同样显示了上帝灵活多变的仁慈和怜悯的)地球不断变化的大气之间进行调解。因此,云的存在是为了"让万丈光芒照耀到人类的脆弱,以类似人类沉浮的外形来预示永恒的天堂"(Ruskin, 1860, VII, p.133)。罗斯金提出的是一种景观理论,其中人类主体的定位和活动是核心要素,适宜人类行为是维持自然世界和谐的必要条件。

人类被创造为生活在大自然中的生物,大自然被设计为教他们如何正确行事。但作为生物的人类会干预创造,为了使人性化的景观保持自然之美与和谐,他们必须谦卑地观察暗藏在这个世界中的启示和符号。应该不难认识到最终每个人都对这一点负有个人责任,通过其道德和社会环境,或多或少地有所影响。罗斯金曾经把注意力转向建筑而不是绘画,他发现这种转变会使分析更为容易,因为现在他直接接触的是人类劳动的产物，许多人的而非个人的劳动成果。尽管《建筑诗集》(*The Poetry of Architecture*，1837) 关注的是民间建筑，罗斯金关于建筑的最具影响力的著作创作于30多岁的时候，主要集中在公共建筑上：教堂、宫殿、纪念碑，以及整个城市。19世纪的城市日益成为他真正关注的焦点，也是从中世纪建筑和社会实践中吸取经验教训的对象。建筑是人类对景观的主要贡献。正是在建筑中，我们遵循并持续着创造性行为；这种想法当然会被文艺复兴理论家们所接受，但他们与罗斯金所提倡的却是截然不同的风格。罗斯金认为，建筑所采用的形式不应通过几何理论知性地创造出来。这样的方法是将人类思想傲慢地提升到与上帝相提并论的水平。真正的建筑形式隐藏于最高的艺术家在自然景观中手工制作的建筑形式。因此在民间建筑中，"以自然提供的材料和她所建议的形式，会使建筑呈现出最美的状态，因为这样最为合适"（Ruskin, 1837, I, p.37），由此建造的小屋或农舍看起来应该几乎是自然环境的产物。最糟糕的建筑是在视觉上与景观形成鲜明对比的建筑，它似乎显示出人类对自然的优越性。

这一论点作为辩论的一方，被罗斯金用来干预维多利亚时代关于建筑的主要美学辩论——作为英国的国家风格，哥特式建筑和古典式建筑的支持者之间的"风格之战"。在英国工业化时期，哥特式与浪漫主义密切相连，互相促进。罗斯金认为维罗纳和威尼斯的哥特式教堂和宫殿是美丽的，因为它们的窗灯、花样窗饰和三叶形装饰都遵循着植物和天然物体的自然、弯曲的线条。对于罗斯金，文艺复兴时期建筑的直角和半圆形拱顶，或巴洛克式建筑的怪诞之处，都显示出人文主义者的傲慢。罗斯金认为他们道德堕落，因为他们在建筑上宣称人类的逻辑优于对自然的卑微观察。在这些作品中，建筑者没有表达在日常生活中与世界喜悦、和谐相处的自由，而是被迫遵循建筑师预先设定的规划；从而只是一个奴隶。这一论点在《七盏建筑之灯》(The Seven Lamps of Architecture, 1849) 中得到了有力的阐述，并在对威尼斯的研究中加以验证。其中罗斯金指出 14 世纪城市的社会秩序与哥特式建筑的等级制度的一致性：普通的房屋追随大型宫殿的规划和装饰，就像普通人接受贵族商人的统治一样，因为他们承认其统治是公正的，其虔诚是真实的。罗斯金发现威尼斯作为（以基督教为信仰的）欧洲的中心国家，其商业和政治力量的崛起和随后的衰落，在其建筑史上有着准确的反映。这对工业化的英国有着重要影响。

> 自从人类首次在海洋确立统治以来，在它的沙滩上建立了三处王座，超越其他所有：提尔、威尼斯和英国。在这些伟大的王国之中，第一个只留下记忆；第二个是毁灭；第三个继承了他们的伟大，但如果忘记了他们的榜样，由日益的骄傲带来的毁灭，都不令人同情 (Ruskin, 1851, IX, p. 17)。

因人类干预而改变的景观的道德品质的最终决定因素，在于人类自由意志的使用。每个人都有责任观察并设法理解由神性撰写在自然形态中的信息，个人的生命和工作都要服从于它。但是罗斯金意识到，个人能够履行这项神圣职责的程度严重受到其所属社会的影响。他越来越相信，在他自己的社会——19 世纪的资本主义英国，人类生活、人类行为和自然之间不可能达到和谐，因为人们不是自由的。英国工厂里领取工资的劳动者，其生存依赖于无休止地再生产特定的、类型一成不变的工业商品，因而与自己的劳动和产品产生异化。由于不能履行对上帝和人类同胞的义务，他就像修建埃及金字塔、阿提卡和锡拉丘兹神庙等建筑纪念碑的建造者对于人类理性一样，只是一个奴隶。

和他同时代的许多人一样，罗斯金意识到这种异化和奴役是一种新的形式，不是由锁链和皮带捆绑，而是被宣称为市场的超越人类的力量所支配。因此他日益将注意力转向对当代政治经济的批判，强烈反对亚当·史密斯和约翰·斯图尔特·密尔（John Stuart Mill）的实用主义哲学。他的批判建立在对物质内在价值的信仰和反对人类作品的价值建立于市场上货币等价物的观点。当然在这一点上，他与19世纪许多其他社会主义者的主张非常接近，但他对资本主义的运作及其发展过程的理解与马克思或恩格斯，甚至他在文化领域的竞争者威廉·莫里斯相比，更为局限。罗斯金在试图解决他发现的问题时，在新兴社会主义讨论的大舞台之外开展活动，并始终坚信艺术作为社会变革的积极力量的重要性。对艺术象征性的深入讨论与他自1871年写给英国工人克莱维格拉的信中激烈的社会评论相结合。作为建立新秩序的实际步骤，他设计了各种方案，以重新导入非异化的工作，特别是对圣乔治公会（the Guild of St George）的规划——圣乔治公会是一个工人社区，按照罗斯金想象的中世纪工艺公会的模式组建，旨在实现拥有自己的土地和独立的经济运作。罗斯金对他的信仰的更为戏剧化的设计方案包括组织牛津的学生修建一条公路，以及由付费帮手清理伦敦街道等。

这些努力不是为了促进社会主义的平等。它们是对非异化的劳动的尊严和满足感的强调，与传统保守党对那些正直领袖尊重的结合，这些领袖的家长式权威是由其道德地位带来的。但所有的人在他们承担的责任上都被认为是平等的，从而在他们被任命的工作中，认识和表现自然的美及完美。

工作的最高形式是艺术，是对真正的技艺和洞察自然秩序的最充分表达，而不是脱离生活、以金钱来衡量的事物。面对压倒性的资本主义社会关系，罗斯金的小规模的局部实验不可避免地注定了失败。它们的命运和维多利亚时代其他尝试在想象的完美社会的基础上创造出不同形式的共同体一样。罗斯金自己也看到对于工业化浪潮，他的抵抗是多么的微不足道。在1884年撰写的在两篇题为《19世纪的暴风云》（*The Storm Cloud of the Nineteenth Century*）的讲稿中，当时已遭受最终会使他沉默的心理疾病折磨的罗斯金写道，维多利亚时代末期英国的气候恶化和景观污染可以从一种新形态的云观测到，"一种令人厌恶的闷热和难闻的雾，像烟一样"（Ruskin，1884，XXXIV，p. 37），一种"瘟疫之风"，是一种被工业和市场双重邪恶所困扰的国家道德沦丧的物质表现。这最终导致他对景观概念和对人与自然潜在和谐信念的绝望。

那种和谐现在被打破了，并打破了周围的世界：碎片仍然存在，过去的时光会有短暂的回归，但逐年累月，黑暗胜过白日，对立面的灰烬在夜晚中闪耀（Ruskin，1884，XXXIV，p. 78）。

8. 令人敬畏的自然：景观与工业资本主义　299

　　罗斯金的死不仅受到他个人精神混乱的折磨，还源于一种失败感，在思考以及与自然的积极接触中所发现的完美的人类愿景失败了，这是他从浪漫主义中继承并提炼出的社会理论，但景观远远不能决定道德秩序，还可能会被它彻底破坏。在这一点上，罗斯金81年的人生可以被看作在市场资本主义优势期间，看待景观方式转变的一种反映和评论。

　　罗斯金在景观理念的发展中特别注重对外部世界的深入实证考察。他认为这种考察是透纳风景画的基础，并声称这也构成了他所钦佩的其他风景画家作品的基础：例如乔瓦尼·贝利尼和丁托列托（Tintoretto）。这种考察是任何希望绘制自然风景的人的出发点，要遵守科学的所有要求，要保持"科学正确"。罗斯金对这点的强调，自然是追随18世纪末期英国景观主义者的引领，特别是那些借鉴佛兰德斯实证主义传统来挑战雷诺德等意大利古典主义的水彩画家们。但罗斯金对科学准确性的呼吁绝不是像一些对《现代画家》的批判者所指责的那样，试图将绘画简化为地形制图。他非常清楚这种细致观察的目的不是为了增加客观知识储备，或增强人类对自然的控制。相反，他像其之前的歌德和冯·洪堡一样，相信感知的主体不能脱离探究的对象。客体亦需要主体，主体即为道德存在。因此在艺术和科学中，所有的考察都与对结果的解释或目的有关，无论对造物主还是自然本身以及人类的工作和生活。正如透纳所展示的那样，正是这些因素被艺术家和谐地融合在一起，实际上是被所有通过劳动来这样再现自然和改变景观的人们。只有感性主体才能参悟到景观的意义。如果我们要理解罗斯金的景观理念，就要注意到罗斯金所假定的统一与我们的理解方式非常不同，一种是科学客观的，另一种是主观解释的。实际上他运用的是一种类比推理，而不是因果推理，正如我之前所说，这种理解方式是前资本主义思维的特征。此外，他正处于这种思想在科学上受到维多利亚实证主义的主客体分离以及基于牛顿物理模型的因果规律破坏的时期。

将因果推理提升到类比推理之上是19世纪科学的一项特殊成就，使其成为揭示自然过程和现象真理的唯一有效途径。作为一种意识形态，这种模式渗透到了维多利亚时代的新"科学"、社会科学，尤其是未成熟的经济学之中。正是对于这种新的市场科学所形成的经济学理论，罗斯金发动了他最猛烈的攻击，因为他们宣称道德讨论不在他们的研究范围之内，并推出一种完全唯利是图的人类行为和一种将自然转变为商品并在交换中确定其价值的模式。今天在西方，我们在很大程度上接受了实证科学的假设及其因果推理，并将其作为常识，这表现出其意识形态的领导地位。但是正如我在第2章中提到的，从类比推理到因果推理的转变，在逻辑上与前资本主义和资本主义形态之间的社会组成的变化相关。罗斯金的景观研究代表了一种英勇的尝试，以维持隐含在儿童和前资本主义之中关于人与土地及自然关系中的道德秩序，并试图以此反对工业资本主义的经济秩序。在这一过程中，他以对自己有利的方式使用了（很大程度上被用做合法化资本主义经济秩序的）科学发现。

面对资本主义工业及其意识形态表现，罗斯金的孤军奋战也许注定要失败。在他生命的最后，他留下的解释是被迫接受作为人类良知记录的景观的死亡及其内在和谐的毁坏，有些像透纳晚期的绘画，预示了景观在现代艺术中的艺术解体。

9. 景观理念与现代世界

让罗斯金绝望的是在工业化的英国，景观理念再也无法承受他对景观所做的道德和社会责任的诠释。实际上，正如我们所看到的，景观和自然在他那个时代，尤其是在他自己的思想中，几乎是可以互换的。这种景观的"死亡"是罗斯金所在世纪见证的社会关系、技术能力和思想生活都发生巨大改变的结果。今天，在20世纪的最后几十年里，如果我们想要理解自己世界中的景观理念，则还须在这些变化中添加他人的世界。因为景观理念并没有消失，而是再次被改变，同时也仍然保留着其传统意识形态上的持久元素。诚然，在文化生产领域，例如绘画和文学领域，景观在20世纪的大部分时间都不是进步艺术家高度关注的主题。但对于更为保守的画家和作家来说，风景画仍是一种非常受欢迎的流派，尤其是在英国。值得注意的还有，一些最激进的当代画家正回归到风景画，将其作为作品的主题。自然景观无疑也是地理学家、历史学家、设计师和政策制定者所关注的一个重要领域。随着国家作为资本主义国家内部资源分配机构的权力的增加，景观的重要性也随之增大。在这最后一章中，我将考察景观理念如何随着这些情况而发生变化，并评估景观在多大程度上仍然维持着我认为在其文化优势时期所具有的意识形态特征。

景观的衰退

255　　我们不应该惊讶，约翰·罗斯金在他生命的最后，认为景观不再是一个适当的媒介，可以通过它对他所在世界的社会、政治和道德弊端做出有效评论。19世纪的风暴云所遮蔽的远远不只是他的视觉和心理。布兰特伍德上空或峰区阿卡迪亚山谷的空气污染起源于大型制造业城市，到1851年，这些城市吸纳了英国的大部分人口。19世纪的最后几十年，公共政策的主要焦点都集中在这些城市。由于郡（county）、市政区（municipal boroughs）和市区（urban districts）与作为其腹地的乡村地区正式分开，英国的政治地图被重新绘制。其委员会和国家主要关注住房、卫生、公共健康和教育，以及市政厅、警察局、消防厅和医院等市政景观。在农村，19世纪70年代标志着持续了20年的农场主和佃农的巨大繁荣——维多利亚农业的"黄金时代"——的结束，尽管这种说法在一定程

256　度上损害了许多因缺乏工作和收入而被迫离开农村的人们。19世纪的最后几十年，英国持续着严重的农业萧条和困境，因此埃比尼泽·霍华德（Ebenezer Howard, 1946）在新世纪之交撰写的花园城市，提出"和平的改革之路"的设想，意在改善农村劳动者恶劣的住房条件、低廉的工资待遇和不适宜的环境状况，以及消除聚集在城市的无产阶级的不卫生的、道德败坏的世界。当然，霍华德的理论只是一个表现，表现出维多利亚时代末期无限制的工业资本主义带来的社会和环境后果不仅被许多人认为是不可容忍的，而且认为只有通过公共权力机构以

规划的方式才能得以改进和改善；此外，规划还需包括对人类环境的设计。

虽然是旨在促进社会和谐的自由主义愿景，但霍华德新景观的正式设计（见图9.1）以环形大道来调节乡村和城市，将辐射状林荫大道设置于绿地之中，并汇集于中心处一个巨大的水晶宫殿，重新回到更加公然宣扬专制城市的比例、直角和对称的形式中。理想的景观和规范的几何形式在霍华德家长式的社会梦想中依然不可分割，与威廉·莫里斯等更激进的社会评论家的开阔视野相去甚远。

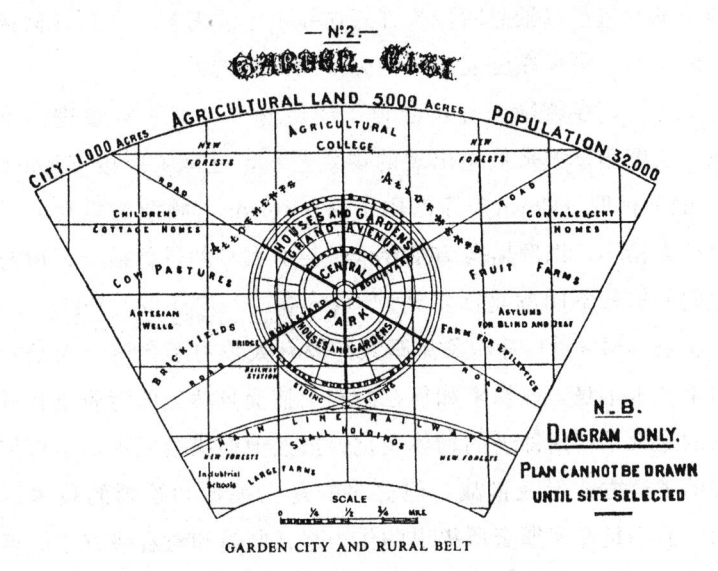

图9.1 埃比尼泽·霍华德的花园城市景观平面图

维多利亚末期代表性的风景画家在他们的作品中，例如约翰·林内尔（John Linnell）极受欢迎的画作中，几乎没有提供农业萧条或工业生产的任何证据，这是衡量其作品主题与现实脱节程度的一个重要指标（Crouan, 1982；Jeffrey, 1983；Davie, 1983）。在 19 世纪 70 年代，林内尔继续绘制怀旧风景，如画的农家小屋、静立于门前的天鹅，借鉴 18 世纪，表现出一种不曾改变也明显一成不变的英式田园和谐。其他如"伊特鲁里亚"画家宣扬一种类似永恒的世外桃源的景象，比如迈尔斯·比尔克特·福斯特（Miles Birkett Foster）大量收购的版画《英国风景图片》（*Pictures of English Landscape*, 1863）。这些作品依赖于经典主题，明确面向城市中产阶级市场，不希望看待景观的传统方式在技术上或内容上受到任何挑战，这类主题现在已成为一种刻板的英国艺术。

当然，在英国以外，绘画正经历着一系列非常激进的挑战。法国印象派是最先出现的现代艺术，继承了卢梭（Rousseau）、柯罗（Corot）等巴比桑（Barbizon）画派的思想，以透纳为榜样，以罗斯金为指导，直接对大自然进行描绘。但与他们的前辈不同的是，雷诺阿（Renoir）、皮萨罗（Pissarro）和莫奈（Monet）等印象派画家并没有太致力于自然，而是致力于艺术本身，以探索如何在画布上捕捉自然光的特质及其带来的通常是转瞬即逝的物体变化。虽然他们描绘风景，也对传统的观察方式形成挑战，但更多的是在视觉和绘画的技术层面，而不是像罗斯金所提出的作为意义归属和对看待方式的接受层面。一个特殊的原因是，看待景观的方式和风景画作为公园、庄园记录方式的传统作用都受到了照相技术的发明以及快速发展的挑战。

照相机和景观

人们普遍认为，照相机作为19世纪科学、光学物理和化学的产物，从19世纪30年代达盖尔（Daguerre）的早期实验迅速发展为20世纪初成熟的透镜和图像印刷技术，对具象派绘画的衰落有着重要的影响。但照相机和绘画之间的关系远比这样一个陈述所暗示的更为复杂。的确在19世纪的最后几十年里，艺术学校越来越重视技术尝试、捕捉外部世界细节/模式和情感力量的新方法，以及表达终极特定主体性——人的精神的内在运作方式。这些技巧被纳入关于艺术家的完全自主性、特权地位以及艺术体验的争论中。为艺术而艺术以及与道德、政治或社会不同的审美的独特性是当代文化生产的主导内容，也是世纪之交艺术哲学家乔治·桑塔亚纳（George Santayana）、本尼代托·克罗齐（Benedetto Croce）和罗杰·弗莱（Roger Frye）著作中的主导内容。但摄影与景观有着更为紧密的结合，尽管摄影对绘画带来前所未有的挑战，但它在某些方面许可了传统的看待景观的方式，即将自然作为商品的视觉占有，可以在比风景画所涉及的更广阔的人群中持续和传播。同时，它也赋予个人主体视觉控制外部现实的可能性，允许他们为纯粹个人的、主观的消费而保留记录，而照片却被认为是客观的，如19世纪早期景观主义者所热切追求的那样，可以科学精确地再现世界。

康斯坦布尔（Constable）、吉尔丁（Girtin）和弗里德里希（Friedrich）等景观画家仍然坚持线性透视的惯例，通过对自然的细致观察和记录精准地展现其形式，为摄影提供了基本规则以及方法的休闲性和直接性。值得注意的是，达盖尔本人也是一名风景画家，而约翰·罗斯金虽然对于技术创新经常表现出勒德分子的特点（Luddite，反对新技术），却是达盖尔的发明的早期而热忱的拥护者。相机采用了单一视角的线性透视，而不是双点视觉，其结果打印在平面的照片上，图像由绘画中开发出的上色、裁剪和勾框技术而产生。在实际应用中镜头很快就被改良，以"纠正"相机产生的自然透视的"扭曲"——将原来汇聚在一起的垂直线改为平行，从而符合具象绘画发展出的单点透视的视觉效果。与其说相机对景观固有惯习和观察方式形成了挑战，不如说是强化了它们。然而从早期，照片就被认为是科学的和客观的，是对外部可见现实的真实复制。它细腻的颗粒和均匀的表面效果是光亮主义（luminist）画家所追求的极致，在对自然的记录中抹去了人类的干预。因此，通过可以看到的铅笔、画笔和刀具等证据，照片可以区别于绘画方式的记录，从而保证了照片记录的准确性和真实性（Galassi，1981）。

通过这种方式，相机实现了维多利亚景观的一个重要目标。它加强了个人视觉的权威性，并将其透视规则作为形态之间外部关系的真实构成。它使独立的个人占有可见世界成为可能，同时依照它的构建惯例宣传这种视觉方式具有科学客观性和准确性。当我们将这一技术进步及其景观视觉的合理性，与当代科学中对类比推理的攻击以及将因果推理提升为准确理解外部世界形态和关系的唯一确切途径，乃至与地理作为景观科学的出现相结合，我们就可以开始理解在序章中概述的景观的模糊性。

绘画本身的一个最初的目的就是努力绘制准确逼真的图像。正因为如此，罗斯金赞赏约翰·布雷特（John Brett）的成就，并支持前拉斐尔兄弟会（the Pre-Raphaelite Brotherhood）的目标。这群英国画家——约翰·埃弗雷特·米莱斯（John Everett Millais）、亚瑟·休斯（Arthur Hughes）、查尔斯·阿尔斯顿·柯林斯（Charles Allston Collins）、威廉·霍尔曼·亨特（William Holman Hunt）等——在描绘植物、岩石、树木和苔藓等自然世界的细节、形态和颜色时，把风景绘制得如同宝石一般。他们的愿望是实现最高的现实主义，但现实主义并没有延伸到其作品主题中。前拉斐尔派的风景是静态的。与透纳的自然不同，它从来不给人类带来威胁和压迫，更像是一种表现其感知或情感的工具。它专注于中世纪和极具象征意义的宗教图像，以及当代一些最感伤的主题——一个不能看到绚丽彩虹的盲童、水手的孤儿"从海上归来"、在悲痛中被遗忘的六月教堂庭院盛开的花朵、"可爱的咩咩叫的羊羔"，这些画家将人类情感融入表现的精确性中，以此来挑战摄影，但同样地，他们背弃了维多利亚乡村的现实及其社会和环境中的紧张关系，没有在自然中发现透纳以自然形式和力量所揭示出的道德深度。以如此平淡的情感内容，不足为奇，前拉斐尔主义除了陈腐的多愁善感和令人怀旧之外对维多利亚晚期的风景画几乎没有影响（Rosenthal，1982）。对于现实主义来说，相机和先进的打印技术可以廉价而轻松地超越画家。

从景观到地理学

前拉斐尔艺术有一个和罗斯金相同的假设,即视觉的准确性和对自然形态细节的关注会促进对具有科学合理性的结构以及协调性的理解。我在前面讨论过这种观点依赖于类比思维,受到维多利亚时代的科学的批判。摄影是科学与技术相结合的产物,代表并再现了一个来自实践经验的、客观的世界。摄影宣称与实证科学一样,它所再现的世界,无论观察者的信仰、偏好、道德状况或个人对研究对象的参与程度,都具有一致性和可验证性。独立、客观的观察和研究模式,简化了科学与技术之间的联系,而这正是资本主义生产持续创新和增长的核心所在。相较之下,类比思维则被置于原始思想或形而上学的骗术之中。

景观的历史并非没有受到这些变化的影响。在西方对自然的认识中,因果思维战胜类比思维取得胜利的同一时期,地理学在欧洲和北美的学校和大学中被明确地确立为一门学科。负责推广该学科的人毫不怀疑这门新学科是一门科学,其实践性应与其他实证科学保持一致。早期的地理学者和教师,如弗里德里希·拉采尔(Freidrich Ratzel)、威廉·莫里斯·戴维斯和安德鲁·约翰·海伯森(Andrew John Hebertson),以及追随他们的方法论者(methodologist),如阿尔弗雷德·赫特纳(Alfred Hettner)、理查德·哈特向和卡尔·索尔,都认为地理学主要是一门实证科学。它可能建立于前科学意识中对富饶地球和结构的兴趣,但地理学在学术上的追求,一直是了解物质世界的形态和过程，将其范围限制在世界的**可见**方面，自然地理学家毫无异议地接受了科学方法以及因果思维的约束。直到今天，自然地理学一直朝着更高的实证准确性和演绎连贯性的方向发展。

但是在地理学中，认识到"人类干预"塑造了我们所看到的世界，这种干预将世界分为不同的区域，这一点从早期地理学作为一门正规学科建立伊始就是其根本。作为对人类群体与其自然环境关系的研究，地理学承担起 19 世纪早期建立起来的浪漫主义景观与自然世界和谐相处相结合的综合愿景。歌德、洪堡、罗斯金及其众多同代人都曾努力在景观艺术中加以实现和表现，将整个社会的道德进程融入其中。地理学者虽然接手了这种对外部世界的综合性和一体性的研究，但将其坚定地放在实证科学和因果思维所确立的参照系内，从而实际上否定了对景观的道德讨论。

地理学家最初采用推理路径，尝试通过环境决定论在其学科中建立起与物理、化学地位相同的普遍规律，以解释人类居住的不同模式。但随后环境主义（Environmentalism）遭到了否决，与其说是因为它的道德和政治影响，不如说是因为它作为科学的失败。它的结论，尤其是它的假设，经不起实证考察，其因果关系的逻辑也过于粗糙。总而言之，还达不到科学的标准。它在地理学上被一种区域描述和景观分类所取代——形式依赖于前面讨论的形态学的科学地位。虽然一些更具启发性的地理著作表达了人文关怀与自然世界之间的某种和谐意味，给人留下了深刻印象，但科学客观性的主张使得这种感性成为地理学方法论者和哲学家的尴尬，或是成为我们对自己发现的土地、劳动、民族所形成的一种保守的地理意识形态的载体。例如，20世纪早期的德国地理学。

地理学家选择研究的是从浪漫类比思想家那里继承的主题，其性质是对人类、自然进程及模式的综合理解。地理学家唯一能够将自己的身份从地质学、生物学、人类学或社会学中独立出来的依据是，他们的科学提供了对地球表面——包括物质和社会的统一理解。在这里地理与摄影分享了浪漫主义景观的遗产。如果说相机确定了客观的外部场景的真实性，却将主观责任甩给了独立的个体观察者，地理科学则是按照因果科学的规则来对待同一客观的外部场景，而将主观性归为私人体验和艺术领域。当然，地理学家经常使用相机，通过使用垂直航拍照片来增加景观的客观性，并通过使用立体重叠照相技术再现双目视觉。但在地理和景观照片中，主体和客体仍然是不相关联的，是被分别考虑的，根据科学和艺术的惯例以及技术被人为地联系在一起。在绘画中的现实主义、科学中的类比思维受到挑战的历史时刻，景观理念作为一种与土地及自然的社会关系的道德评判而衰退，成为学术地理和公共政策中的冷门科学概念。

20世纪的景观

本书第一部分所概述的景观的模糊性可被理解为漫长而复杂的历史过程的结果，深深地植根于社会内部以及社会与土地之间不断变化的关系中，通过不断变化的知识观念、宗教信仰和艺术形式表现出来。在这段历史中，景观理念消弱了对自然资源的集体使用，它被锁定于一种个人主义的观察方式中。这种方式在视觉构图模式中找到了它的技术表现——导向远处的眼睛，并越来越多地在交换价值的基础上，确立了人与土地及自然的关系。它是一种将主客体分开的观察方式，使个人观察者的眼睛拥有主宰权。在这一点上，景观理念要么否定了集体体验（如令个人愉快的景象），要么在对某一特定地区超然品质的诉求中使其神秘化，例如英国在战争期间对不变的英国乡村形象——反映其社会秩序平静和谐的景观的追求。在向完全资本主义社会关系的过渡中，景观理念存在于一种不稳定的集合中，与土地的异化关系，以及同时存在的在自然界中集体生活的强大理想，都依赖于人类共同的生活体验和自然的周期变化。在保守的地主主义意识形态中，景观总是可以被占用的。在16世纪的威尼斯或18世纪的英国，景观理念被作为一个意识形态发生冲突的领域，一方面是保守的贵族式的土地占有观和家长式关怀，另一方面是一种新兴的、更公然进行剥削的、以市场为导向的土地财产观。18世纪末的美国在景观理念的背景下，试图在该土地上建立起土地的私有制和控制权以及土地上的集体道德秩序，但这种尝试未能将相互矛盾的生产方式结合起来。

无法在景观理念中包含积极参与者与体验者对土地的集体意识，是我们在当前规划和保护景观方面困境的根源。规划一直是20世纪西方社会对土地的核心体现。我们已经注意到这种回应的起源受到埃比尼泽·霍华德（Ebenezer Howard）的设计的影响。在两次世界大战之间的现代主义运动中，这种规划理念是一个反复出现的主题。例如，勒·柯布西耶（Le

Corbusier)在《迈向新建筑》(Towards a New Architecture，1946)中捕捉到了现代主义的精神：对汽车、远洋轮船、飞机、飞艇以及大规模生产技术等新技术带来的可能性的迷恋，似乎为创造完全的人造环境提供了可能；被实证理性主义的精神所吸引；将**规划**看成社会革命的替代方案。柯布西耶1929年的《辐射城市》(Cité Radieuse)及之后的"巨型景观"(Banham，1976)提供了一种整体的建筑环境——通常设置在有修剪过的草坪和美观树木的公园景观中。这样的景观也出现在韦尔斯（H. G. Wells）的电影《未来事物》(Things To Come，1936)想象出的未来地下城的上方。其主要关注的是城市和科技环境，乡村空间是为了休闲及审美的乐趣，可以从上方或一台快速移动机器的窗口远眺。这样的景观的存在也许是为了在一个定义不清的"自然"中缓解机械生活的压力。农村不具备生产性，而是被作为一种远距离的视觉享受。在我们的世界观中主体与客体的分离已是一个公认的常识，土地从使用价值的异化已经正式完成。个人对外部世界的视觉占有权，曾经只属于少数特权阶层（在政治上和经济上都具有权势的专家们），现在在很大程度上对任何能接触到相机、照片、明信片、电视或电影的人们开放。在这样的背景下，难怪风景画在本世纪既不是现代主义文化的关注对象，也不是进步艺术的主题。如果想成为精英主义文化，则必须将自己与景观这类易于接触的主题分开，探索纯粹的形式结构，或是探索主观性和抽象表达的深度；如果想成为激进主义文化，则它要与大多数进步的意识形态一样有着对城市的关注，即对资本主义和后资本主义社会的历史轨迹——城市和技术——的关注，与其说是对景观，不如说是对人类环境的关注。

在欧洲和北美的环境规划本身中，景观理念作为一种远距离的、主要是视觉上的概念，与不受限制的对其交换价值的私人占用形成不稳定的联盟。自20世纪20年代和30年代以来，英国的乡村规划基本上是限制性的，旨在防止城市的侵占、"不合规"的发展、"难看的"建筑物、广告牌和条形建筑等，以保持理想的农村生活。但即使是在国家公园——风景价值的保护区，越来越集中的大型地主和佃农从事着这个国家中最具剥削性、补贴最高、资本最密集和私人利润最丰厚的产业，他们对土地的使用在实质上几乎没有任何立法限制。他们可以通过移除树篱、扩大田地、大量施用化肥、建造储藏库或养殖场来改变其外观，甚至物理性质，而无须公共批准。以社会进步为名义民主制定的导致这种程度的规划立法本身就是矛盾的，甚至是倒退的。

值得注意的是，乡村规划的保守主义，再加上风景价值与不受限制地为交换而生产之间不稳定的紧张关系，反映出过去半个世纪英国文化生产中景观的地位。一种在技巧和构图上都极为保守的景观艺术形式，仍然是英国画家的偏爱。一些富有想象力的艺术家，如保罗·纳什（Paul Nash）、格雷厄姆·萨瑟兰（Graham Sutherland）和比尔·勃兰特（Bill Brandt），成功地利用景观来批判战争的道德败坏和毁灭性、表述自然季节以及韵律的情绪，或是持久的自然形态的拟人化；但在大多数情况下英国风景画延续着维多利亚后期的脉络，呈现出一种不变的幸福乡村的景象，这是一种世外桃源式的场景，在过去的某个时代，人类在一个没有受到科技危害的乡村社区过着轻松"自然"的生活。

绘板 16. 埃里克·拉维利斯：《列车窗景》
(Aberdeen Art Gallery and Museums)

雷蒙德·威廉斯（Williams，1973）曾在英国文学中讨论过这一形象的永恒性。1983 年的"英国风景画展 1850—1950 年"（*Landscape in Britain 1850-1950*，Arts Council，1983）因从英国场景中抹去了拖拉机、农业机械、电报线、公路、由煤渣石和混凝土砌成的农场建筑而极其引人注目。埃里克·拉维利斯（Eric Ravilious）的《列车窗景》（*Train Landscape*，见绘板 16），也许最能总结出英国观念。在这幅画中，通过精心渲染的三等软座车厢的窗户可以看到一匹白马，白马立于白色丘陵，象征着人类对自然永恒而平静的占有。它似乎宣称，不会改变的英国景观是所有人（甚至包括最贫穷的旅行者）的文化遗产和财产，虽然只是对画框内景色，远距离的视觉占有。同样的信息也被源源不断的英国景观海报、日历、摄影随笔、明信片、电影纪录片以及如 1940 年代和 1950 年代的《壳指南》（Shell Guides）等指南书刊所传播，其中《壳指南》的封面由罗兰德·希尔德（Rowland Hilder）等风景画艺术家设计。这些形象的制作速度不断提高，正如在拿破仑战争等社会和政治紧张时期所发生的一样。一系列颂扬英国酒馆、乡村教堂和乡村手工艺品的书籍，刊登在廉价的战时报纸上，以供大众传播，并利用维塔·萨克维尔·韦斯特（Vita Sackville West）和乔治·奥威尔（George Orwell）等作家的才华，表现出这一流派的吸引力。正如最近在失落的英国乡村拍摄的一系列怀旧电影一样——《幽情密使》（The Go Between）、《故园风雨后》（Brideshead Revisited）、《法国中尉的女人》（The French Lieutenant's Woman），通常在英国的乡村宅邸，以柔和而朦胧的色调拍摄，让我们远离当代英国的压力。

　　风景画家和作家的视觉和文学形象得到了新闻和学术评论家们更强有力的宣传。20 世纪 30 年代，普利斯特里（J. B. Priestly）、牛津哲学家乔德（C. E. M. Joad）和地理学家弗勒（H. J. Fleure）撰写了关于英国城市不断蔓延的恐怖故事。乔德的《粗鄙的城镇人入侵乡村》（The Untutored Townsman's Invasion of the Country，1946）和《漫延在乡村的恐怖》（The Horrors of the Country，1931）表现出他对汽车及加油站、路边小店、支线建筑等相关景观的猛烈抨击，因为它破坏了所谓的英国乡村原有的和谐与平静。这种抱怨既针对社会，也针对审美。他认为被汽车解放的城镇居民，对于乡村来讲在礼貌和恭谦方面是粗鄙的，乡村居民应该依据自己的权利，在如画的景致中垒草垛或在农舍前吸烟，而不是为过路的司机们提供冰激凌、汽油和纪念品。坚固的社会等级制度受到威胁，这一点隐藏在英国乡村的美学形象中。沃恩·科尼什（Vaughan Cornish，1932）举例说明了这种视觉思想如何与规划相适应，以及地理学应如何采用与文学和艺术相同的景观惯例。科尼什是一位专业的地理学家，其著作主要是关于城市的地理位置和政治边界，隶属于皇家地理学会（the Royal Geographical Society）并在那里授课。为了回应1919年弗朗西斯·杨赫斯本爵士（Sir Francis Younghusband）向该协会发表的首长讲话（讲话中，他敦促地理学家应在其著作中表现他们对景观的热爱），科尼什撰写了一系列书籍和论文，宣传他称之为"美学地理"（Aesthetic Geography）的理念，并概述了创建这种地理学的具体技术。他的文采绝不是一流的，但他的描述是传统和感伤的：它们赞美苏塞克斯村、古老教堂庭院的紫杉以及低地田野。科尼什的作品之所以有趣，与其说是因为它的内在品质，不如说是因为他是少数几个愿意公开承认这一学科中这一方面的地理学家之一，以及他对视觉和观察景观技术的详细讨论。他的思想强化了独立、远距离观察和视觉占用的模式，他后来在国家公园建设中所起的作用表明，景观式的观察方式与这些公园的概念及建造有着深刻的联系。沃恩·科尼什是那些致力于保护他们自己的英国乡村形象的众多个人和团体中的一员，而这一形象正是风景画家在其作品中所再现的。从国家信托基金、英格兰乡村保护委员会等成熟机构，到多塞特的鲍伊斯兄弟等地方作家的积极参与，贯穿整个20世纪，正在消失的英国乡村乐园需要受到保护，以免受到现代主义的影响——这一直是一个强大而保守的主题。和以往一样，其意识形态基础也因参考了基本的和不可剥夺的人类体验而有所改变，其吸引力得到进一步加强。在这种背景下，值得注意的是在战前时期，风景画家和其他艺术家对英国史前及其景观遗迹的兴趣——对石堆纪念碑（cairns）、石圈、巨石以及有具体自然形态的古岩石、引人注目的地质结构，特别是那些具有拟人形态或与原始社会有联系的遗迹的兴趣。巨石阵、埃夫伯里和梅登城堡等遗迹吸引了比尔·勃兰特（Bill Brandt）、亨利·摩尔（Henry Moore）和格雷厄姆·萨瑟兰（Graham Sutherland）等艺术家以及在彭布鲁克郡、康沃尔郡和北德文郡等荒山或沿海地区创建的学院画派，被它们的规模、纯净以及从中可以感受到的万物有灵论（animism）、自然主义和拟人化观（anthropomorphism）所吸引。毫无疑问，除了抽象的意义外，它们与当前所关注事物的距离感也颇具吸引力。杰利科（J. A. Jellicoe，1966）推广了这种形态对当代景观设计的重要性，他是最具影响力和最成功的现代景观设计师之一。在一篇关于覆盖哈韦尔核研究反应堆的巨大土丘设计的评论中，杰利科将这些为国家安全目的对自然进行最终控制的巨型结构纪念碑与位于伯克郡丘陵以南几英里处的古代英国巨石进行了类比。

我们应该注意到一组非常不同的态度和反应，与英国景观的这种持续的、普遍的、保守的视觉处理方法相反。事实上，对于这种态度和反应，"景观"一词似乎并不合适。20世纪30年代，城市工人的增长主要集中在北部工业城市，他们获得了进入野外高地乡村的机会，可以在那里漫步或骑自行车。像漫步者协会、自行车旅行者俱乐部和青年旅社协会等机构并不是主要由中产阶级建立或维持，其成员也并不主要是中产阶级。现有1500英里长的彭宁路（the Pennine Way）是英国长距离路线中最著名的一条，是从德比郡一直到苏格兰边境的整个彭宁山的长度，它最有力的倡导者是汤姆·斯蒂芬森（Tom Stephenson）——成长于兰开夏郡的沃利工业城（Shoard, 1982）。他的案例受到社会党《每日先驱报》（*Daily Herald*）的推动，他的行动与其他工人阶级积极分子相一致：攻击那些占有大片荒原和山地的大地主所拥有的特权，这些特权使得除了他们来猎杀松鸡的朋友外，其他人都无法进入其中。

1932年，最让人们铭记的"进入乡村"运动中的一幕发生了，在曼彻斯特、谢菲尔德、德比和它们之间的小型工业定居点的至少数百万的工厂工人，大规模地非法进入金德斯考特的苔原荒野高地。否认这些行动对后来的国家公园和景观保护宣言产生的影响是错误的。但很显然，像斯蒂芬森这样人的意图不是去**看**风景，而是去亲身体验它——去走、去爬或是去骑车。视觉感受似乎很少成为一个主要问题。在玛丽安·肖德（Marion Shoard）记录的汤姆·斯蒂芬森的回忆中，他没有提及观察彭宁山脉。"那只是一个荒野乡村，什么都没有。最吸引人的是你很容易就失去任何工业文明的感觉，觉得自己是世界上唯一的一个。"（Shoard，1982，p.56）对于 20 世纪 30 年代来自曼彻斯特或伯恩利这样环境的人们来说，失去工业化和文明的感觉并不是对逝去的英国乡村的怀念，而是一种面向解放的姿态，它所涉及的是行动而非视觉感受。作为当时的流行民谣——《曼彻斯特漫游者》（The Manchester Rambler）的歌词中写道："周一我可能是工作的奴隶，但周日我是一个自由人。"汤姆·斯蒂芬森证实了他与沃恩·科尼什（Vaughan Cornish）或乔德（C. E. M. Joad）截然不同的态度，在评论后两者非常欣赏的南方低地风光时：

> 我学会了忍受低地的景色。我意识到人会本能地去欣赏一座山，但要欣赏更为微妙的低地景观线条则是困难的——我认为必须后天才能习得（Shoard，1982，p.59）。

正是景观理念这种后天习得的、远距离的、更异化的观察方式，在这里与更为积极的土地参与形成了鲜明的对比。

自 1974 年以来，每个英国地方当局都有根据景观质量对其区域进行分类的法定义务，以确定那些受到法律保护的部分，防止损害其秀丽的风景。制定这些规划的技术中，较少考虑到对土地的积极利用，不管是对那些在土地上劳作的人们，还是对像斯蒂芬森一样为自己的娱乐而积极参与到土地变革中的人们。绝大多数情况下，这些技术都是基于视觉证据，要么是由景观设计师、艺术家、专业规划师和其他对视觉敏感的公众品味守护者等"专家"提供的，要么是由"面向用户的研究"所提供的证据，后者经常使用现场照片作为替代，以凝聚成一种对景观的公众品味和偏好（Gold，1980），并允许通过实证科学的客观统计来操纵结果。从19世纪末开始衰退的景观理念的视觉意识形态仍然占据着主导地位。通过设定一个静态视觉统一体，并以铅笔或油彩在一个框架内构建出来，我们在景观结构规划中植入了持续的视觉静止。我们似乎发现，为那些被动地观看风景的人将景观优美的地区规划为保护区，要比将其塑造权委托给那些在其中生活、工作或积极重建的人要容易得多，即使在后一类人群中，拥有和从土地中获利的人只是少数（Punter，1982）。这种保存下来的景观实际上已成为一种国家产品，由旅游业在国外宣传和出售，以换取可兑换的货币。

结论：景观的局内人和局外人

我认为景观是一种社会及文化产品，是一种映射到土地上的观察方式，有着自己的技术和构成形态；它是一种具有限制性的视觉方式，对于与自然的关系，它减少了我们体验与自然关系的其他模式。这种观察方式在西方有着独特的历史，我在西方社会形态漫长过渡的背景下——从封建的土地使用价值向资本主义（土地作为增加交换价值的商品）的过渡中所勾勒出的一段历史。在这段广阔的历史中，不同社会形态的特定社会和道德问题，都通过景观表现出来。正如在所有重要的文化生产中，总有些人，例如透纳，其非凡的想象力使他们能够在主流传统以及超越主流传统的范围，深刻地触及人类的需要和体验。在景观理念所隐含的视觉、距离以及分离的意识形态下，也仍有一部分形象在强调我们对家园、生活、日常及季节性生活节奏的不可剥夺的体验。理查德·朗（Richard Long）是一位当代艺术家，他试图直接表现那些景观局内人的体验，他直接在土地上或以土地创作作品——重新排列石头，在达特摩尔荒地或安第斯山脉留下一条人类的小径，或在工作室的墙壁上用塞文河的泥土涂一道弧线。比起观察，他更倾向于进入土地，他称之为大地艺术，而不是景观。这或许是我们未来与土地所建立的文化关系的希望。

作为文化生产中的活跃力量，景观理念在19世纪后期开始低迷。随着工业资本主义的日益稳定，长期以来其主张的个人与土地的分离以及通过视觉形成的私密的、个人的消费关系，已成为一种城市生活的存在和体验。这种体验在智力上以科学来捍卫，在教育中得到提升，并随着在我们眼前奔流不息的视觉图像而不断增强。正如罗斯金发现的那样，尽管景观有自身的魅力和诉求，但它无法调和积极的内部人和消极的局外人的体验。宣称人类景观概念的地理学家需要认识到这是一个出发点，而不是一个需要克服的问题，是一个需要在不同背景环境下进行探索的矛盾体。在评论英国最伟大的风景小说家之一的托马斯·哈代（Thomas Hardy）——业余风景画家及威塞克斯（Wessex）不朽形象的创造者的作品时，约翰·巴雷尔（John Barrell，1982，p. 358）强调了塑造"处于观察但又不参与的位置，同时**洞悉详情……却又远离**的人"的难度。这样的壮举在景观理念中益发不可能实现：它起源于局外人的视角，它仍是土地控制的一部分，而不是它的写照。因此，

　　景观是具有误导性的。

有时，景观似乎不再是居民生活的背景，而是他们斗争、成就和发生各种意外的帷幕。对于那些和居民一起位于帷幕之后的人来说，地标不仅是地理上的，也是传记及个人的标志（Berger，1976，pp.13，15）。

参考文献

Ackerman, J.S. (1966) *Palladio*. Harmondsworth, Penguin Books
Adams, J. (1979) *The Artist and the Country House: A History of Country House and Garden View Painting in Britain 1540-1870*. London, Sotheby Parke Bernet
Alberti, L.B. (1965) *Ten Books on Architecture*. Trans. by J. Leoni, 1755. Facs. London, Alec Tiranti
Anderson, P. (1974a) *Passages from Antiquity to Feudalism*. London, Verso
Anderson, P. (1974b) *Lineages of the Absolutist State*. London, New Left Books
Anderson, P. (1980) *Arguments Within English Marxism*. London, Verso
Appleton, J. (1975) *The Experience of Landscape*. London, Wiley
Architettura e utopia nella Venezia del cinquecento (1980). Milano, Electa
Argan, C.G. (1969) *The Renaissance City*. London, Studio Vista
Arts Council of Great Britain (1983) *Landscape in Britain 1850-1950*. London, Arts Council
Banham, R. (1976) *Megastructure: Urban Futures of the Recent Past*. London, Thames and Hudson
Banse, E. (1924) *Die seele D. geographie*. Brunswick, G. Westermann
Barrell, J. (1972) *The Idea of Landscape and the Sense of Place 1730-1840: An Approach to the Poetry of John Clare*. Cambridge, Cambridge University Press
Barrell, J. (1980) *The Dark Side of the Landscape: The Rural Poor in English Painting 1730-1840*. Cambridge, Cambridge University Press
Barrell, J. (1982) 'Geographies of Hardy's Wessex', *Journal of Historical Geography*, 8(4), 347-61
Baxandall, M. (1972) *Painting and Experience in Fifteenth Century Italy*. Oxford, Oxford University Press
Bazarov, K. (1981) *Landscape Painting*. London, Octopus
Berenson, B. (1956) *The Italian Painters of the Renaissance*. London, Phaidon

Berger, J. (1972) *Ways of Seeing*. Harmondsworth, Penguin Books BBC
Berger, J. (1976) *A Fortunate Man*. London, Writers and Readers
Berger, J. (1980) *About Looking*. London, Writers and Readers
Blunt, A. (1973) *Artistic Theory in Italy 1450-1600*. Oxford, Oxford University Press
Bouwsma, W. (1968) *Venice and the Defence of Republican Liberty: Renaissance Values in the Age of the Counter-Reformation*. Berkeley, California, University of California Press
Braudel, F. (1972) *The Mediterranean and the Mediterranean World in the Age of Philip II*. London, Collins
Braudel, F. (1973) *Capitalism and Material Life*. Trans. by Miriam Kochan. London, George Weidenfeld and Nicholson
Braudel, F. (1982) *Civilization and Capitalism 15th–18th Centuries, Vol. II: The Wheels of Commerce*. Collins, London
Brenner, R. (1976) 'Agrarian Class Structure and Economic Development in Pre-Industrial Europe', *Past and Present, 70*, 30-75
Brenner, R. (1977) 'The Origins of Capitalist Development: A Critique of Neo-Smithian Marxism', *New Left Review, 104*, 25-93
Brown, C. (1972) *Dutch Townscape Painting*. London, National Gallery
Bunge, W. (1966) *Theoretical Geography*. Lund Studies in Geography, Series C, No. 1 (2nd edn)
Bunske, E.V. (1981) 'Humboldt and an Aesthetic Tradition in Geography', *Geographical Review, 71(2)*, 127–46
Burke, P. (1974a) *Tradition and Innovation in Renaissance Italy*. London, Fontana/Collins
Burke, P. (1974b) *Venice and Amsterdam: A Study of Seventeenth Century Elites*. London, Temple Smith
Carlyle, T. (1829) 'Signs of the Times' – reprinted in Marx, L. (ed), *The Onset of Industrialisation and America's National Goals*. Amherst College, 1965 (mimeo)
Cassirer, E. (1963) *The Individual and Cosmos in Renaissance Philosophy*. London, Pennsylvania University Press
Chadwick, G.F. (1966) *The Park and the Town: Public Landscape in the 19th and 20th Centuries*. London, Architectural Press
Chambers, D.C. (1970) *The Imperial Age of Venice*. London, Thames and Hudson
Cipolla, C.M. (1952) 'The Decline of Italy' – *Economic History Review, 5(2)* 18-24

Clark, K. (1956) *Landscape Into Art*. Harmondsworth, Penguin Books
Coles, P. (1952) 'A Note on the Arrest of Capitalism in Italy'. *Past and Present*, 2, 51-4
Cornaro, L. (1935) *Della Vita Sobria: A Treatise on Temperance and Sobriety* (Trans. George Herbert) Oxford, Oxford University Press
Cornish, V. (1928) 'Harmonies of Scenery: An Outline of Aesthetic Geography', *Geography*, 14, 275-83; 383-94
Cornish, V. (1931) *The Poetic Impression of Natural Scenery*. London, Sifton, Praed and Co.
Cornish, V. (1935) *Scenery and the Sense of Sight*, Cambridge, Cambridge University Press
Cornish, V. (1937) *The Preservation of Our Scenery. Essays and Addresses*. Cambridge, Cambridge University Press
Cosgrove, D. (1979) 'John Ruskin and the Geographical Imagination', *The Geographical Review 69(1)*, 43-62
Cosgrove, D. (1982a) 'The Myth and Stones of Venice: An Historical Geography of a Symbolic Landscape', *Journal of Historical Geography 8, (2)* 145-69
Cosgrove, D. (1982b) 'Agrarian Change, Villa Building and Landscape: The Godi Estates in Vicenza 1500-1600' in Ferro, G. (ed.), *Symposium on Historical Changes in Spatial Organization and Its Experience in the Mediterranean World* Genoa, Bozzi, pp. 133-56
Cosgrove, D. and Thornes, J. (1982) 'The Truth of Clouds: John Ruskin and The Moral Order in Landscape' in Pocock, D.C.D. (ed.), *Humanistic Geography and Literature: Essays on the Experien of Place*. London, Croom Helm
Crèvecoeur, M. St-Jean de (1963) *Letters from an American Farmer and Sketches of Eighteenth-century America*. Toronto, New American Library of Canada Ltd
Crouan, K. (1982) *John Linnell: A Centenary Exhibition*. Cambridge, Cambridge University Press
Daniels, S.J. (1981) 'Landscaping for a Manufacturer: Humphrey Repton's Commission for Benjamin Gott at Armley in 1809-10 *Journal of Historical Geography, 7(4)*, 379-96
Darby, H.C. (1951) 'The Changing English Landscape', *Geographical Journal*, 117, 377-98
Davie, D. (1983) 'The Industrial Landscape in British Literature' in Arts Council, *British Landscape*, pp. 37-44
Dickinson, R.E. (1939) 'Landscape and Society', *Scottish Geographical Magazine*, 55(1), 1-15

Dixon-Hunt, J. (1982) *The Wider Sea: A Life of John Ruskin*. London, Dent
Dobb, M. (1963) *Studies in the Development of Capitalism*. Second edn, London, Routledge and Kegan Paul
Egerton, S.J. (1975) *The Renaissance Rediscovery of Linear Perspective*, London, Harper and Row
Eliade, M. (1959) *The Sacred and the Profane: The Significance of Religion, Myth, Symbolism, and Ritual Within Life and Culture*. New York, Harcourt, Brace and World Inc.
Finlay, R. (1980) *Politics in Renaissance Venice*. London, Ernest Benn
Fuller, P. (1980) *Art and Psychoanalysis*. London, Writers and Readers
Galassi, P. (1981) *Before Photography: Painting and the invention of photography*. New York, Museum of Modern Art
Geipel, R. (1978) 'The Landscape Indicators School in German Geography' in Ley and Samuels (eds.), *Humanistic Geography*, pp. 155-72
Genovese, E.D. (1972) *Roll Jordan Roll. The World the Slaveholders Made*. New York, Random House
Ginzburg, C. (1980) *The Cheese and the Worms: The Cosmos of a Sixteenth-Century Miller* (Trans. John and Anne Tedeschi), London, Routledge and Kegan Paul
Giorgetti, G. (1974) *Contadini e proprietari nell'Itala moderna: Rapporti di produzione e contratti agrari dal secolo xvi a oggi*. Torino, Einaudi
Glacken, C. (1967) *Traces on the Rhodean Shore: Nature and Culture in Western Thought from Ancient Times to the End of the Eighteenth Century*. Berkeley, University of California Press
Gold, J.R. (1980) *An Introduction to Behavioural Geography*, London, Oxford University Press
Gold, J.R. and Burgess, J. (eds.) (1982) *Valued Environments*. London, George Allen and Unwin
Gombrich, E.H. (1966) 'The Renaissance Theory of Art and the Rise of Landscape' in Gombrich, E.H., *Norm and Form: Studies in the Art of the Renaissance*. London, Phaidon, pp. 107-21
Graber, L.H. (1976) *Wilderness as Sacred Space*. Washington DC, Association of American Geographers, Monograph Series, No. 8
Green, D. (1977) *To Colonise Eden: Land and Jeffersonian Democracy*. London, Gordon and Cremonesi
Gregory, D. (1978) *Ideology, Science and Human Geography*. London, Hutchinson
Hadjinicolau, N. (1974) *Histoire de l'art et lutte des classes*. Paris,

Francois Maspero
Hale, J.R. (1968) 'Francesco Tensini and the Fortification of Vicenza', *Studi Veneziani, 10,* 231-89
Hale, J.R. (1977) *Renaissance Fortification: Art or Engineering?* London, Thames and Hudson
Hard, G. (1965) 'Arcadien in Deutchland', *Die Erde, 96,* 31-4
Harris, J. (1981) *The Palladians.* London, Trefoil Books
Harris, R.C. (1977) 'The Simplification of Europe Overseas', *Annals, Association of American Geographers, 67(4),* 469-83
Harris, R.C. (1978) 'The Historical Mind and the Practice of Geography' in Ley and Samuels (eds.), *Humanistic Geography,* pp. 123-37
Hartshorne R. (1939) *The Nature of Geography: A Survey of Current Thought in the Light of the Past.* Lancaster, Pa., Association of American Geographers
Harvey, D. (1974) *Social Justice and the City.* London, Edward Arnold
Harvey, P.D.A. (1980) *The History of Topographical Maps: Symbols, Pictures and Surveys.* London, Thames and Hudson
Havinghurst, A.F. (ed.) (1958) *The Pirenne Thesis: Analysis, Criticism and Revision.* Boston, Heath
Heimert, A. (1953) 'Puritanism, the Wilderness and the Frontier', *New England Quarterly, 26(3),* 361-82
Herlihy, D. (1965) 'Population, Plague and Social Change' in Mohlo, A. (ed.), *Social and Economic Foundations of the Italian Renaissance.* New York, Wiley, pp. 77-90
Hewison, R. (1976) *John Ruskin: The Argument of the Eye.* London, Thames and Hudson
Hilton, R. (ed.) (1978) *The Transition from Feudalism to Capitalism.* London, Verso
Hilton, R. (1978) 'Capitalism: what's in a name?' reprinted in Hilton, (ed.), *The Transition from Feudalism to Capitalism*
Hobsbawm, E. (1965) 'Introductory Essay' to Karl Marx, *Precapitalist Economic Formations* (Trans. Jack Cohen). New York, International Publishers
Holcomb, A.M. (1978) *John Sell Cotman.* London, British Museum
Holt-Jensen, A. (1981) *Geography: Its History and Concepts.* London, Harper and Row
Holton, R.J. (1981) 'Marxist Theories of Social Change and the Transition from Feudalism to Capitalism', *Theory and Society, 10,* 833-67
Hopkins, G.M. (1953) *Gerard Manley Hopkins: Poems and Prose.*

Selected and edited by W.M. Gardner. Harmondsworth, Penguin Books

Hoskins, W.G. (1955) *The Making of the English Landscape*. London, Hodder and Stoughton

Howard, D. (1980) *The Architectural History of Venice*. London, B.T. Batsford

Howard, E. (1946) *Garden Cities of Tomorrow*. London, Faber and Faber

Huggett, F.E. (1975) *The Land Question and European Society*. London, Thames and Hudson

Huth, H. (1957) *Nature and the American: Three Centuries of Changing Attitudes*. Bison Books, University of Nebraska Press

Hyde, J.K. (1973) *Society and Politics in Medieval Italy: The Evolution of the Civil Life, 1000-1350*. London, Macmillan

Ivins, W. Jr (1946) *Art and Geometry: A Study of Space Intuitions*. Cambridge, Mass., Harvard University Press

Jackle, J.A. (1977) *Images of the Ohio Valley. An Historical Geography of Travel, 1740-1860*. New York, Oxford University Press

Jackson, J.B. (1964) 'The Meanings of Landscape', *Kulturgeografie*, 88, 47-51

Jackson, J.B. (1970) *Landscapes: Selected Writings of J.B. Jackson*. Amherst, Mass., University of Massachusetts Press

Jackson, J.B. (1979) 'Landscape as Theatre', *Landscape, 23(1)* 3-7

Jackson, J.B. (1980) *The Necessity for Ruins and Other Essays*. Amherst, Mass., University of Massachusetts Press

Jefferson, T. (1785) 'Query XIX', reprinted in Marx, L. (ed.), *The Onset of Industrialisation and America's National Goals*. Amherst College, 1965 (mimeo)

Jeffrey, J. (1983) 'Public Problems and Private Experience in British Art and Literature' in Arts Council: *British Landscape* pp. 22-36

Jellicoe, J.A. (1966) *Studies in Landscape Design*, Vol. 2. London, Oxford University Press

Joad, C.E.M. (1931) *The Horrors of the Countryside*. London, Leonard and Virginia Woolf: Day to Day Pamphlets

Joad, C.E.M. (1946) *The Untutored Townsman's Invasion of the Country*. London, Faber and Faber

Jones, P.J. (1965) 'Communes and Despots: The City State in Late-Medieval Italy', *Transactions of the Royal Historical Society, 15*, 5th series, 71-96

Jones, P.J. (1966) 'Italy' in *The Cambridge Economic History of Europe*, Vol. 1. Cambridge, Cambridge University Press, pp. 340-431

Jones, P.J. (1968) 'From Manor to Mezzadria: A Tuscan Case Study in the Medieval Foundations of Modern Agrarian Society' in N. Rubenstein (ed.), *Florentine Studies*, pp. 193-241

Klingender, F.J. (1972) *Art and the Industrial Revolution* (ed. and revised by Arthur Elton). London, Palladin

Lane, F. (1973) *Venice: A Maritime Republic*. Baltimore and London, Johns Hopkins Press

Le Corbusier (1946) *Towards a New Architecture*. London, The Architectural Press

Lefebvre, M. (1970) *La Revolution Urbaine*. Paris, Gallimard

Lemon, J.T. (1980) 'Early Americans and their Social Environment', *Journal of Historical Geography*, 6(2), 115-32

Levin, H. (1970) *The Myth of the Golden Age in the Renaissance*. London, Faber and Faber

Ley, D. and Samuels M. (eds.) (1978) *Humanistic Geography: Prospects and Problems*. London, Croom Helm

Lopez, R.S. (1953) 'Hard Times and Investment in Culture' in *The Renaissance: A Symposium*. New York, Metropolitan Museum of Art, pp. 19-32

Lowenthal, D. (1962-3) 'Not Every Prospect Pleases', *Landscape*, 12(2), 19-23

Lowenthal, D. (1968) 'The American Scene', *Geographical Review*, 58(1), 61-88

Lowenthal, D. (1982) 'The Pioneer Landscape: An American Dream', *Great Plains Quarterly*, 2(1), 5-19

Lowenthal, D. and Prince, H.C. (1964) 'The English Landscape', *Geographical Review*, 54(3), 309-46

Lowenthal, D. and Prince, H.C. (1965) 'English Landscape Tastes', *Geographical Review*, 55(2), 186-222

Martines, L. (1980) *Power and Imagination: City States in Renaissance Italy*. New York, Vintage Books

Masson, G. (1966) *Italian Gardens*. London, Thames and Hudson

Marx, L. (1964) *The Machine in the Garden. Technology and the Pastoral Ideal in America*. London and New York, Oxford University Press

Marx, K. and Engels, F. (1888) *Manifesto of the Communist Party*. Moscow Foreign Languages Publishing House

Marx, K. and Engels, F. (1973) *Selected Works*, Vol. I. Moscow, Progress Publishers

McArdle, F. (1978) *Altopascio. A Study in Tuscan Rural Society*, Cambridge, Cambridge University Press

Meinig, D. (ed.) (1979) *The Interpretation of Ordinary Landscapes*. Oxford, Oxford University Press

Mikesell, M.W. (1968) 'Landscape', *International Encyclopaedia of the Social Sciences*, Vol. 8. New York, Crowell-Collier and Macmillan, pp. 575-80

Milward, P. (1975) *Landscape and Inscape: Vision and Inspiration in Hopkins' Poetry*. London, Paul Elek

Muir, E. (1981) *Civic Ritual in Renaissance Venice*. Guildford, Princeton University Press

Nash-Smith, H. (1950) *Virgin Land. The American West as Symbol and Myth*. New York, Vintage Books

Neale, R. (1974) 'Society, Belief and the Building of Bath, 1700-1793' in Chalkin, C.W. and Havinden, M.A. (eds.), *Rural Change and Urban Growth 1500-1800, Essays in English Regional History in Honour of W.G. Hoskins*. London, Longman

Nichols, F.D. (1976) *Palladio in America*. Milano, Electa

Novak, B. (1980) *Nature and Culture. American Landscape and Painting, 1825-1875*. London, Thames and Hudson

Olwig, K. (in press) *Nature's Ideological Landscape*. London, George Allen and Unwin

Ormond, R. (1981) *Sir Edwin Landseer*. London, Tate Gallery

Palladio, A. (1738) *The Four Books of Architecture* (Trans. Isaac Ware). Facs., New York, Dover, 1965

Panofsky, E. (1936) 'Et in Arcadia Ego: Poussin and the Elegiac Tradition', reprinted in Panofsky (1970), pp. 340-67

Panofsky, E. (1970) *Meaning in the Visual Arts*. Harmondsworth, Penguin Books

Pattison, W.D. (1957) *Beginnings of the American Rectangular Survey System 1784-1800*. Chicago, University of Chicago, Department of Geography, Research Paper, No. 50

Peters, W.A.M. (1948) *Gerard Manley Hopkins: A Critical Essay Towards the Understanding of his Poetry*. London, Oxford University Press

Pevsner, N. (1957) *An Outline of European Architecture*. Harmondsworth, Penguin Books

Pope, A. (1963) *The Poems of Alexander Pope*. A one volume edition of the Twickenham Text with selected annotations edited by John Butt. London, Methuen

Postan, M.M. (1949-50) 'Some Economic Evidence of the Declining Population of the Later Middle Ages', *Economic History Review*, 2nd series. 2, 221-46

Pounds, N.J.G. (1979) *An Historical Geography of Europe 1500-1840.* Cambridge, Cambridge University Press

Pullen, B. (ed.) (1968) *Crisis and Change in the Venetian Economy in the 16th and 17th Centuries.* London, Methuen

Punter, J.V. (1982) 'Landscape Aesthetics: A Synthesis and Critique' in Gold and Burgess (eds.), *Valued Environments,* pp. 100-23

Puppi, L. (1972) 'The Villa Garden in the Veneto' in David R. Coffin (ed.), *The Italian Garden,* Washington DC, Dumbarton Oaks, pp. 83-114

Rees, R. (1980) 'Historical Links between Geography and Art', *Geograhical Review, 70(1),* 60-78

Relph, E. (1976) *Place and Placelessness.* London, Pion

Relph, E. (1981) *Rational Landscapes and Humanistic Geography.* London, Croom Helm

Richter, I.A. (1952) *Selections from the Notebooks of Leonardo da Vinci.* London, Oxford University Press

Rosenau, H. (1959) *The Ideal City in its Architectural Evolution.* London, Routledge and Kegan Paul

Rosenthal, M. (1982) *British Landscape Painting.* Oxford, Phaidon

Rotondi, P. (1969) *The Ducal Palace at Urbino.* London, Alec Tiranti

Ruskin, J. (1903-12) *The Works of John Ruskin.* (Library edn; 39 Vols., edited by E.T. Cook and Alexander Wedderburn). London, George Allen. (All subsequent references to Ruskin give the date of original publication and the volume number from the above edition)

Ruskin, J. (1895) *Praeterita.* (1903-12, Vol. XXXV)

Ruskin, J. (1837) *The Poetry of Architecture.* (1903-12, Vol. I)

Ruskin, J. (1844) Preface to the 2nd edn of *Modern Painters,* Vol. I. (1903-12, Vol. III)

Ruskin, J. (1849) *The Seven Lamps of Architecture.* (1903-12, Vol. VIII)

Ruskin, J. (1851) *The Stones of Venice,* Vol. I. (1903-12, Vol. IX)

Ruskin, J. (1856) *Modern Painters,* Vol. 4. (1903-12, Vol. VI)

Ruskin, J. (1860) *Modern Painters,* Vol. 5. (1903-12, Vol. VII)

Ruskin, J. (1884) *The Storm Cloud of the Nineteenth Century.* (1903-12, Vol. XXXIV)

Sack, R.D. (1980) *Conceptions of Space in Social Thought: A Geographic Perspective.* London, Macmillan

Sahlins, M. (1976) *Culture and Practical Reason.* Chicago and London, University of Chicago Press

Samuels, M. (1979) 'The Biography of Landscape' in Meinig, D. (ed.), *The Interpretation of Ordinary Landscapes,* pp. 51-88

Sartori, P.L. (1981) 'Gli scrittori veneti d'agraria del cinquecento e del primo scicento: tra realtà e utopia' in *Venezia e la terraferma: le relazione dei rettori*. Milano, Giuffrè, pp. 261-310

Sauer, C.O. (1926) 'The Morphology of Landscape', reprinted in J. Leighly (ed.), *Land and Life: Selections from the Writings of Carl Ortwin Sauer*. Berkeley and Los Angeles, University of California Press, 1963

Sauer, C.O. (1941) 'Foreword to Historical Geography', reprinted in J. Leighly (ed.), *Land and Life, Selections from the Writings of Carl Ortwin Sauer*. Berkeley and Los Angeles, University of California Press, 1963

Sauer, C.O. (1975) *Sixteenth-Century North America: The Land and Its People as Seen by Europeans*. Berkeley and Los Angeles, University of California Press

Schaefer, F.K. (1953) 'Exceptionalism in Geography: A Methodological Examination', *Annals, Association of American Geographers*, 43, 226-49

Schultz, J. (1978) 'Jacopo de'Barbari's View of Venice: Map Making, City Views and Moralized Geography Before the Year 1500', *The Art Bulletin*, 60, 425-74

Seamon, D. (1979) *A Geography of the Lifeworld*. London, Croom Helm

Sereni, E. (1971) 'De Marx à Lenine, La Categorie de "Formation Economique et Sociale" ', *Le Pensée*, 159, 3-49

Sereni, E. (1974) *Storia del paesaggio agrario Italiano*. Bari, Laterza

Shanin, T. (ed.) (1973) *Peasants and Peasant Societies*. Harmondsworth, Penguin Books

Shoard, M. (1982) 'The Lure of the Moors' in Gold and Burgess (eds.), *Valued Environments*, pp. 59-73

Stilgoe, John R. (1982) *Common Landscape in America*, New Haven and London, Yale University Press

Summerson, J. (1966) *Inigo Jones*, Harmondsworth, Penguin Books

Summerson, J. (1969) *Georgian London*, Harmondsworth, Penguin Books

Sutter, R.E. (1973) *The Next Place You Come to: A Historical Introduction to Communities in North America*, Englewood Cliffs, NJ, Prentice Hall

Sweezy, P. (1978) 'A Critique' and 'A Rejoinder' in Hilton (ed.), (1978), pp. 33-56 and 102-7

Tafuri, M. (1976) *Architecture and Utopia: Design and Capitalist Development* (Trans. B.L. La Penta). Cambridge, Mass., MIT Press

Tafuri, M. (1980 ' "Sapienza di stato' " e ' "atti mancati": Architettura e technica urbana nella Venezia del '500' in *Architettura e utopia* pp. 16-39, (1980)
Tagliaferri, A. (1981) 'Relazione dei rettori venete in terraferma' in *Venezia e la terraferma: Le relazione dei rettori*. Milano, Guiffrè, pp. 7-14
Tausig, M.T. (1980) *The Devil and Commodity Fetishism in South America*. Chapel Hill, University of North Carolina Press
Taylor, J.C. (1976) *America As Art*. New York, Harper and Row
Thompson, E.P. (1963) *The Making of the English Working Class*. London, Gollancz
Thompson, E.P. (1975) *Whigs and Hunters: The Origin of the Black Act*. London, Allen Lane
Thompson, E.P. (1978) *The Poverty of Theory and Other Essays*. London, Merlin
Thompson, F.M.L. (1968) *Chartered Surveyors: The Growth of a Profession*. London, Routledge and Kegan Paul
Thrower, N.J. (1972) *Maps and Man: An Examination of Cartography in Relation to Culture and Civilization*. Englewood Cliffs, NJ, Prentice Hall
Tuan, Yi-Fu (1961) 'Topophilia', *Landscape, 11*, 29-32
Tuan, Yi-Fu (1971) 'Geography, Phenomenology and the Study of Human Nature', *Canadian Geographer, 15(3)* 181-92
Tuan, Yi-Fu (1974) *Topophilia: A Study of Environmental Perception, Attitudes and Values*. Englewood Cliffs, NJ, Prentice Hall
Turner, A.R. (1963) *The Vision of Landscape in Renaissance Italy*. Princeton, NJ, Princeton University Press
Turner, F.J. (1961) *Frontier and Section. Selected Essays of Frederick Jackson Turner*, Englewood Cliffs, NJ, Prentice Hall
Turner, J.G. (1979) *The Politics of Landscape: Rural Scenery and Society in English Poetry, 1630-1660*. Oxford, Basil Blackwell
Ventura, A. (1964) *Nobilità e popolo nella societa Veneta del '400 e '500*. Bari, Laterza
Vidal de la Blache, P. (1903) *Tableau de la Géographie de le France*. Paris
Vilar, P. (1956) 'Problems in the Formation of Capitalism', *Past and Present, 10*, 15-38
von Humboldt, A. (1848) *Kosmos: A Sketch of a Physical Description of the Universe* (trans. E.C. Otte). 2 Vols., London, Böhn
Wagret, P. (1968) *Polderlands*. London, Methuen
Wallerstein, E. (1974) *The Modern World System: Capitalist Agriculture*

and the Origins of the European World Economy in the Sixteenth Century. New York, Wiley
Walton, P.H. (1972) *The Drawings of John Ruskin*. Oxford, Oxford University Press
Warner, S.B. (1972) *The Urban Wilderness: A History of the American City*. New York, Harper and Row
Waterhouse, E. (1974) *Giorgione*. W.A. Cargill Memorial Lecture in Fine Art, Glasgow, University of Glasgow Press
Weber, M. (1958) *The Protestant Ethic and the Spirit of Capitalism*. New York, Charles Scribners Sons
Whaley, D. (1969) *The Italian City Republics*. London, Weidenfeld and Nicolson
Wheatley, P. (1971) *The Pivot of the Four Quarters: A Preliminary Enquiry into the Origins of the Ancient Chinese City*. Edinburgh, Edinburgh University Press
Wilde, J. (1981) *Venetian Art from Bellini to Titian*. Oxford, Oxford University Press
Williams, R. (1963) *Culture and Society, 1780-1950*. Harmondsworth, Penguin Books
Williams, R. (1973) *The Country and the City*. London, Palladin
Williams, R. (1977) *Marxism and Literature*. Oxford, Oxford University Press
Williams, R. (1981) *Culture*. London, Fontana
Wilton, A. (1980) *Turner and the Sublime*. London, British Museum
Wittkower, R. (1962) *Architectural Principles in the Age of Humanism*. London, Alec Tiranti
Wittkower, R. (1974) *Palladio and English Palladianism*, London, Thames and Hudson
Woolf, S.J. (1968) 'Venice and the Terraferma: Problems of the Change from Commercial to Landed Activities' in Pullen, B. (ed.), (1968) pp. 175-203
Yelling, J.A. (1978) 'Agriculture, 1500-1700' in Butlin, R.A. and Dodgson, R.A. (eds.), *An Historical Geography of England and Wales*. London, Academic Press, pp. 151-72
Zaring, J. (1977) 'The Romantic Face of Wales', *Annals, Association of American Geographers*, 67(3), 397-418
Zelinsky, W. (1973) *The Cultural Geography of the United States*. Englewood Cliffs, NJ, Prentice Hall
Zorzi, G. (1964) *Le opere pubbliche e i palazzi privati di Andrea Palladio*, Vicenza, Neri Pozza

索　引

（数字系英文原版页码，在本书中为边码）

absolutism 专制主义 53,80,81,
　156,178,192,205,209,221;
　capital city 首都 156,183;
　England 英格兰/英国 190-192,
　　196,198,199;
　landscape 景观 189,196-198;
　monarch 君主 156,183;
　principles 原则 97;
　state 国家 169,171,189-190,224
academy Florentine 佛罗伦萨学院
　83,99,120,128;
　humanist 人文主义者 101,134,
　　164;
　Neakademia 新学院 120;
　Olympic 奥林匹克 134
Ackerman, J. 阿克曼 128
aesthetic 审美的/美学 17,45,57,
　196,210,257;
　geography 地理(学) 17,18,266;
　Georgian 乔治王朝时期 204-205,
　　212,216,227-228;
　landscape 景观 31,33,234;
　land use 土地利用 199,211;
　motives 动机 89;
　renaissance 文艺复兴 23,204-
　　205,210,231
Adams, J. 亚当斯 193,198
Addison, J. 艾迪生 227
Agassiz, L. 阿加西 244
agrarian ideals 农业理想 181
agricultural revolution 农业革命
　192
Alberti, L. B. 阿尔伯蒂 22-24,83-
　84,86,89,99-102,121,164,204-
　205,210;
　ideal city theory 理想城市理论
　　94-98,111,117,134;
　villa 乡间别墅 98
Aldine press 阿尔丁出版社 110,
　120,122
Alkmaar 阿尔克马尔 150
Altdorfer, A. 阿尔特多费尔 103
Altopascio 阿尔托帕肖 81,156
Amazonia 亚马孙河流域 237
America 美国/美洲 161-188,192,
　219,235,263;
　bullion 黄金 51;
　central 中部 186;
　discovery 发现 163-169;
　land 土地 53,160-162,172-180,

262；
　landscape 景观 143，176，180，186，237；
　North 北 4，5，70，260，264；
　progressive movement 进步运动 37；
　republic 合众国 11，53；
　settlement 定居 10，172，175，177；
　slavery 奴隶制 54；
　South 南 186；
　West 西 183-186；
　另见 architecture, culture, environment, iconography, ideology, painting, property, prospect, renaissance, social formation, wilderness
Amsterdam 阿姆斯特丹 144，147，151，153
anabaptism 再洗礼派 144
analogical reason 类比推理 59-60，67，82，110，231，232，234，252，259-262
Anderson, P. 安德森 41，53，72，81，189-191
Antal, F. 安塔尔 89
anthropology 人类学 40，56，58，261
Antwerp 安特卫普 143，144，150
Appalachia 阿巴拉契亚 19，185
Appleton, J. 阿普尔顿 17，18，227，234
Apulia 阿普利亚 155
Arab invasion 阿拉伯入侵 49，72

arboreta 植物园 236
Arcadia 世外桃源 122，158，168，193，256，264，267；
　Arcadian life 世外桃源般的生活 122，140；
　scenes 场景 138；
　tradition 传统 166；
　valleys 山谷 255；
　world 世界 165
archeology 考古学 40
Argan C. G. 阿尔甘 92
aristocracy 贵族 63，71，74，87，94，97，107，115，155，190，210，219；
　values 价值 97，119-120，129，156-157，262；
　另见 class, feudalism
art historians 艺术史学家 17
art history 艺术史 56，65
Arts Council of Great Britain 大不列颠艺术委员会 264
Ascanius 阿斯卡尼俄斯 158
Asolo 阿索罗 121，125，165
Athens 雅典 175
Atlantic 大西洋 184；
　navigations 导航 102，108，164；
　trades 贸易 50，112，150，155
Atlantis 亚特兰蒂斯 165
atomism 原子论 60
Attica 阿提卡 249
Austria 奥地利 189
Avebury 埃夫伯里 267

Bakewell, R. 贝克韦尔 192

索　引　　337

Baldovinetti, A. 巴尔多维内蒂 96
Banham, R. 班纳姆 263
Banse, E. 班斯 17
Barbari, J. de' 巴尔巴里 109;
　map of Venice 威尼斯地图 109-111,113-114,120
Barbaro, D. 巴巴罗 116,118,126,128,135,197;
　villa 乡间别墅 138
Barbizon School 巴比松 239,257
Barrell, J. 巴雷尔 66,104,203,212-213,230,270
Bassano, J. da 巴萨诺 104,126
Bath 巴斯 215,216-217
battle of the styles 风格之战 248
Baxandall, M. 巴克森德尔 86,88
Bazarov, K. 巴扎罗夫 146,186
'beautiful', 美丽的 17,18,227
Bedford estate 贝德福德庄园 217
Bellini, Gentile 詹蒂莱·贝利尼 111
Bellini, Giovanni 乔瓦尼·贝利尼 100,104-105,122-125,126,138,251
Bembo, P. 本博 105,120-125,128,135,165
Berckheyde, G. 贝克海德 142,151
Berenson, B. 贝伦森 24,126
Berger, J. 伯格 22,62,66,104,271
Berici Hills 贝里奇山丘 105
Berkshire Downs 伯克郡丘陵 267
Bernini, G. 贝尔尼尼 156,197
Berry, Lord of 贝里勋爵 144,146

Bible 圣经 226,229;
　interpretation 解释 237,241,244-245;
　另见 Ruskin
Bierstadt, A. 比尔兹塔德 186-187,238
Blair, H. 布莱尔 226,228
Blake, W. 布莱克 226
Blenheim 布伦海姆 199,203,214
Blunt, A. 布兰特 105,122
Bocaccio 博卡西奥 120
Bologna 博洛尼亚 76
Borromini, F. 博罗米尼 156
Bosch, Hieronymus 希罗尼莫斯·博世 146
bourgeoisie 资产阶级 44,53,62,70,224;
　bourgeois art 资产阶级艺术 89,112,144,151,
　attitudes 态度 96,97,121,174,221,
　business 商业 87,
　humanism 人文主义 140,
　revolution 革命 174,
　rule 规则 82,
　science 科学 47,
　suburb 郊区 235-236;
　English 英国人 209;
　Dutch 荷兰人 150-151 各处;
　另见 class, culture
Bouwsma, W. 鲍斯玛 107,112,155
Bradford, W. 布拉德福德 170
Brandt, Bill 比尔·勃兰特 267

Brantwood 布兰特伍德 255
Braudel, F. 布罗代尔 34,50,79,166
Breda 布雷达 147
Brenner, R. 布伦纳 43,48,51
Brenta river 布伦塔河 120
Brett, J. 布雷特 259
Bridgeman, C. 布里奇曼 211
Brighton 布莱顿 215
Bristol 布里斯托尔 215
Britain 不列颠/英国 3,10,46,66,235,264;
 ancient 古代 267;
 Georgian 乔治王朝时期 215;
 landscape 景观 230,254,264-265;
 monarchy 君主制 150;
 nationalism 民族主义 203
Brown, C. 布朗 146,153
Brown, Claude 克洛德·布朗 185
Brown, G. L. 布朗 185
Brown, L. 布朗 214,217,233,235
Bruegel the Elder, P. 老彼得·勃鲁盖尔 103,144,147-150,193
Bruges 勃鲁盖尔 143,144
Bruhnes, J. 白吕纳 31
Brunelleschi, Filippo 菲利波·布鲁内莱斯基 22,145,164,178;
 perspective 透视 147
Brussels 布鲁塞尔 147
Buckland, W. 巴克兰 181,244
Bunge, W. 邦吉 31
Bunske, E. V. 班斯克 186

Burckhardt, J. 伯克哈特 164
Burke, E. 伯克 227-228,234
Burke, P. 伯克 87,122,140,151
Burlington, Lord 伯灵顿勋爵 201,204,206-207,210-212
Burnley 伯恩利 268
Butler, S. 巴特勒 244
Buttimer, A. 巴提默 19
Byron, Lord 拜伦勋爵 226,235,241

Cadogan, Lord 卡多根勋爵 211
Calabria 卡拉布里亚 155
Calvinism 卡尔文主义 144,150,169
campanilismo 本位主义 71
Campbell, C. 坎贝尔 207,210
Campin, R. 康平 145
Cape Cod 科德角 170
capitalism 资本主义 3,39,40,41,43-45 各处;
 agrarian 农业 52,150 190,219,221;
 American 美国人 180,
 romantic culture 浪漫主义文化 228-229;
 European 欧洲人 4;
 industrial 工业的 10,52,59,64,179,184,186,222 各处;
 in England 在英国 213-214;
 in Italy 在意大利 71-82,87;
 market 市场 198,251;
 merchant 商人 10,53,70,80-81,103,106,119,140,162,171;

索　引　*339*

myth 神化 231;
yeoman 自耕农 173-174,177;
另见 capitalist, transition to capitalism
capitalist 资本家 179,181;
　accumulation 积累 51,52,217;
　agriculture 农业 215;
　city 城市 96;
　countries 国家 254;
　　development 发展 51,54,80,188;
　investment 投资 106;
　mode of production 生产方式 2,43,45;
　production 生产 3,270;
　relations 关系 10,47,54,60,64,212,234,250,262;
　society 社会 86-87,143,264;
　tenancies 租赁 52,144,156;
　transition 过渡,参考 transition to capitalism;
　另见 capitalism, culture
Captain Swing riots 斯温运动 241
Caravaggio, M. da 卡拉瓦乔 126
Carlyle, T. 卡莱尔 225
Carolina Sea Islands 卡罗来纳海岛 168
Carpaccio, V. 卡尔帕乔 111
Carribean 加勒比 168
Cartesian philosophy 笛卡尔哲学 59
Cartier, J. 卡地亚 167
Cassirer, E. 卡西雷尔 83
Castiglione, B. 郎世宁 97,121

Castle Howard 霍华德城堡 199
causal reason 因果推理 59-61,67,82,252,259-261
Chadwick, G. F. 查德威克 219
Chambers, D. C. 钱伯斯 109
Chamonix 查莫尼克斯 235
Champagne fairs 香槟酒展会 47
Chandos, Duke of 钱多斯公爵 217
Charlemagne 查理曼大帝 72;
　carolingian rule 加洛林王朝统治 76
Chatsworth 查茨沃斯 199,214
Chaucer, G. 乔叟 67
Cheltenham 切尔滕汉姆 215
Cherwell river 切尔维尔河 199-201,203
chiaroscuro 明暗对比 106,131
Church, F. E. 丘奇 186,238
Cibola 锡沃拉 168
Cima da Conegliano 西玛·达·科内利亚诺 105
Cipolla, C. M. 奇波拉 70
circle 圆形 84,92,95-96,113,138,216,267
Clark, K. 克拉克 21,100,123
class 阶级 3,41,44,61,63,94,111,138;
　administrative 行政的 94;
　commercial 商业的 155;
　conflict 冲突 3,171;
　consciousness 意识 121;
　division 划分 89;
　feudal 封建的 57,140;

formation 形态 45,223;
interest 利益 56,140;
meaning in art 艺术意义 56;
power 权力 86;
relations 关系 42;
ruling 统治 43,53,56,
　in England 在英国 162,190-192 各处,
　in Flanders 在佛兰德斯 144,
　in Italy 在意大利 73-74,82,142,
　in Venice 在威尼斯 113,122,
　in Vicenza 在维琴察 128,134;
　struggle 斗争 40,45,51,54,58;
　upper 上层的 75;
　working 工人的 54,138,267-268;
　另见 aristocracy, capitalist, landlord
Claude Lorrain 克洛德·洛兰 65,122,155,157-160,166,184,201,205,213,227-228;
　English landscape 英国景观 201-203
Coalbrookdale 科尔布鲁克代尔 232
Cobham, Lord 科巴姆勋爵 211
Cole, T. 科尔 185,186
Coles, P. 科尔斯 70
Collins, C. A. 柯林斯 259
Colonna, F. 科隆纳 122
colore and disegno 颜色和设计 103-104
coltura promiscua 间作 78-79,98
Columbia 哥伦比亚 174

Columbus, C. 哥伦布 164-166
commerce 商业 109-110
commercial arts 商业艺术 86; centre 中心 116
commercialisation thesis 商业化论题 48,49-50
communism 共产主义 40;
　primitive 原始的 40
Comte, A. 孔德 32
Constable, J. 康斯特布尔 31,153,230,258
Constantinople 君士坦丁堡 112
contado 乡村 71,72,75,76-80,91,97,106-107,129;
　Vicenza 维琴察 135
Continental Congress 大陆会议 174,175
Copernicus 哥白尼 102;
　universe 宇宙 148
Copley, J. 科普利 185
Cornaro, A. 科纳罗 113,116,118-119,126,135;
　Queen C. 奎恩 121
Cornish, V. 科尼什 17,266-267,268
Cornwall 康沃尔 267
Coronado, F. V. de 科罗纳多 168
Corot, J. B. C. 柯罗 257
Cortona, Pietro da 彼得罗·达·科尔托纳 156
Cosgrove, D. 科斯格罗夫 113,136,244-245;
　and Thornes, J. 索恩斯 247

cosmic principles 宇宙原理 114；
scheme 方案 92；
system 系统 148
cosmos 宇宙 92,102,245；
cosmologist 宇宙论者 238；
cosmology 宇宙学 25,83,86,110,142,189,197,210, humanist 128
Cottman, J. S. 科特曼 234
Council for the Preservation of Rural England 英格兰乡村保护委员会 267
Courbet, G. 库尔贝 66,126
Cozens, J. R. 科森斯 220,229,236
Crescenzi, 克雷森兹 79
Crevecoeur, H. St. Jean de 埃克托尔·圣让·德·克雷夫科尔 162,175-177,184
Crivelli, C. 克里维利 96
Croce, B. 克罗齐 257
Cromwell, O. 克伦威尔 196
Cronan, K. 克罗南 256
cross-sections 横截面分析 32
Crystal Palace 水晶宫 238
Cubism 立体主义 22
cultural assumptions 文化背景 6,59；
control 控制 213,236；
history 历史 58,66,228；
life 生活 70,76；
production 生产 2,9,40,54-61,66-67,143,171,198,222,231,254,257,264,269-270；
theory 理论 40,55,58
culture 文化 35,55-57,83,111,120,225；
American 美国的 162,172,184-186；
and economic change 经济变化 40-41,45,54；
and land in northern Europe 北欧的土地 142-143 各处；
and landscape 景观 65-68,234；
and society 社会 15；
baroque 巴洛克风格 160；
bourgeois 资产阶级的/中产阶级的 64,224-226 各处；
capitalist 资本主义的 74；
European 欧洲的 10；
folk 民间的 65,143；
humanist 人文主义者 82-87,140；
in renaissance Italy 文艺复兴时期的意大利 82,142,167；
romantic 浪漫的 224
Cusanus（Nicholas of Cusa）库萨 102
Cuyp, A. 凯普 155
Cyclists Touring Club 自行车旅行俱乐部 268

Daguerre, H. 达盖尔 257,258
Daily Herald《每日先驱报》268
Daniels, S. J. 丹尼尔斯 233,235-236
Dante, Alighieri 阿利盖利·但丁 89,226,227

Darby，H. C. 达比 5
Dart Valley 达特山谷 235；
　　Dartmoor 达特摩尔 270
Darwin，C. 达尔文 32,238
David，G. 大卫 145
Davie，D. 戴维 256
Davis，W. M. 戴维斯 186,260
de Fries，Jemme 耶梅·德·弗里斯 147
Delft 代尔夫特 150,151,153
demography 人口统计学 2-3,40,71,73,75,160
Denham，J. 邓罕 194,204
Derby 德比 217,268；
　　-shire 郡 230,268
Derwentdale 德文代尔 232,235
Desargues 德萨尔格 153
de Saussure，H. B. 德·索绪尔 239
Descartes 笛卡尔 152
De Soto，H. 德·索托 168
Devon 德文 267
Dickinson，R. E. 狄金森 16,31
Dixon-Hunt，狄克逊·亨特 J. 241,243
Dobb，M. 多布 48,51
Donne，J. 邓恩 197
Dormer，General J. 多默尔将军 199-203,206
Dorset 多塞特 267
drainage 排水 76,78；
　　Dutch 荷兰的 145,150-151；
　　Venetian 威尼斯的 114,118,119

Dryden，J. 德莱顿 210
Duccio，A. di 杜乔 91
Dunkirk 敦刻尔克 143
Durand，A. 杜兰德 185
Dutch agricultural innovation 荷兰农业创新 152,192；
　　East Indies 东印度群岛 150,152；
　　garden 花园/园林 152,199；
　　landscape 景观 10,152-155,157,160-161；
　　townscape painting 城镇景观绘画 151-153；
　　West Indies 西印度群岛 150,152

East Elbia 东易北河岸 48,52
Ecological/Demographic model 生态/人口模型 48-49
Edensor 安泽 214
Edinburgh 爱丁堡 226,228
Edgerton，S. J. 埃杰顿 163,164
Egyptian pyramids 埃及金字塔 249
Eliade，M. 伊利亚德 57
Emerson，W. 爱默生 185,243
Emo, Leonardo 莱昂纳多·埃莫 139
Empire，Holy Roman 神圣罗马帝国 71,74,81,107-108；
　　Emperor Conrad II 康拉德二世 72，Frederick II 腓特烈二世 71
enclosure 圈地 192,215
Engels，F. 恩格斯 250
England 英国/英格兰 13,49,54,71,80,103,150,162,174,176,

184,189-221 各处；
crown 王位/王权 190,198,205,217；
gentry 绅士 190,215,220；
landscape 景观 69,143,155,160,190,192-196 各处，251,256-257,266-269；
monarchs 君主 190,192-194,196-198,229；
national architecture 国家建筑 248-249；
parkland 公共绿地/园林 209,210,212,214-215,220-221,231,235；
parliament 议会 198,203,205；
revolution 革命 53,59,189-190,205；
Victorian 维多利亚时代的 233,244,251；
另见 absolutism, feudalism, garden, iconography, ideology, palladianism, peasantry, property, Renaissance, social formation
environment 环境 3,4,9,20,27,94,106,232,247,256,259；
American 美国的 161,163,168-170 各处；
and society 社会 5,6,17,21,35,61,104；
artificial 人工的 236,263；
conservation 保护 156；
degradation 退化 155；
determinism 决定论 49,261；

development 发展 166；
natural 自然的 41,69,169；
perfection 完美 166；
physical 物质的 14,54,78；
relations 关系 8,48,60；
symbolism 象征主义 57
Etruscan painters 伊特鲁里亚画家 256
Euclidean assumptions 欧几里得假说 153
Euganean Hills 尤根尼山 105,119
Evelyn, J. 伊夫林 116
Eyre estate 艾尔庄园 217

Fabriano, G. 法布里亚诺 91
Fabritius, C. 法布里蒂乌斯 153
factory system 工厂系统 224；
production 生产 44
fee simple empire 土地绝对所有权帝国 172,173,178
Fennimore Cooper, J. 芬尼莫·库柏 186
Ferrara 费拉拉 123,156
feudal domination 封建统治 189；
nobility 贵族 50-51,73；
order 秩序 156-157；
relations 关系 2,10,47,54,63,70,175；
rent 租金 171,217；
values 价值 75,87,270；
warfare 战争 87
feudalism 封建主义 4,8,39,40,41-43 各处，222,231；

European 欧洲的 3;
  in England 在英国 47,52,190-192 各处;
  in Flanders 在佛兰德斯 143;
  second 第二 3,52,76,140,155,222;
  另见 capitalist transition
Ficino, M. 斐奇诺 85
Filarete, A. A. 菲拉雷特 92,94,98,99
Finlay, R. 芬莱 107,118
Flanders 佛兰德斯 9-10,20-21,50,142-144 各处;
  landscape 景观 10,21,69,143-150,193,227,251;
  另见 Low Countries
Fleure, H. J. 弗勒 266
Flitcroft, H. 弗利克洛弗特 209
Florence 佛罗伦萨 69,71,75-76,81,101,109,164,166-167;
  cathedral 大教堂 122;
  school of art 艺术学院 100,103-104,112,229;
  另见 academy, Medici fortuna
Foster, M. B. 福斯特 256
France 法国 5,11,47,49,52,64,71,80,108,155,162,168,174,191,203;
  Carolingian 加洛林王朝 47;
  colonisation 殖民 171;
  invasion of England by 英国被入侵 66;
  kings 国王 128,156,183;

mercantilism 重商主义 173;
painters 画家 157,199;
revolution 革命 224,233
Frederick, Caspar D. 卡斯帕·弗里德里希 30,258
Frye, R. 弗莱 257
Fuller, P. 富勒 57

Galileo 伽利略 102
Gallo, A. 加洛 79
garden 花园/园林 23,58,61,65,78,101,181-184,199-206 各处;
  city movement 城市运动 255-256;
  culture 文化 99;
  English 英国的 176,199-206;
  geometry 几何 99,120;
  Italian 意大利的 70,99-101,113,120;
  landscape 景观 10,58,66,211-215;
  renaissance 文艺复兴 98-101;
  zoological 动物学的 237;
  另见 villa
gardenesque 花园式 235-236
Geipel, R. 盖佩尔 31
Genoa 热那亚 4,71,103
Genovese, E. D. 吉诺维斯 54
geographical centrality 地理中心性 108;
  description 说明 20,30,33;
  diffusion 扩散 47;
  imagination 想象 30,34;

synthesis 合成 28;
writing 著作 15,16;
另见 geography
geography 地理 8-9,15,18,26,40,56,64,65,128,162,186,259-262;
　　and science 科学 11,14,30,33-35,38;
　　cultural 文化 16;
　　German 德国的 261;
　　historical 历史的 2,4-5,8-9,16,32,172;
　　moralised 道德化的 110;
　　of Italian commune 意大利公社 78,80;
　　physical 物质的 16;
　　political 政治的 8;
　　ritual 仪式 111;
　　visual bias in 视觉偏差 27-33;
　　另见 aesthetic,geographical,landscape
geometry 几何 57,84,115,122,151,153,171,248,256;
　　baroque 巴洛克 189;
　　forms 形状 111,114,138-139;
　　in Rome 在罗马 157;
　　order 秩序 92;
　　principles 原则 94;
　　ratios 比率 86
Georgia 乔治亚 171
Georgian city 乔治王朝城市 216
Germany 德国 107;
　　另见 Rhineland

Ghent 根特 143,144
Ghirlandaio, D. 基尔兰达约 88
Ginzburg, C. 金兹伯格 167,171
Giocondo, Fra 弗拉·焦孔多 116
Giorgetti, G. 焦尔杰蒂 77
Giorgione da Castelfranco 乔尔乔内·达·卡斯泰尔弗兰科 22,100,104-105,122,125-126,138,158,165,168
Giotto 乔托 89
Girtin, T. 吉尔丁 258
Glacken, C. 格莱肯 6
Glasgow 格拉斯哥 215
Goethe J. W. von 约翰·沃尔夫冈·冯·歌德 237-239,242,252,260
gold 黄金 50,60,88,122,165-166,184;
　　leaf 叶片 88
Gold, J. R. 戈德 269
Gold, J. R. and Burgess, J. 戈德和伯吉斯 11
golden age 黄金时代 122,142,158,169-171;
　　landscape 景观 165-169;
　　of farming 农业 255
Goldsmith, O. 戈德史密斯 215,231
Gombrich, E. H. 贡布里希 22,25,69
Gonzaga family 贡扎加家族 97
gothic 哥特式 209,248-249;
　　architecture 建筑 133,144,206,235,238;

landscape 景观 142;
liberty 自由 203;
另见 Ruskin, John
gothicism 哥特注意 203,205
gothic 哥特式 201,203,210
Gott, Benjamin, of Leeds 利兹的本杰明·戈特 235
Graber, L. 格雷伯 14,185
Grand Canyon 大峡谷 185
Grande Chartreuse 大沙特勒斯 229
Grand Tour 巡游 205
Gray, T. 格雷 229
Great Exhibition 伟大展现 238
'great tradition' "伟大传统" 162,180
Greek literature 希腊文献 142
Green, F. 格林 178
Greenwich 格林威治 196-197
Gregory, D. 格雷戈瑞 28
Guelf/Ghibbeline factions 归尔甫派/吉柏林派 74
guild 工会 48,50,75,81,91,143,250;
of St George 圣乔治 250

Haarlem 哈勒姆 144,150-151,153
Habsburgs 哈布斯堡家族 76,150,155
Hale, J. R. 黑尔 129,189
Halfpenny, W. 哈夫彭尼 209
Hamilton, A. 汉密尔顿 178
Harcourt, Lord 211, 哈考特勋爵 214

Hard, G. 哈德 7
Hardy, T. 哈代 270
harmonic scale 和谐的音阶 133
harmony 和谐 92,94-96,104,123,158,196,204,248;
environmental 环境的 160,213;
of golden age 黄金时代 142;
of nature 自然 247,251-252,260-261;
social 社会的 262;
universal 普遍的 86,121,140,197
Harriman family 哈里曼家族 36
Harris, J. 哈里斯 207,209
Harris, R. C. 哈里斯 30,34,170,172
Hartshorne, R. 哈特向 15,16,31-32,260
Harvey, D. 哈维 62
Harvey, P. D. A. 哈维 8,102,147
Harwell, nuclear research establishment 哈韦尔核研究机构 267
Hauser, A. 豪瑟 89
Havinghurst, A. F. 哈文赫斯特 48
Hawksmoor, N. 霍克斯穆尔 198
Hegel, G. W. 黑格尔 55
Heimert, A. 海默特 170
Herbertson, A. J. 赫伯森 260
Hereford 赫里福德 6,8
Herlihy, D. 赫利希 75
hermetic and cabalistic theories 封闭、神秘的理论 86
Hesiod 赫西奥德 166

Hettner, A. 赫特纳 31,260
Hewison, R. 赫维森 245
Hexham 赫克瑟姆 209
Hilder, R. 希尔德 265
Hilton, R. 希尔顿 48,51
Hippocratic medicine 希波克拉底医学 60
Hispaniola 伊斯帕尼奥拉岛 165
Hoare, M. 霍尔 215
Hobbema, M. 霍贝玛 142, 151, 154
Hobsbawm, E. 霍布斯鲍姆 51
Hochelaga 奥雪来嘉 113,167
Hogarth, W. 霍加斯 219
Holcomb, A. M. 霍尔科姆 234
Holkham Hall 霍克汉姆大厅 207
Holland 荷兰 142, 145, 150-155, 193;
　另见 Dutch, Low Countries 低地国家
Holman Hunt, W. 霍尔曼·亨特 259
Holt-Jensen, 霍尔特·詹森 A. 31
Holton, R. J. 霍尔顿 48
holy agriculture 神圣农业 81,119, 120,142,193
Homer 荷马 226
Hoogh, P. de 胡赫 151
Hopkins, G. M. 霍普金斯 13,14, 243-244
Horace 贺拉斯 142
Hoskins, W. G. 霍斯金斯 13
House of Commons 下议院 190, 205
Howard, D. 霍华德 111,114,117
Howard, E. 霍华德 255-256,263
Howard, L. 霍华德 237,247
Hudson River School 哈得逊河流派 185
Huggett, F. E. 哈格特 52, 144, 171,192
Hughes, A. 休斯 259
humanism 人文主义 37,113,179, 199,248;
　and country 与农村 98-101;
　and ideal city 与理想城市 92-98;
　and learning 与学习 116-117, 128,135,166-167;
　renaissance 文艺复兴 6,36-37, 70,75,76,82-87 各处
humanities 人文学科 56
Humboldt, A. von 亚历山大·冯·洪堡 17,186,237-238,242, 252,260
Hume, D. 休谟 204
Huth, H. 胡斯 184,185,186
Hutton, W. 赫顿 244
Huggens, C. 惠更斯 153
Hyde, J. K. 海德 71-72
hydrology 水文学 80,145,151

Iberia 伊比利亚 224
Icarus 伊卡洛斯 148
iconography 传统形象 65,150;
　American 美国的 174;
　classical 古典的/经典的 133,

206；
English landscape 英国景观 193，198-199；
gothic 哥特式 206；
religious 宗教的 89,259；
Venetian 威尼斯的 109,114
ideal city 理想城市 92-98 各处，156,164,219；
paintings 绘画 92,112；
schemes 方案 128；
theory 理论 116,126,133,140,189；
townscape 城镇景观 145；
Venice as 威尼斯作为 111,113,117-118；
Vicenza as 维琴察作为 131,134
idealism 理想主义 37,38,120
ideal type 理想型 39,54
ideology 意识形态 40,57-59,86,156,163,252；
and humanism 和人文主义 82,86,111；
and landscape 和景观 10,11,99,143,190,196-198 各处，222,254,261-263 各处；
English 英国 205,209-210；
of agriculture 农业 119-120；
political 政治的 94；
religious 宗教的 74；
romantic 浪漫的 194,228,230-234；
Venetian 威尼斯的 139-140
il vero 现实主义 88-89

impressionism 印象派 66,239,257
industrialisation 工业化 223-224
industrial revolution 工业革命 161,223,248,250
inscape 内在特征 13,14
insider 内部人/局内参与者 19,24,26,27,33,37,38,64,150,269-271
Ireland 爱尔兰 191,210
irrigation 灌溉 76,78,119,139
Irving, W. 欧文 186
Italy 意大利 3,10,64,69-101 各处，161-162,184,192-193,199,201；
 and capitalism 与资本主义 71-82；
and feudalism 与封建制度 47,76 各处；
and landscape 与景观 9,20-24,63,69-70 各处；
Baroque 巴洛克式 155-160；
communes 公社 69,71-77 各处，106,122,143,171,191；
language 语言 121,128；
population 人口 49,71,75-76；
另见 capitalism, garden, geography, merchant, peasantry, property, Renaissance, social formation 形态 Ivins, W. 埃文斯 153

Jackle, J. A. 杰克 180,185
Jackson, J. B. 杰克逊 16,20-21,34-37,184
James, W. 詹姆斯 19

Jefferson, T. 杰斐逊 162,174-184, 219;
  architecture 建筑 181-182;
  memorial 纪念碑 183
Jeffrey, D. 杰佛利 256
Jellicoe, J. A. 杰利科 267
Jerome, St. 圣杰罗姆 146
Jerusalem 耶路撒冷 6
Joad, C. E. M. 乔德 266
Jones, Inigo 伊尼哥·琼斯 196-198, 201, 204, 206-207
Jones, P. 琼斯 71, 74, 76-77

Kent, W. 肯特 201, 203-204, 207, 211, 214
Kentucky, Mammoth Cave 肯塔基的猛犸洞穴 185
Kinder Scout 金德斯考特 268
Knight, R. P. 奈特 235

Lakeland 湖区 230, 242
Lambert, G. 兰伯特 201
Lancashire 兰开夏郡 232
land 土地 1, 5-6, 25, 28, 54, 104, 116, 140, 161, 217, 264, 270;
  American 美国的 53, 171-174 各处;
  and landscape 与景观 16, 62, 64;
  and society 与社会 2, 41, 61, 67, 252, 262;
  carrying capacity 承载力 49;
  common 常见的 39, 119;
  developers 开发商 150;
  improvement 改进 118;
  investment 投资 191;
  Italian 意大利的 76-78, 82;
  mass 块 8;
  monastic 修道院的 76, 190, 191;
  ownership 所有权 71-72, 77, 86;
  reclamation 复垦 114, 118-119, 139;
  rural 农村的 73, 220;
  survey 调查 86, 102, 147, 177;
  uncultivated 未开垦的 119;
  under capitalism 在资本主义下 44, 63, 75, 231-234, 236;
  under feudalism 在封建制度下 42, 51, 52, 72, 147, 171;
  urban 城市 134;
  另见 Venice
land art 32, 270 大地艺术
landlord 地主 42-43, 49, 77, 126, 178, 212, 264;
  absentee 遥领 155;
  aristocratic 贵族的 156;
  bourgeois 资产阶级的 63;
  class 阶级 51-52;
  ecclesiastical 教会的 156;
  patrician 贵族的 156
Land Ordinance Act《土地条例法案》174, 177-180, 183
landscape 景观;
  and cultural production 与文化生产 61-65, 265;
  and geography 与地理(学) 9, 13, 15-20, 27-33, 259-262;

humanistic 人文主义的 33-38;
and ideal city 与理想城市 96-97;
and map making 与地图制作 147;
and mode of production 与生产方式 40-41;
appreciation 鉴赏 18,235;
art 艺术 8,10-11,17,18,20-22 各处,61,66,88,99 各处,122,166,193-195 各处,233,256;
as way of seeing 作为观察方式 1-2,13-16 各处;
beauty 美 18,119,164,199;
biography 传记 36-37;
conservation 保护 263,268-269;
evaluation 评价 18,64,268;
history 历史 61;
 in modern world 在现代社会 254-271;
 lowland 低地 268;
park 公园,另见 England;
 poetry 诗歌 67,120-122,194-196,204-205,210-212,215;
pre-raphaelite 前拉斐尔派 259;
representation 表现,另见 art;
romantic 浪漫的 185;
studies 研究 14,35;
sublime 令人敬畏的/壮丽的 229-234;
另见 aesthetics, America, England, garden, golden age, ideal city, impressionism, Palladio, perspective, renaissance, romanticism, Ruskin,

Venice, wilderness
Landschaft 景观 27
Landseer, Sir E. 兰德希尔爵士 232-233
landskip 景观 193,196
Lane, F. 莱恩 106,113
Langley, B. 兰利 209
Latrobe, B. M. 拉特罗布 181
Laugier, M. A. 劳吉尔 219-220
Laurana, L. 劳拉纳 97,99
League of Cambrai 康布雷联盟 108,118,129
Leasowes, The 莱萨维斯 199
Le Corbusier 勒·柯布西耶 263
Lefebvre, H. 列斐伏尔 44
Leicester, Duke of 莱斯特公爵 207,210-211
Lemon, J. T. 莱蒙 172-173
L'Enfant, P. C. 朗方 182,183
Le Nôtre, A. 勒·诺特尔 183, 205,217
Leonardo da Vinci 列奥纳多·达芬奇 25,82,84,100-102;
 and aerial perspective 与空中透视 104
Leoni, G. 利奥尼 206
Leuven 鲁汶 143,147
Levin, H. 莱文 165,167-168
Ley, D. 莱伊 34
Limburg brothers 林堡兄弟 142, 146
Linnell, J. 林内尔 256
Lippi, Fra Filippo 弗拉·菲利普·

利皮 96
Lisbon 里斯本市 163
'little tradition' "小传统" 162
Liverpool 利物浦 215, 217
Locke, J. 洛克 152, 171, 210
Lombards 伦巴第人 71, 76
Lombardy 伦巴第 79, 107, 145, 192
London 伦敦 191, 194, 197-198, 214-219, 230, 250;
  City of 市 116;
  Houses of Parliament 议会大厦 207
Long, R. 朗 270
long distance trade 长途贸易 3, 106, 143
Lopez, R. S. 洛佩兹 75
Lorenzetti, Ambrogio 安布罗焦·洛伦泽蒂 91, 96, 98, 111, 145
Loudon, J. C. 劳登 235
Louisiana Purchase 购买路易斯安那州 177;
  territory 领土 184
Louth 劳斯 209
Low Countries 低地国家 52, 143-144, 162, 192;
  landscape 景观 143-155;
  另见 Flanders, Holland
Lowenthal, D. 洛文塔尔 19, 169-170, 173, 180, 184
Lowenthal, D. and Prince, H. 洛文塔尔和普林斯 199
Lucca 卢卡 69
Lugo Vicentino 维琴蒂诺的卢戈 136-138
luminism 光色主义 158, 258
Lyell, C. 莱尔 244

McArdle, F. 麦卡德尔 81-82, 156
macrocosm 宏观 25
Madrid 马德里 155
magic 魔力 60
Maiden Castle 梅登城堡 267
Malatesta 马拉泰斯塔 97
Malvern 马尔文 215
Manchester 曼彻斯特 268
manor 庄园 4
manorial system 庄园体系 3, 76, 175
Mansueti, G. 曼苏埃蒂 111
Mantua 曼图亚 72, 109, 156
mappa mundi 世界地图 6, 110
Marche 马尔凯 98
market 市场 43-45, 52-53, 62, 87, 214, 250;
  art 艺术 63, 225, 227, 256;
  economy 经济 69, 180, 233;
  land 土地 44, 78, 147, 173, 180;
  national 国家的 81, 191;
  place 地点 43, 86, 94, 225, 249-252;
  society 社会 80, 224-226 各处;
  另见 capitalism, merchants
Martines, E. 马丁内斯 72, 74-75, 83, 86, 96
Martin, J. 马丁 186
Martini, Francesco di Giorgio 弗朗

西斯科·迪·吉奥吉奥·马蒂尼 92,97,99,110
Martini, S. 马蒂尼 91
Marx, K. 马克思 40,44,46,50 各处, 228,250
Marx, K. and Engels, F. 马克思和恩格斯 40,45-46,55
Marx, L. 马克思 169-170,177
Marxism 马克思主义 39-41,47,54;
　and cultural theory 与文化理论 55;
　art history 艺术史 89;
　historiography 历史编纂学 48;
　vulgar 粗俗的 56
Maryland 马里兰州 171,175
Marylebone estate 马里布恩庄园 217
Masaniello revolt 马萨涅洛起义 155
Massachussetts Bay Colony 马萨诸塞州海湾殖民地 171
Masson, G. 马森 99
Master of the Barberini Panels 巴贝里尼木版画大师 96
Maurizio, Aldo 阿尔多·毛里齐奥 120
mechanical arts 机械艺术 81,117,129,225
Medici family 美第奇家族 81,86,156,167;
　Cosimo 科西莫 166;
　Lorenzo 洛伦佐 101
Mediterranean 地中海 3-4,49,72,103,166;
　granaries 粮仓 119;
　Turkish penetration 土耳其的渗透 113,164
Meinig, D. 迈尼希 11,24,25-26
mercantile activity 商业活动 191,221;
　economy 经济 50,53,169,172;
　groups 组 198;
　hegemony 霸权 150;
　ventures 风险投资 86;
　另见 mercantilism, merchant
mercantilism 重商主义 173,196;
　另见 mercantile, merchant
Mercator, G. 墨卡托 102,147,148
merchant 商人 43,50,52-53,74,102,147,162,191,205;
　activity 活动 49,54;
　in Holland 在荷兰 150;
　in Italy 在意大利 72,82,86,94;
　patriciate 贵族阶级 76;
　trading 贸易 71,75,103;
　另见 capitalism, mercantile, mercantilism
Mercury 墨丘利 109-110
Mexico 墨西哥 165
mezzadria 佃农分成, 另见 sharecropping
Michelangelo Buonarroti 米开朗基罗·博那罗蒂 101,227
microcosm 微观 6,25,83,84,92,94,196
microscope 显微镜 9,152
Mikesell, M. 麦克塞尔 16,31-33,

36
Milan 米兰 69,71-72,74,81;
  Sforza family 斯福尔扎家族 72, 74,79;
  Visconti family 维斯康蒂家族 79,97
Milanese 米兰人 78,156
Mill, J. S. 密尔 250
Millais, J. E. 米莱斯 259
Milton, J. 弥尔顿 197,226,229
Missouri river 密苏里河 175
Mocenigo, Doge 莫契尼哥公爵 108
mode of production 生产方式 39, 40,41-45 各处,263;
  capitalist 资本家 43,45,173;
  feudal 封建的 51,173;
  hybrid 混合的 82;
  independent 独立的 52-53,174;
  socialist 社会主义者 45,47;
  另见 capitalism, feudalism
modernism 现代主义 263,267
Monet, C. 莫奈 257
Montefeltro, Count Frederico da 弗雷德里科·达·蒙特费尔特罗伯爵 97-98,100
Monteverdi, C. 蒙特威尔第 157
Monticello, 蒙蒂塞洛 181,182
Moore, H. 摩尔 267
Moreland, G. 莫兰德 126
morphology 形态学 16,18,31,38, 242,261;
  social 社会的 96;
  urban 城市 73,89,94,117,198

Morris, W. 莫里斯 250,256
Morse, S. 莫尔斯 184
Moses, R. 摩西 36
Muir, J. 缪尔 111
mysticism 神秘主义 17

Naples 那不勒斯 155
Napoleonic armies 拿破仑的军队 224;
  wars 战争 66,265
Nash, J. 纳什 217
Nash, P. 纳什 264
Nash-Smith, H. 纳什·史密斯 184,186
national park 国家公园 264,267-268
National Trust 国家信托 267
natural beauty 自然之美 14;
  economy 经济 41,62;
  forces 力量 158,185,239;
  forms 形态 229,249;
  language 语言 234;
  order 秩序 6,8,60,83,97;
  processes 进程 152,231,236;
  scenery 风景 101;
  surroundings 环境 17,158;
  world 世界 5,60,66,242
nature 自然 1,6,14-15,18,21,35, 83-85,88,95,99,254,259-262, 269;
  American 美国的 176,185;
  and city 与城市 215-222;
  and landscape 与景观 193-194;

and Ruskin 与罗斯金 242-245,
  250-251;
as subject of art 作为艺术的主体
  20,22,25-26,34,60,143 各处;
Claude 克洛德 157,227;
Flanders 佛兰德斯,146 各处;
Georgian England 乔治王朝时期
  英国 204-206,212-215;
Holland 荷兰 152-155;
Venice 威尼斯 120-123,125,135,
  140;
control of 控制 114,238,267;
in golden age 在黄金时代 166-
  168;
laws of 律法 214;
meaning of 含义 41,64;
sublime 令人敬畏的/壮丽的 66,
  185,223-239 各处;
另见 science
navigators 航海家 102,147,162,
  167,169
Neale, R. 尼尔 216
neo-classicism 新古典主义 210
neoplatonism 新柏拉图主义 120-
  126,128,135,140
Neptune 海神尼普顿 109-110
Netherlands 荷兰,另见 Holland
Neuf Brissach 新布里萨奇 156
New England 新英格兰 169,185
New Model Army 新型军队 196
Newton, Sir I. 牛顿爵士 237;
  physics 物理学 252
New York 纽约 36

Niagara Falls 尼亚加拉大瀑布 185
Nichols, F. D. 尼科尔斯 181
nobility 贵族 63,83,89,91;
  and *popolo* 平民,73-76,81-82,
  86,87,107,125;
  另见 *popolo*
Norfolk 诺福克 210
North Sea 北海 70,143,155
Novak, B. 诺瓦克 185
Nuneham Courtney 纽纳姆考特尼
  211,214-215

Ohio river 俄亥俄河 175,179
Olwig, K. 奥尔维格 67,228
opera 歌剧 157
Ormond, R. 奥蒙德 233
Ortelius 奥特里斯 102-103,147
Orwell, G. 奥威尔 266
outsider 局外人 26,33,38,161,269-
  271;
  另见 insider
Oxford city 牛津城 199,241,250;
  county 郡 199,214,244

Padovano 帕多瓦诺 76,105,118
Padua 帕多瓦 71,74,88,114,119,
  237;
  Carrarese family 凯勒雷斯家族
  76;
  university 大学 109
paesaggio 景观 22,69,96,101
painting 绘画 20,33,59,65,70,
  106,178;

American 美国的 184-186；
and cartography 制图 147；
and perspective 与透视 22-27；
Dutch 荷兰的 147；
Flemish 佛兰德斯的 145-150；
in renaissance Italy 在意大利文艺复兴时期 85 各处；
oil 油 62-63, 144；
Umbrian 翁布里亚 24, 100；
另见 landscape, Venice
Palermo 巴勒莫 155
Palestrina, Temple of Fortune 帕莱斯特里纳的命运之庙 203
palladian country house 帕拉第奥的乡间别墅 199, 211；
geometry 几何学 133, 181-182；
landscape 景观 70, 126-135, 139, 198-206, 210-215
palladianism 帕拉第奥主义 216；
English 英国的 181, 198-215, 221；
French 法国的 181；
in towns 在城镇 206-210；
另见 Palladio, palladian
Palladians 帕拉第奥式 138, 207
Palladio, A. 帕拉第奥 114, 116, 126-129 各处, 206-207, 210, 239；
Basilica 大教堂 129-131, 197, 207；
另见 Palladian, palladianism, Vicenza, villa
Palmanova 帕尔马诺瓦 189

Panofsky, E. 帕诺夫斯基 17, 160 290
Papacy 教皇权威 72, 74, 81, 107-108, 155；
另见 Pope
Papal states 教皇国 80
Paris 巴黎 29, 198
parkland 公共绿地/园林，另见 England
parks, public 公共园林 236
Pascal, B. 帕斯卡 153
pastoral 田园的 96, 140, 158, 166, 238, 256；
American 美国的 177, 183；
ideology 意识形态 230；
literary 文学的 199, 203, 213, 215；
myth 神话 169, 171；
Virgilian 维吉尔的 67, 122
Patinir, J. 帕提尼尔 146
Pattison, W. D. 帕蒂森 177
Pavia 帕维亚 71
Paxton, J. 帕克斯顿 238
pays 帕克斯顿 28, 29
Peak District 峰区 255
peasantry 农民 23-24, 42-43, 49, 51, 61, 63, 120, 178, 232；
diet 饮食 139；
English 英国的 191-192；
in Flanders 在佛兰德斯 148；
in Italy 在意大利 76 各处, 119, 122, 167；
proprietorship 所有权 52, 171；
risings 起义 155

Pembrokeshire 彭布鲁克郡 267
Penn, W. 佩恩 183
Pennines 奔宁山脉 242,268
Pennsylvania 宾夕法尼亚 171,175;
　Avenue 大道 183
Pershore 珀肖尔 209
perspective 透视 80,85,126,150,
　153,176-177,188,197-198,205,
　231,270;
　aerial 空中的 100,104-106,145,
　155,158,205,213,258;
　and city 与城市 70,92,94,96-97,
　112,134,145,151,157,183,189;
　and geography 与地理 30-34;
　and landscape 与景观 20-27,104,
　123,155,194,221-222,238-239;
　garden 花园/园林 100,201;
　linear 线性 9,20-27,102,183;
　maps 地图 109,113,164;
　另见 Renaissance
Peru 秘鲁 165
Perugia 佩鲁贾 88
Perugino, P. 佩鲁吉诺 92
Peters, W. A. M. 彼得斯 13-14
Petrarch 彼特拉克 89,99,120-121
Petworth House 佩特沃思之家 239
Pevsner, N. 佩夫斯纳 157
Philadelphia 费城 183
photography 摄影 11,33,257-263
physiocracy 重农主义 174,220
Piccolomini, A. S. （Pope Pius II）
　比科罗米尼（教皇庇护二世）99,
　164

Pico della Mirandola 皮科·德拉·
　米兰多拉 102
picturesque 如画的 65,126,204,
　226,235,242,245,266;
　landscape gardening 景观园林
　199,220;
　cottages 小屋 256
Pienza 皮恩扎 99,164
Piero della Francesca 皮耶罗·德
　拉·弗朗西斯卡 96-97,100,104,
　110,145
Pinturicchio 平图里基奥 88,92
Pirenne, H. 皮雷纳 48-49
Pissaro 毕萨罗 257
plague 瘟疫 48,49,51,75
planning 规划 13,89,221,256,263-
　264,268;
　baroque 巴洛克式 198;
　Roman 罗马 207
Plato 柏拉图 85,120,197
platonism 柏拉图主义 83,106,121
Pliny 普林尼 99
podestà 行政长官 74,75
poesia 诗歌 120,125-126,138-139,
　158
Poland 波兰 52
Pollaiuollo, A. 波莱乌洛 100
Pope 教皇 57,71,112,156,164;
　另见 Papacy
Pope, A. 蒲柏 204-205,211-213,
　215,222,231
popolo 平民 72-76,81-82,89,91,
　107;

另见 nobility
population/resource ratio 人口/资源比率 48-49,161
Portland estate 波特兰庄园 217
Portuguese 葡萄牙的 164-165;
　　navigation 航海 108,112
Postan，M. M. 波斯坦 48
Potomac river 波托马克河 182
Poussin，N. 普桑 157,160,201
Po Valley 波河流域 78,105,145,156
Powys Brothers 鲍伊斯兄弟 267
Pre-raphaelites 前拉斐尔派 259
price revolution 价格革命 51,166
Priestley，J. B. 普里斯特利 266
Prince Regent 摄政王 217
proletariat 无产阶级 44-45,82,155-156,180,256
property 财产 41-44,262,265;
　　capitalist 资本主义 62-64;
　　feudal 封建的 42,61;
　　in America 在美国 147,171,173,179;
　　in England 在英国 104,119,140,199,205,210-211,220-221;
　　in golden age 在黄金时代 167;
　　in Italy 在意大利 73-75,81,104,119,140;
　　rights 权利 63,77
proportion 比例 25,84,86,92-96,98,100,204;
　　architecture 建筑 133,135;
　　harmonic 和谐的 128,135,189

prospect 前景/展望 95,98,136,185,262;
　　America as 美国作为 170,175-176,178,180;
　　in England 在英国 192-196,211,214-216,219-220
protestantism 新教 54
proto-industry 原始工业 52
Prout，S. 普罗特 242
Provence 普罗旺斯 49
psychological theory 心理学理论 204
Ptolemy 托勒密 148,164,177;
　　Ptolemaic grid 托勒密网格 147
public domain 公共领域 175
Pullan，B. 普兰 118
Punter，J. R. 庞特 269
Puppi，L. 普皮 120,138
Puritans 清教徒 54,170
Pythagoras 毕达哥拉斯学派 85

Quesnay，F. 奎斯奈 220

Ramblers Association 漫步者协会 268
Ramusio，G. B. 拉穆西奥 113
Raphael 拉斐尔 96,101
Ratzel，F. 拉特尔 260
Ravilious，E. 拉维利斯 265
Rees，R. 里斯 8,30,91,102,147-148
Reformation 宗教改革 6,54
Regent's Park 摄政公园 219

region 区域 4,5,13,28
regionalism 地域主义 34,261
Relph, E. 拉尔夫 17,19,37-38
Renaissance 文艺复兴 1,65,204-205,225,239,248;
　and America 与美国 162-167;
　English 英国的 206;
　fortification 防御工事 189;
　Italian 意大利的 38,71,82-87 各处;
　landscape 景观 92,99,100,112; 另见 humanism, Italy, perspective
Renoir, P. A. 雷诺阿 257
Repton, H. 雷普顿 219,233,235
Reynolds, J. 雷诺兹 22,146,227,229,251
Rhineland 莱茵兰 4,50,52,162
Ricardo, D. 李嘉图 228
Richter, I. A. 里克特 84
Rimini, Malatesta family 里米尼,马拉泰斯塔家族 72
Roanoke Colony 罗阿诺克殖民地 168
Rockerfellers 洛克菲勒家族 36
Rocky Mountains 落基山脉 186
Roebling Brothers 罗布林兄弟 36
Romano, Family de 达·罗马诺家族 74-75
Romano, G. 罗马诺 129
romanticism 浪漫主义 153,156,224-226 各处,234-247,251,261;

and Gothicism 哥特主义 248;
European 欧洲的 185-186;
Ruskin and 与罗斯金 241,244
Rome 罗马 61,71-72,81,101,160,199,211,216;
　ancient 古代的 117,128;
　architecture 建筑 114,126,131,197;
　as model for Vicenza 作为维琴察的范本 131-135;
　Baroque 巴洛克式 156-157;
　campagna 平原 158,185,203;
　Empire 帝国 48-49,72,209;
　painters 画家 165;
　Sistine Chapel 西斯廷教堂 227
Rosa, S. 罗莎 155,228
Rosenau, H. 罗斯诺 92
Rosenthal, M. 罗森塔尔 66,143,193,230,233,259
Roubaix 鲁贝 143
Rousham 罗夏姆 199-205,214
Rousseau, H. 卢梭 257
Rotondi, P. 罗通迪 97
Royal Academy 皇家学院 22,233,238,241
Royal Geographical Society 皇家地理学会 266
Rubens, P. P. 鲁本斯 193-194,205
Rule of Three 三之法则 86
Ruskin, J. 罗斯金 10,32,232,237,238,239-253 各处;
　and architecture 与建筑 248-249;
　and photography 与摄影 258-

259；
and Venice 与威尼斯 248-249；
landscape theory 景观理论 245-248；
social theory 社会理论 249-251；另见 nature, romanticism, science
Russia 俄罗斯 224

Sack, R. D. 萨克 19
Sackville West, Vita 维塔·萨克维尔·韦斯特 266
Sahlins, M. 萨林斯 58-59
St Lawrence river 圣劳伦斯河 171
St Petersburg 圣彼得堡 156
Samuels, M. 塞缪尔斯 34,36-37
Sanazzaro, J. 圣纳扎罗 122,165,193
San Gimignano 圣吉米亚诺 77
Sanmichele, M. 圣米凯莱 96,129,140
Sansovino, J. 桑索维诺 110,114,117,128
Santayana, G. 桑塔亚纳 257
Sartori, P. L. 萨托里 120
Sauer, C. 索尔 16-17,29-33,168,260
Savoy 萨沃伊 156
Scamozzi, V. 斯卡莫齐 96,140,189,197,207
Schaefer, F. 舍费尔 28
Scheldt river, 斯凯尔特河 144
scholasticism 经院哲学 83

Schulz, J. 舒尔茨 110
science 科学 13,15-17,25,27-28,32,260-262；
and art 与艺术 25,37-38；
and photography 与摄影 257-259；
natural 自然的 59,231,236-237；
Ruskin and 与罗斯金 242-244,251-252
scientific revolution 科学革命 6,59；
study of nature 自然研究 229-230,238
Scotland 苏格兰 47,203,268；
highlands 高地 232-233,242
Scott, W. 斯科特 235,241
Seamon, D. 塞蒙 237
seasons 季节 66,143,148,160
sensibility 感性 140,203-204,211,228,235
sequent occupance 连续占据者 32
Sereni, E. 塞雷尼 69,79
sericulture 养蚕业 78
Serlio, S. 塞利奥 24,96,129
Severn river 塞文河 270
Seville 塞维利 126,166
Shaftesbury, Lord 沙夫茨伯里勋爵 205-206,213
sharecropping 佃农分成制 77-79,82,98,156,173
Sheffield 谢菲尔德 268
Shelley, P. B. 雪莱 226,235
Shell Guides 壳指南 265
Shoard, M. 肖德 268

Sicily 西西里岛 155
Sidney, Sir Philip 菲利普·锡德尼爵士 193
Siena 锡耶纳 89,91,111,145
signoria 领主 74-76,81-82,109
silver 银 50,166
slavery 奴隶制 40,54,249
Smith, A. 史密斯 226,250
Snowdonia 斯诺多尼亚 235
social formation 社会形态 40,45,55,63,66,171,269-270；
 American 美国的 162-163,173-174,179-180,188；
 and culture 与文化 56-58；
 and transition 与转变/过渡 45-54；
 British 英国的 212,223；
 English 英国的 190-192,198；
 Italian 意大利的 70,82-87；
 pre-capitalist 前资本主义 231
socialism 社会主义 3,40
Society of Painters in Water Colour 水彩画家协会 237,242
Soviet Union 苏联 47
space 空间 8,30-33,45,85,247；
 American 美国的 186,188；
 architectural 建筑的 97,138,140,210；
 economy 经济 5,44；
 garden 园林/花园 100,138；
 in art 在艺术中 20-22,25,88-89 各处；
 open 开放的 70,95,115；
 terrestrial 陆地的 4,15,102,164；
 urban 城市的 81-86 各处, 89,216-217；
 另见 geometry, perspective
Spain 西班牙 49,80,108,150,191；
 conquest 征服 168；
 control of Italy 对意大利的控制 155-156；
 Empire 帝国 165；
 navigation 航海 108,112
Spa towns 疗养城镇 215-216
Spice Islands 香料群岛 50,112,165
Spinoza 斯宾诺莎 152
Stalin, J. 斯大林 47
Stephenson, T. 斯蒂芬森 268-269
Stilgoe, J.R. 斯蒂尔戈 16,162,177-178
stilnovo 意大利白话诗歌 73,89
Stonehenge 巨石阵 197,267
Stourhead 斯托海德 199,209
Stowe 斯托 199,209,211
Structural/class conflict model 结构/阶级冲突模型 48,50-53
Stubbs, G. 斯塔布斯 233
sublime 令人敬畏的/壮丽的 17,18,185-186,226-253
Sullivan, L. 沙利文 36
Summerson, J. 萨默森 197,209
surplus labour 剩余劳动 42-45,51-52,61,77,98-99
surveyors 测量师 162,186,197
Sutherland, G. 萨瑟兰 267
Sutter, R. 萨特 185

Sweezey, P. 斯威西 48-50
symbol 符号 27,56-62,88-89,125,234,245,265
symbolism 象征主义 18-19,34-35,40-41,116,250,259；
　architectural 建筑的 207；
　military 军事的 133；
　natural 自然的 104；
　plant 工厂/设施 99
Syracuse 锡拉丘兹 155,249

Tafuri, M. 塔夫里 114,116-117,181,183,220-221
Tagliaferri, A. 塔利亚费里 122
Tanaglia 泰纳利亚 79
Taussig, M. 陶西格 60
Taylor, J. C. 泰勒 174,184-185
telescope 望远镜 9,152
Tennyson, A. Lord 丁尼生勋爵 235
Tenochtitlan 墨西哥城 113
terra ferma 陆地版图/本土 76,79,103,106-108,113-114,118-126 各处；
　另见 land, Venice
Thames river 泰晤士河 193,196,214
theatre 剧院 20,22,24-25,96,115-116,128,156；
　natural 自然的 120,139；
　Olympic 奥林匹克的 134
Thompson, E. P. 汤普森 54-55,58,224

Thompson, F. M. L. 汤普森 102
Thompson, J. 汤普森 230
Thoreau, H. 梭罗 185,243
Thrower, N. 思罗尔 30
Tiber river 台伯河 158,185
Tintern Abbey 丁登寺 230
Tintoretto, J. 丁托列托 251
Titian 提香 66,104-105,121-126,158,168
Toscanelli, P. dal P. 托斯卡内利 163-165,186
Townshend, V. 汤森 192
transition to capitalism 向资本主义过渡 2-10,38,40-41,48-55,66,80,87,172,188,222,224,262；
　and cultural production 与文化生产 61-65；
　and social formation 与社会形态 45-48
Trenton Falls 特伦顿瀑布 185
Trevigiano 特雷维索的 105,118
Treviso 特雷维索 121,126
triangulation 三角测量 147
Triborough Commission 三区委员会 36 292
Trissino, G. 特里西诺 128,135；
　Cricoli Academy 克里科里学院 128,133-134；
　family 家族 129
Tuan, Yi-Fu 段义孚 14,57,169
Tull, J. 塔尔 192
Tunbridge Wells 敦布里奇威尔斯 215

Turks 土耳其人 112-113,119,164
Turner, A. R. 特纳 99,123
Turner, F. J. 特纳 162,172,186
Turner, J. 透纳 176,193-194
Turner, J. M. W. 透纳 22,65,230,232,237-239,257,259,270;
　and Ruskin 与罗斯金 241-242,251-253
Tuscany 托斯卡纳 77,80,121,156
Tyre 提尔 249

Uccello, P. 乌切洛 24,104,145
Umbria 翁布里亚 156
United Provinces 联合省,另见 Holland
United States of America 美国 10,46,103,162,172,184,188;
　Civil War 美国内战 175;
　Geological Survey 地质勘察 186;
　另见 America
urban system 城市体系 4
Urbino 乌尔比诺 97-99,121
Ursula, St 圣厄休拉 112
utopia 乌托邦 94,121-122,165,167,169-170,180,185,219
Utrecht 乌得勒支 144,150

Valletta 瓦莱塔 156
Vanburgh, J. 范布勒 198,214
van der Heyden, J. 范·德·海登 142,151,153
van der Noyen, A. 范·德·诺恩 153

van Deventer, J. 范·德文特 147
van Eyck, 凡·艾克 21,69,144-145
van Gogh, V. 梵高 126
van Goyen 凡·戈因 153
van Ruysdael, J. 凡·雷斯达尔 142,153-154
Varro 瓦罗 166
Vasari, G. 瓦萨里 104
Vauban 沃邦 156
Vecchietta, L. 维契业塔 96
Venice 威尼斯 10,71,75,81,101,102-117 各处,155,167,197,209,221-222,231,262;
　and land 与土地 70,113,118-119;
　and landscape 与景观 10,103-106 各处;
　as symbolic landscape 作为景观符号 109,114-117;
　culture 文化 139-140;
　government 政府 107-109;
　humanism 人文主义 109,120-122,126;
　dmyth of 神话 107-109 各处;
　painting 绘画 100,103-105,111-112,121,122-126 各处;
　townscape 城镇景观 104,111-117;
　trade 贸易 4,106-108,118;
　另见 class, drainage, iconography, ideal city, ideology, nature, Ruskin, *terra ferma*, villa
Ventura, A. 文图拉 76,129

Verona 维罗纳 71,248
Veronese 维罗纳的 105
Veronese, Paolo 保罗·委罗内塞 122,138
Verrazanno, G. da 韦拉扎诺 168
Versailles, Palace 凡尔赛宫 157, 189,198,211;
　　garden 园林/花园 205
Vicentino 维琴蒂诺 105
Vicenza 维琴察 128,129-135 各处, 197,206-207;
　　families 家族 129,136-137,197;
　　palaces 宫殿 133-134,138,207;
　　另见 class, *contado*, ideal city, Palladio, *terra ferma*
Victorian age 维多利亚时代 256;
　　landscape 景观 258-259;
　　positivism 实证主义 252,260;
　　taste 品味 233,235
Vidal de la Blache, P. 维达尔·德·拉·白兰士 17,28-29,33-34
Vienna 维也纳 155
Vilar, P. 维拉尔 5
villa 别墅 24,98-100,183,219,221,235;
　　Palladian 帕拉第奥式 128,135-139,197,206,210;
　　Venetian 威尼斯的 106,114,118,120-122 各处, 217;
　　另见 Alberti
villagiatura 乡居假日 99,113,120,135
Virgil 维吉尔 67,120,142,158,166,168,210;
　　allusion 暗示 126,194;
　　dream 梦想 160;
　　world 世界 122;
　　另见 pastoral
Virginia 弗吉尼亚 168,171,181
virtù 美德 74,83,87,95-96,133
Vitruvius Pollio 维特鲁威·波尼奥 85,92,111,128,197;
　　architecture 建筑 114,117;
　　ideals 理想 216

Wade, General J. 韦德将军 206
Wagret, P. 瓦格瑞特 151
Wales 威尔士 230,242
Walpole, H. 沃波尔 203,211
Walton, P. H. 沃尔顿 230
Ware, I. 韦尔 206
Warner, S. B. 华纳 173
Washington D. C. 华盛顿特区 163, 182-183,188
Webb, J. 韦伯 197
Weber, M. 韦伯 54
Wells, H. G. 韦尔斯 263
Wessex 威塞克斯 270
West, B. 韦斯特 185
West Indies 西印度群岛 152,191
Weston, Sir R. 韦斯顿爵士 192
Whaley, D. 惠利 69,71
Wheatley, P. 惠特利 57
Whig 辉格党 198-206,211
Whitman, W. 惠特曼 184
Wilde, J. 怀尔德 125

wilderness 荒野 11,14,67,231-234; American 美国的 161,163,169-170,176,183-186
Williams, R. 威廉姆斯 40,58-59, 64,219,224-225,230,264
Wilson, R. 威尔逊 201,229,238
Wilton, A. 威尔顿 226,229,238-239
Winchester 温切斯特 198
Windsor 温莎 193,194,209
Wittkower, R. 威特科尔 84,128,133,197,204-206,209
Wood, John the Elder 老约翰·伍德 216
Woolf, S. J. 伍尔夫 113
Wordsworth, W. 华兹华斯 225,230,232,234

Wotton, Sir H. 沃顿爵士 197
Wren, C. 雷恩 116,198

Yelling, J. A. 耶林 191
Yellowstone Park 黄石公园 185
York 约克 207
Young, A. 杨 233
Younghusband, Sir F. 杨赫斯本爵士 266
Youth Hostels Association 青年旅社协会 268

Zaring, J. 扎林 230
Zelinsky, W. 泽林斯基 170,185
Zelotti, G. B. 泽落蒂 139
Zorzi, G. G. 佐尔齐 133

图书在版编目(CIP)数据

社会形态与符号景观/(英)丹尼斯·E. 科斯格罗夫著；李健
译. —北京：商务印书馆，2022
（文化地理学译丛）
ISBN 978 - 7 - 100 - 21197 - 0

Ⅰ. ①社⋯　Ⅱ. ①丹⋯ ②李⋯　Ⅲ. ①文化地理学—研究
Ⅳ. ①K901.6

中国版本图书馆 CIP 数据核字(2022)第 089618 号

权利保留，侵权必究。

文化地理学译丛
社会形态与符号景观
〔英〕丹尼斯·E. 科斯格罗夫　著
李　健　译

商 务 印 书 馆 出 版
（北京王府井大街 36 号　邮政编码 100710）
商 务 印 书 馆 发 行
北京艺辉伊航图文有限公司印刷
ISBN 978 - 7 - 100 - 21197 - 0

2022 年 11 月第 1 版　　　　开本 710×1000　1/16
2022 年 11 月北京第 1 次印刷　印张 23½
定价：98.00 元